感知力　响应力
影响力　凝聚力

中国式现代化工会组织能力体系探索与实践

彭海斌◎主编

新华出版社

图书在版编目（CIP）数据

感知力　响应力　影响力　凝聚力：中国式现代化
工会组织能力体系探索与实践 / 彭海斌主编.
－－ 北京：新华出版社, 2023.10（2025.2重印）
ISBN 978-7-5166-7102-3

Ⅰ.①感… Ⅱ.①彭… Ⅲ.①工会工作－组织管理－
研究－中国　Ⅳ.①D412.6

中国国家版本馆CIP数据核字（2023）第195392号

感知力　响应力　影响力　凝聚力：中国式现代化工会组织能力体系探索与实践
主　　编：彭海斌

出 版 人：匡乐成		出版统筹：许　新	
责任编辑：陈思淇		封面设计：刘宝龙	

出版发行：新华出版社
地　　址：北京石景山区京原路8号　　　邮　　编：100040
网　　址：http://www.xinhuapub.com
经　　销：新华书店、新华出版社天猫旗舰店、京东旗舰店及各大网店
购书热线：010－63077122　　中国新闻书店购书热线：010－63072012
照　　排：六合方圆
印　　刷：大厂回族自治县众邦印务有限公司
成品尺寸：170mm×240mm　1/16
印　　张：16.25　　　　　　　　字　　数：220千字
版　　次：2023年11月第一版　　印　　次：2025年2月第三次印刷
书　　号：ISBN 978-7-5166-7102-3
定　　价：65.00元

编委会

序 言

党的二十大报告指出，深化工会、共青团、妇联等群团组织改革和建设，有效发挥桥梁纽带作用。这为全国各级工会组织做好新时代工会工作提供了根本遵循和行动指南。

深圳地处改革开放最前沿，深圳工会也始终处在敢闯敢试、敢为人先、埋头苦干的第一线。改革开放 40 多年来，深圳工会以强烈的责任担当持续深化改革创新、不断加强自身建设，为中国工运事业发展积累了丰富素材和鲜活经验。特别是党的十八大以来，深圳工会坚持以习近平新时代中国特色社会主义思想为指导，把学习贯彻习近平总书记关于工人阶级和工会工作的重要论述，与学习贯彻习近平总书记对深圳工作的重要讲话和重要指示批示精神结合起来，深入推进工会改革和建设，在职工思想政治引领、新就业形态劳动者权益维护、产业工人队伍建设改革、基层工会组织建设、智慧工会建设等方面积极探索、善作善成，体现出了深圳水平、深圳速度、深圳质量。

深圳工会以中国特色社会主义先行示范工会的使命担当，创新提出加强以感知力、响应力、影响力、凝聚力为核心的中国式现代化工会组织能力体系建设，这是工会组织能力建设的一个有益探索。作为改革开放的排头兵、先行地、实验区，深圳建设好先行示范工会，全面提升工会组织能力体系，全力打造工会工作"深圳模式"，对于中国工会的改革和建设具有特殊的示范意义。本书聚焦"四力"能力体系建设这一主线，回顾了40多年来深圳工会激扬奋进的改革发展历程，介绍了近年来深圳工会改革和建设的经验成效，阐释了"四力"能力体系的内涵及其实践路径，反映了深圳在建设先行示范工会道路上所作的探索和努力，凝聚了深圳广大工会干部和职工群众的智慧和心血，形成了一些工会组织能力建设的好经验、好做法。

2021年4月，全总印发支持深圳建设先行示范工会的批复，对深圳工会的改革发展寄予厚望。希望深圳工会赓续特区精神，以勇当中国工会排头兵的气魄，持续建设好先行示范工会，作出更具价值的深圳探索。要以更大的担当履行工会政治责任，坚持不懈用习近平新时代中国特色社会主义思想凝心铸魂，教育引导广大职工深刻领悟"两个确立"的决定性意义，增强"四个意识"、坚定"四个自信"、做到"两个维护"，坚定不移听党话、矢志不渝跟党走。要以更实的举措团结动员广大职工建功立业，聚焦推进中国式现代化伟大征程，围绕国家重大战略、重大工程、重大项目、重点产业，广泛深入持久开展劳动和技能竞赛；深化劳模和工匠人才创新工作室建设，大力弘扬劳模精神、劳动精神、工匠精神；深化产业工人队伍建设改革，培养更多大国工匠、高技能人才，在推动深圳高质量发展中充分发挥工人阶级主力军作用。要以更高的标准履行维权服务基本职责，坚持以职工为中心的工作导向，高度关注新就业形态劳动者、农民工、城市困难职工等重点群体劳动权益保障，健全以职工代表大会为基本形式的企事业单位民主管理制度，加强劳动关系协商协调，加快构建以精准帮扶、普惠性服务为重点的工会服务职工体系，努力为职工提供更多更优可感可知、直接直达的服务。要以更强的力度深化工会改革和建设，紧紧围绕保持和增强政治性、先进性、群众性这条主线，全面推进工会数字化转型，全面推进工会治理体系和治理能力现代化，把工会组织建设得更加充满活力、更加坚强有力，有效发挥党联系职工群众的桥梁纽带作用。

最后，祝愿深圳先行示范工会建设取得更加丰硕的成果，祝愿深圳工会在强国建设、民族复兴新征程上实现新的作为！

徐留平

2023 年 9 月 22 日于北京

目录
Contents

导　论 / 1

第一篇　不忘初心担使命：勇当尖兵走在前列

第一章　回望来路：深圳工会的激扬奋进年代 / 15

（一）20 世纪 80 年代：探路特区工会发展方向 / 15

（二）20 世纪 90 年代：创新特区工会工作模式 / 20

（三）21 世纪初到 2012 年：创建深圳工会特色品牌 / 27

（四）党的十八大以来：开启工会改革新征程 / 35

第二篇　锐意改革开新局：全面建设先行示范工会

第二章　砥砺前行：建设中国特色社会主义先行示范工会 / 49

（一）深圳工会发展面临的新挑战 / 49

（二）当前深圳工会承担的新使命 / 52

（三）明确建设中国特色社会主义先行示范工会的奋斗目标 / 55

第三章　夯基筑台：大力推进工联会综合改革 / 60

（一）改革背景 / 60

（二）改革思路 / 62

（三）改革举措及成效 / 64

第四章　助力发展：构建新时期产业工人思想政治与技能提升新体系 / 72

（一）改革背景 / 72

（二）改革思路 / 74

（三）改革举措及成效 / 76

第五章　共促和谐：工会参与基层社会治理工作改革 / 91

（一）改革背景 / 91

（二）改革思路 / 93

（三）改革举措及成效 / 95

第六章　数字赋能：积极探索"互联网＋"工会工作新机制 / 109

（一）改革背景 / 109

（二）改革思路 / 110

（三）改革举措 / 112

（四）改革成效 / 115

第七章　守护之路：新就业形态劳动者工会工作改革 / 126

（一）改革背景 / 126

（二）改革思路 / 130

（三）改革举措及成效 / 132

第八章　人才培育：社会化工会工作者队伍建设改革 / 138

（一）改革背景 / 138

（二）改革思路 / 140

（三）改革路径 / 141

（四）改革成效 / 145

第九章 继往开来：先行示范工会探索实践步入新阶段 / 150

（一）逐渐形成从点到面，协同有序推进改革的工作格局 / 150

（二）各项工作总体上呈现"提质扩面增效"的发展态势 / 151

（三）工会工作日益呈现体系化、生态化特征 / 152

（四）探索形成了引导职工群众感党恩、听党话、跟党走的实践路径 / 154

第三篇 笃行不殆再奋进：构建"四力"能力体系

第十章 遵循规律：建设中国式现代化工会组织能力体系的思考 / 159

（一）建设中国式现代化工会组织能力体系是贯彻落实党的二十大精神的
具体体现 / 159

（二）习近平新时代中国特色社会主义思想的世界观和方法论为建设中国式
现代化工会组织能力体系提供了思想武器和行动指南 / 160

（三）习近平总书记关于工人阶级和工会工作的重要论述为建设中国式现代化
工会组织能力体系指明了方向 / 163

（四）建设中国式现代化工会组织能力体系是深圳工会作为全国工会改革
试验场的必然要求 / 165

（五）深圳工会综合改革从重点突破到整体推进为建设中国式现代化工会
组织能力体系提供了实践基础 / 165

第十一章 认知升华："四力"概念与发展路径 / 167

（一）"四力"内涵 / 167

（二）"四力"之间的关系 / 176

（三）"四力"作用原理 / 177

（四）"四力"能力体系发展路径 / 180

第十二章 体系化实践：构建以"四力"驱动的工会工作体系 / 182

（一）以体系化为切入点，加强"四力"能力体系建设的必要性 / 183

（二）以"四力"驱动的工作体系的特点 / 184

（三）以"四力"推动工作体系化的"三步走" / 186

第十三章 标准化实践：建立先行示范工会标准体系 / 191

（一）标准的内涵与分类 / 191

（二）在以"四力"驱动的工作体系的基础上推进标准化的意义 / 194

（三）建设先行示范工会标准体系实施路径 / 195

第十四章 数字化实践：建设高质量高效率数字化系统 / 199

（一）"四力"能力体系数字化的重要意义 / 199

（二）工会工作数字化转型思路及蓝图 / 201

（三）工会工作数字化转型的实施路径 / 203

第十五章 通用化实践：搭建多维度多层次的数字化产品矩阵 / 211

（一）促进"四力"能力体系通用化发展的意义 / 211

（二）通用化发展思路及蓝图 / 213

（三）推动数字化成果向通用产品转化的实施路径 / 214

第十六章 应用成效："四力"能力体系建设案例 / 221

（一）案例一："一体两翼"帮扶保障工作体系的"四力"能力体系建设 / 228

（二）案例二：工会"3+N"法律服务工作体系的"四力"能力体系建设 / 236

后 记 / 244

导　论

　　2019年，《中共中央　国务院关于支持深圳建设中国特色社会主义先行示范区的意见》印发，要求深圳朝着建设中国特色社会主义先行示范区的方向前行，努力创建社会主义现代化强国的城市范例。围绕党中央、国务院部署，按照深圳市委全过程、全方位先行示范的要求，深圳市工会第七次代表大会提出"对标最高最好最优，争做全国工会尖兵，建设中国特色社会主义先行示范工会"的奋斗目标。2021年4月，中华全国总工会批复支持深圳工会开展工会联合会综合改革，建设中国特色社会主义先行示范工会。为科学系统推进先行示范工会建设，深圳工会完善顶层设计，研究制定了"十四五"期间深圳建设先行示范工会五年工作规划。坚持目标导向、问题导向，全面推进以工会联合会改革、工会参与基层社会治理改革、新就业形态劳动者工会工作改革等六项改革为内容的工会综合改革，明晰先行示范工会的建设目标、路径和措施。经过两年多的改革实践，深圳工会各项工作呈现"提质""扩面""增效"的发展态势，工会工作体系化、生态化特征日益凸显，先行示范工会建设取得了阶段性成效。

　　为纵深推进工会综合改革、更好服务新时代新征程、更好满足职工群众日益增长的美好生活需要，深圳工会遵循党的群团工作规律，提出全面加强以感知力、响应力、影响力、凝聚力（简称"四力"）为核心的中国式现代化工会组织能力体系建设，推动形成金字塔式线下组织体系和扁平化线上服务体系互为补充、协同配合、全面覆盖的职工维权服务网络，不断提高工会服务职工群众本领、防范化解风险本领、助力高质量发展本领，切实发挥党联系职工群众的桥梁纽带作用。

加强以感知力、响应力、影响力、凝聚力为核心的中国式现代化工会组织能力体系（简称"四力"能力体系）建设，坚持以习近平新时代中国特色社会主义思想为理论源泉，立足深圳工会发展实际，烙印着深圳工会40多年的奋斗印记，彰显了中国特色社会主义工会发展道路的强大生命力，具有鲜明的时代特色。

建设"四力"能力体系，是深圳工会牢记"国之大者"，以先行示范的责任担当，在新发展阶段更好服务中国式现代化的积极探索。

我国工人运动从来都同党的中心任务紧密联系在一起，始终与党和国家发展所处的历史方位紧密联系，始终是实现中华民族伟大复兴时代洪流的重要组成部分。中国工会是在中国共产党的领导下建立起来的。《中国共产党第一个决议》（1921 年 7 月）的第一段话写道："本党的基本任务是成立产业工会。凡有一个以上产业部门的地方，均应组织工会；在没有大工业而只有一两个工厂的地方，可成立比较适于当地条件的工厂工会。"一直以来，工会始终沿着党指引的方向前进，始终把实现党在不同历史时期确立的目标作为自身的历史使命和奋斗主题。在新民主主义革命时期，为实现民族独立、人民解放而奋斗；在社会主义革命和建设时期，为建立和巩固人民当家作主的新政权、建立独立的比较完整的工业体系和国民经济体系而奋斗；在改革开放新时期，为坚持和发展中国特色社会主义而奋斗，谱写了我国工人运动史上一幕幕壮丽篇章。[1]

---

[1] 李建国 牢牢把握我国工人运动的时代主题——深入学习贯彻习近平同志关于我国工人阶级和工会工作的重要论述 [N]. 人民日报，2013-12-5

深圳工会伴随着深圳这座城市，因应改革开放而生，四十多年来，弘扬特区精神，为深圳改革发展作出了积极贡献。1982年12月，推动成立了全国第一家外商独资企业工会——深圳新南新印染厂工会，开创了我国"三资"企业工会组建工作新局面。20世纪90年代，深圳工会探索"上代下"维权机制"蛇口模式"，树立了工会维权服务的一面旗帜。创建了"区、镇、村"三级工会网络体系"宝安模式"，大幅提升外商企业和私营企业建会率，为当时全国蓬勃发展的乡镇企业和新经济组织发达地区工会建设作出了深圳示范。21世纪初，深圳工会大力推进职工素质提升工程，首创公益性职工学历提升教育"圆梦计划"，为全国贡献了助力农民工成长成才的"深圳模板"。党的十八大以来，深圳工会坚持"民主选举、规范运作、向职工负责"的理念加强基层组织建设，打造理光经验，树立了民主建会的榜样；着力建设"有用工会、实力工会""源头治理劳资纠纷试验区"，不断探索工会工作新路径；全面落实党中央决策部署，努力建设中国特色社会主义先行示范工会，积极发挥工会在推动经济社会高质量发展中的作用。

党的二十大开启了中国式现代化的新征程，擘画了以中国式现代化全面推进中华民族伟大复兴的宏伟蓝图。工人阶级是我国先进生产力和生产关系的代表，从来都具有走在前列、勇挑重担的光荣传统，推进中国式现代化，必须大力发扬工人阶级的主人翁精神，充分发挥工人阶级的主力军作用。工会作为工人阶级最基本和最直接的组织形式，必须全面提升自身能力水平，建立与中国式现代化相匹配的能力体系，更好凝聚起推进中国式现代化的强大力量。作为中国特色社会主义先行示范工会，深圳工会有责任率先探索中国式现代化工会组织能力体系的建设路径，为全国工会创新发展贡献深圳方案。

建设"四力"能力体系，是深圳工会学习贯彻习近平总书记关于工人阶级和工会工作的重要论述的创新实践。

我们党始终重视加强对工人运动的领导，始终贯彻全心全意依靠工人阶级方针，始终注重发挥工人阶级主力军作用。党的十八大以来，习近平总书记在传承马克思主义劳动学说和工运学说基础上，结合新时代特征和工会工作实际进行了一系列理论创新，形成了习近平总书记关于工人阶级和工会工作的重要论述。重要论述作为习近平新时代中国特色社会主义思想的重要组成部分，把我们党对工运事业和工会工作的规律性认识提升到一个新高度，为推动新时代工会工作创新发展提供了强大思想武器和根本遵循。重要论述涉及工运事业和工会工作的政治保证、指导方针、价值理念、工运主题、发展道路、基本职责、前进动力、组织基础等方方面面，构成了一个科学完整的思想理论体系。这一科学思想理论体系开创性地提出加强和改进新形势下党的群团工作，最重要的是要保持和增强政治性、先进性、群众性。强调引导职工群众听党话、跟党走，巩固党执政的阶级基础和群众基础，是工会组织的政治责任，首次明确劳模精神、劳动精神、工匠精神的科学内涵和重要意义，拓展了工会的基本职责，重视构建中国特色和谐劳动关系，突出提出统筹推进产业工人队伍建设改革和工会改革，开辟了党的工运理论新境界。这一科学体系既聚焦工人阶级和工会本身讲是什么、为什么，又立足形势任务和工作重点讲干什么、怎么干，既部署"过河"的任务，又指导解决"桥"或"船"的问题，生动体现了马克思主义世界观和方法论的统一。[1]

在建设先行示范工会过程中，深圳工会坚定不移地沿着习近平总书记指引的方向奋勇前进，深入践行习近平总书记关于工人阶级和工会工作的重要论述，将保持和增强政治性、先进性、群众性，作为推进工会综合改革的根本标尺和长期任务。把增强政治性、先进性、群众性作为主线，凡不符合的都要坚决地改，凡是能增强的都要坚决地做，做到所有工作、所有活动、

---

[1] 陈刚 在《深入学习贯彻习近平总书记关于工人阶级和工会工作的重要论述》出版座谈会上的讲话 [J]. 中国工人 .2021(08):8–10

所有服务都要在保持和增强政治性、先进性、群众性下来进行。[1]

　　一是创新工作思路，探索一条引领职工感党恩、听党话、跟党走的实践路径，切实履行巩固党执政的阶级基础和群众基础的政治责任。工会要赢得职工群众的信赖和支持，必须做好维护职工群众切身利益的工作，促进社会公平正义。深圳工会通过工会联合会综合改革、新就业形态劳动者工会工作改革等改革举措，扎实有效推进工会基层组织建设、服务特殊职工群体等各项重点工作。坚持眼睛向下，面向基层、面向相对弱势群体，打造"星级工联会"，创新推出"E路守护""建工守护""家政守护""环卫守护"等"守护系列"综合保障服务项目，将工会的维权服务送到基层一线职工身边，解决好职工急难愁盼的劳动经济权益保障等问题，让职工切实感受到党委政府和工会的温暖与关怀，引导职工感党恩，继而引导职工听党话、跟党走，通过扎实有效的工作把坚持党的领导和我国社会主义制度落实到广大职工群众中去。**二是**凝聚发展共识，大力弘扬劳模精神、劳动精神、工匠精神。发展权是职工的根本权益之一，在发展权的范畴内，职工权益、企业权益、国家利益、党的宗旨可以高度融合，劳资关系可以取得最大公约数的"共识"。在推进产业工人队伍思想政治引领和技能提升工作体系等改革中，深圳工会聚焦保障职工发展权，建立培训－竞赛－荣誉－传承的职工成长成才生态系统，搭建职工培养和发展的通道，形成技能型职工和工匠人才反哺回馈社会、示范影响带动更多职工的良性循环，推动全社会崇尚劳动、见贤思齐，弘扬劳动最光荣、劳动最崇高、劳动最伟大、劳动最美丽的社会风尚。**三是**强化依法维权、智慧服务，积极构建和发展中国特色和谐劳动关系。劳动关系是最基本的社会关系之一，劳动关系是否和谐，事关广大职工和企业的切身利益，事关经济发展与社会和谐。在推进工会参与基层社会治理等改革中，

---

[1] 陈刚《推动工运事业和工会工作高质量发展——学习贯彻习近平总书记关于工人阶级和工会工作的重要论述》[J]. 中国工人 .2021(09):16-20

深圳工会坚持以职工为中心，坚持党的群众路线，认真履行工会基本职责，把服务职工、维护职工合法权益的大旗牢牢掌握在手中，积极运用法治化、智慧化手段，最大限度增加和谐因素、减少不和谐因素，努力构建和发展和谐劳动关系，促进社会和谐。

"行之力则知愈进，知之深则行愈达。"深圳工会以习近平总书记关于工人阶级和工会工作的重要论述指导深圳工会改革实践，并在实践中不断深化对工会工作规律的认识，及时把成功的实践经验转化为"四力"能力体系建设的工作理念和方法，推动将增强政治性、先进性、群众性落实到具体工会工作中，建立衡量具体工作成效的标尺，解决"怎么落实""怎么落实好"的问题，推动全市各级工会在更广范围、更深层次、更高水平上领悟和贯彻习近平总书记关于工人阶级和工会工作的重要论述。

感知力是指运用线上、线下等多种方式，畅通感知渠道、健全工作机制、加强分析研判，实现对职工个性和共性需求有效感知和察觉的能力。敏锐全面的感知力是工会"娘家人"作用发挥的基础，它明确了工会坚持以职工为中心的工作导向，突出工会工作的服务属性，是为职工提供对路服务的前提。

响应力是指采用分类分层分级、多元参与等工作方式以及数字化等工作手段，提升工会资源配置效率、建立与职工需求相匹配的工作体系的能力。精准高效的响应力，是工会作用发挥的根本保障。它充分体现了工会组织群众性特征，为实现好、维护好、发展好广大职工根本权益提供保障。

影响力是指以平台化、品牌化方式常态开展工作成效宣传推广，通过赋予工作成效价值和意义、建立依靠职工群众影响带动更多的职工群众的工作机制，引导职工关注、参与、认可工会工作的能力。影响力是工会团结引领带动更多职工群众的关键，它充分体现了工会组织先进性特征，将思想引领贯穿各项工作中，是赢得人心的重要举措。

凝聚力是指基于职工群众对工会价值理念、工作成效、外部形象等认同，形成的心理认同和听党话、跟党走的行为追随。它充分体现了工会组织的政治性，是工会政治责任履行到位的体现。

感知力、响应力、影响力、凝聚力是中国式现代化工会组织能力体系的四个核心要素，贯穿于工会组织能力建设的全过程、各方面。"四力"是一套逻辑清晰、圈层递进、循环增强的能力体系，感知力、响应力、影响力是层层递进关系，从感知需求，到响应需求，再到放大成效影响，共同形成凝聚力，同时凝聚力的增强又推动感知力、响应力、影响力进入一个新的发展阶段，最终推动"四力"建设形成能力不断优化增强、圈层不断延伸扩展的螺旋式上升的闭环体系，不断增强工会组织政治性、先进性和群众性，实现工会工作高质量发展的良性循环。

"四力"能力体系，是近年来深圳开展工会综合改革、建设先行示范工会的实践成果，是深圳勇当全国工会改革试验场的生动诠释。

深圳作为社会主义市场经济体制改革"试验田"和对外开放的"窗口"，劳动关系具有以下几个鲜明的特征。一方面，市场化的劳动关系更加复杂多变。深圳是国内市场主体规模最大、民营经济最活跃的城市之一，是企业大市、职工大市。截至 2023 年一季度，全市商事主体超 400 万户（居全国城市第一），其中，企业 249.37 万户，民营企业数量占全市企业总量超 90%；就业人口超 1200 万。工会服务的主要对象是点多线长、涉及面广、情况复杂的非公企业职工，是数以千万的年轻来深务工人员，仅以行政力量推动工会工作的方式并不适合深圳。另一方面，深圳地处改革开放、对敌斗争、意识形态斗争的"三个前沿"，在劳动关系和工会工作上更容易感知各种变化，更容易碰到各种新情况新问题，特别是数字经济、共享经济的蓬勃发展，新就业形态群体迅速增长，给工会工作带来全新的挑战。迫切需要深圳工会创新工作方法、丰富服务内容、完善工作机制，率先探索解决各种新问题的新办法、新路径。

为破解难题，系统推进工会综合改革，科学建设先行示范工会，深圳工会坚持问题导向，出台新就业形态劳动者工会工作改革等六项综合改革方案，明晰工会综合改革目标、路径和措施。创建"3+N"法律服务[1]、"守护系列"综合保障项目、"深圳工匠"、深圳职工文化建设"三大节"[2]等特色维权服务品牌，优化升级圆梦计划、劳动领域风险隐患预警处置体系等原有工作品牌，全面推动各项重点工作项目化、品牌化。打造工会融媒体中心、没有围墙的工会大学校、深圳职工诉求响应系统，建立了思想政治引领、职工建功立业、维权服务等一系列平台。围绕职工不同类型需求，建立完整的工作链条，将系列工作项目、品牌和平台有机组成工作闭环，构建了职工思想引领、职工成长成才、职工维权服务等三大生态系统；围绕畅通服务职工渠道，强化了线下工会组织服务体系、线上智慧工会服务体系等两大体系。

从前期开展顶层设计、立柱架梁，到中期品牌化、平台化全面推进，再到构建生态、系统集成，深圳工会综合改革统筹解决六个方面的关键梗阻，进入通过"四力"能力体系建设纵深推进工会改革的攻坚阶段。在这一阶段，深圳工会通过构建体系化、标准化、数字化、通用化的发展路径，将"四力"融入工会的每项工作中，融入工会工作的全过程、全链条，从机制、制度和技术等多个层面，系统提升工会工作前瞻性、创新性、规范性、科学性。

一是构建以"四力"驱动的工会工作体系。在全面梳理工会工作体系的基础上，对照"四力"概念，明确每个工作体系的工作目标、举措和评价指标，制定相应行动方案，构建以"四力"为核心的"目标（做什么）—行动（怎么做）—评价（做成怎样）"的可操作、可考核闭环工作体系，并推动工作体系平台化、品牌化、生态化发展。实现以"体系化"支撑"四

---

[1] "3+N"法律服务，是指以工会法律援助、工会法律顾问和集体协商3项内容为核心，以源头参与、劳动争议调处、劳动法律监督、法治宣传教育等N项内容为抓手，面向全市职工和各级工会输送综合性法律服务

[2] 深圳职工文化建设"三大节"，即"深圳职工音乐节""深圳职工文化节""深圳职工体育节"，是深圳市总工会于2021年首创的职工文化品牌项目

力"的全面落地落实，以"四力"优化深圳工会工作体系；实现"四力"对工会工作的全覆盖，实现对工会工作谋划、执行、反馈的全周期管理，形成纵向到底、横向到边的"四力"能力体系网。

二是建立先行示范工会标准体系。深圳工会以社会管理和公共服务国家级标准化试点为抓手，通过"计划－实施－评估－改进"的标准化工作闭环，固化以"四力"驱动的工作体系的先进经验，规范以"四力"驱动的工作体系的工作流程，形成系列的标准和规范，建立工会工作参照系，实现工会工作有章可循、有据可依。

三是建立高质量高效率的数字化系统。标准化是数字化的前提基础，数字化推动体系化、标准化成果的高效落地实施。深圳工会以全国工会数字化转型试点为契机，在"四力"体系化、标准化建设的基础上，对工会业务利用数字技术全面升级，建设全面提升工会工作效能的管理平台、直达千万职工群众的服务平台、标准化产品化特征明显的高质量平台模板，打造在全国具有先行示范意义的智慧工会，实现管理高效、服务精准、传播有力、赋能决策，推动"四力"能力体系在全市工会系统广泛应用，进一步提升工会服务职工群众质量和效率。

四是搭建多维度多层次的数字化产品矩阵。通用化是工会数字化服务转化为通用产品的过程，是数字化服务推广、应用的必经之路，是"四力"能力体系建设接受市场和实践检验的载体。深圳工会在完善的数字化系统的基础上，通过对工会数字服务的质量、效率、评估等做出有效的控制，将数字化经验与成果转化为通用产品，推动形成包括技术、应用、接口和服务等多个类型、贯穿智慧工会建设全过程、覆盖所有工会工作体系的数字化产品矩阵，更好地满足不同层级工会的数字化建设需求，努力为全国工会数字化建设提供有力支撑。

通过体系化、标准化、数字化、通用化的路径，深圳工会将改革创新的历史积淀、理性认识和实践经验，凝练成为一套完整的、规范的工会组织能力提升体系，为全国工会高质量发展提供可复制、可推广的方案。

"四力"能力体系，印证了中国特色社会主义工会发展道路的正确性，彰显了中国特色社会主义制度的优越性。

中国工会与西方工会在组织性质、功能结构、工作机制等方面存在显著差异。与西方国家资方、劳方、政府之间的博弈、对抗、冲突不同，我国工人阶级是领导阶级，是先进生产力和生产关系的代表。中国工会是党领导的职工自愿结合的工人阶级群众组织，是党联系职工群众的桥梁和纽带，是国家治理体系的重要组成部分。中国工会在维护工人阶级总体利益的同时，可以更好地表达和维护职工的具体利益。[1]

2013 年 4 月 28 日，习近平总书记在同全国劳动模范代表座谈时指出："中国特色社会主义工会发展道路是中国特色社会主义道路的重要组成部分，深刻反映了中国工会的性质和特点，是工会组织和工会工作始沿着正确方向前进的重要保证。要始终坚持这条道路，不断拓展这条道路，努力使这条道路越走越宽广"。[2] 深圳是改革开放后党和人民一手缔造的崭新城市，是中国特色社会主义在一张白纸上的精彩演绎。深圳工会作为中国特色社会主义先行示范工会，承担着为中国特色社会主义工会发展道路探路，并为之积累经验的责任使命。"四力"能力体系是深圳工会坚持和发展中国特色社会主义工会发展道路过程中总结出来的工作理念和方法，集中体现了中国特色社会主义工会发展道路多方面的显著优势。

一是坚持党的领导，确保工会工作始终沿着正确方向前进的显著优势。深圳工会围绕新时代新征程中国共产党的使命任务，建设与中国式现代化相匹配的能力体系，通过推动职工与党领导下的工会组织政治上同心、思想上

---

[1] 李晓钟 团结带领亿万职工为实现中国式现代化而努力奋斗 [N]. 工人日报，2022-11-22

[2] 习近平：在同全国劳动模范代表座谈时的讲话 [N]. 人民日报，2013-4-29

同向、组织上同行、行动上同步，最终形成强大的凝聚力，将千万职工的利益需求协调整合为综合的、建设性有机整体，形成目标一致的利益共同体、命运共同体，共同推进中华民族的伟大复兴，实现职工群众的发展与国家民族的发展同频共振，为长期可持续的维护和保障职工权益奠定了坚实基础。

二是坚持以职工为中心，有效满足职工群众维权服务需求的显著优势。维护职工合法权益、竭诚服务职工群众是工会的基本职责。"四力"能力体系建设，坚持以职工为中心，推动工会各项工作从感知职工需求出发，建立基于职工需求的分类分层分级维权服务体系，建立线上线下有机融合的维权方式，为职工群众提供全面、优质、个性化的维权服务，实现工会感知触角和高质量服务直达千万职工。

三是坚持"一盘棋"思维，有效调动各方面积极性、协调各方资源，集中力量办大事的显著优势。"四力"能力体系建设，通过建立多元参与机制、各级工会协同机制，整合政府、企业、社会组织资源，共同服务职工，提升工会响应职工需求的能力和水平；统筹推动各级工会资源投放到最有需要的职工群体身边，有效解决职工的急难愁盼，实现资源的高效配置和职工合法权益的有效保障。

四是坚持群众路线，从群众中来，到群众中去，紧紧依靠职工群众推动工会事业发展的显著优势。群众路线是工会工作的生命线和根本工作路线。"四力"能力体系建设，通过建立"工会搭台、职工唱戏"的影响力提升机制，为广大职工搭建了学技术、练本领、展才能和服务社会的广阔舞台，让更多职工参与到工会工作中来，参与到服务职工的工作中去，充分调动广大职工群众的积极性、主动性和创造性，建立工会紧紧依靠职工、服务职工、影响和凝聚更多职工的工作机制，形成职工群众广泛积极参与工会工作的生动局面。

五是坚持改革创新，善于自我完善、自我发展，使工会组织始终充满生机活力的显著优势。"四力"能力体系是深圳工会改革创新经验的总结，也是改革纵深推进的抓手。在深化改革中，深圳工会以"四力"优化升级工作体系，不断健全工作链条，完善工作机制，形成工会工作体系的自我完善机制。通过建立体系化、标准化、数字化、通用化的"四力"实践路径，推动工会工作流程再造、体系优化、质量提升、效率提高，工作能力螺旋式上升，建立了工会组织能力持续提升、工会工作高质量可持续发展长效机制。

以上这些优势是中国共产党领导下的工会组织有效协调劳动关系、维护职工合法权益、服务经济社会发展大局的根本保障，是中国特色社会主义先行示范工会的制度"密码"，彰显了中国特色社会主义工会发展道路的优越性，进一步坚定了中国特色社会主义的道路自信、理论自信、制度自信、文化自信。

综上，本书旨在全面总结改革开放以来深圳工会的发展经验，特别是近年来建设中国特色社会主义先行示范工会过程中的实践经验，积极探求工会工作的规律，拓展中国特色社会主义工会发展道路的实践路径，努力为全国工会改革发展提供一些参考。

第一篇

不忘初心担使命：勇当尖兵
走在前列

篇首语：

劳动关系是生产关系的重要组成部分，是最基本、最重要的社会关系之一。劳动关系是否和谐，事关广大职工和企业的切身利益，事关经济发展与社会稳定。劳动关系的发展与时代演变的历史步伐紧密相连。40 多年来，伴随着深圳经济社会不断发展与转型升级，工会的职能也发生诸多变化，但深圳工会始终坚守初心使命，始终致力于构建中国特色和谐劳动关系，为不断巩固党长期执政的阶级基础和群众基础，推动深圳经济社会改革发展积极贡献工会力量。

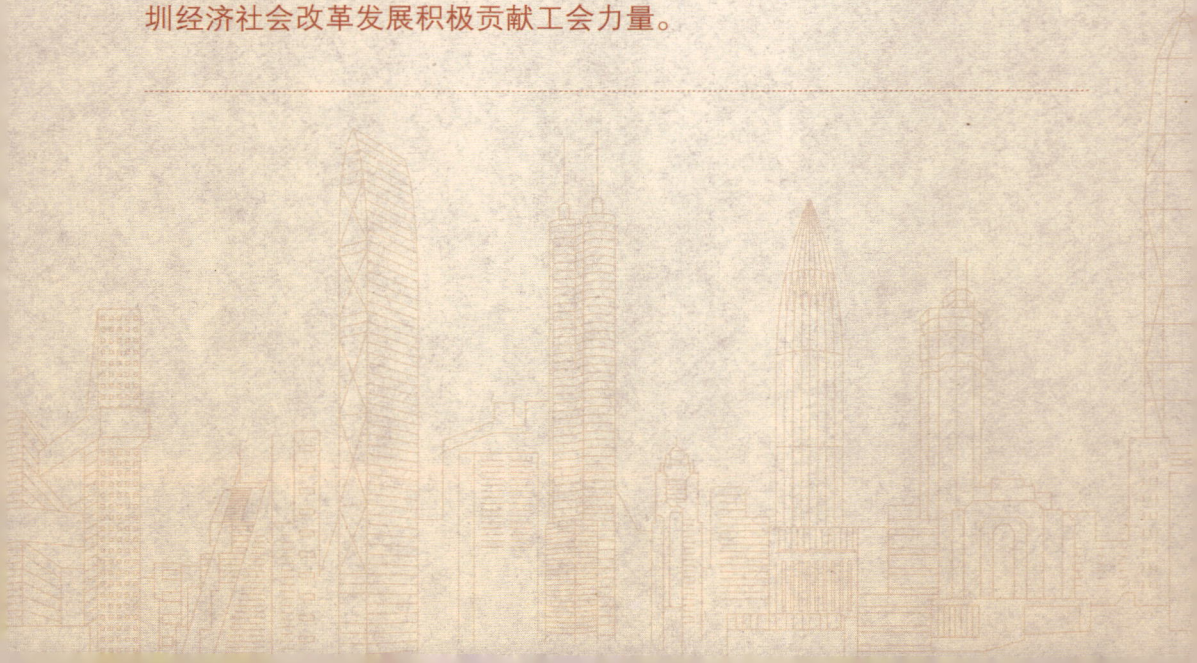

第一章

回望来路：深圳工会的激扬奋进年代

40 多年来，深圳以惊人的速度，从南粤边陲小镇成长为国际化现代化大都市。与深圳经济特区一同成长的深圳工会，坚持忠诚党的事业、竭诚服务职工，坚持立足于深圳产业变革与劳动关系发展实践，围绕深圳的改革发展和现代化建设大局，持续推进工会组织维权服务模式的现代化变革，先后开创了"蛇口模式""宝安模式""理光经验""源头治理劳资纠纷试验区"等特区工会经验，为探索中国特色社会主义工会发展道路作出积极贡献。

（一）20 世纪 80 年代：探路特区工会发展方向

20 世纪 80 年代，深圳利用改革开放的特殊政策和灵活措施，依托毗邻香港的区位优势，利用境外资金和技术积极发展"三来一补"企业和"三资"企业，迅速启动特区的工业化进程。"时间就是金钱，效率就是生命"。这一时期，深圳经济高速发展，本地生产总值以年均 30% 左右的速度增长，1989 年突破 100 亿元。活跃的经济发展吸引了大量外来务工人员，全市就业人口从 1980 年末的 14.89 万增长到 1989 年的 93.65 万。外来务工人员超时加班、劳动环境恶劣、安全设施差等问题不断涌现，面对市场经济带来的新型劳动关系的冲击，深圳工会把"为职工群众服务、为办好企业服务、为改革开放全局服务"作为特区工会工作指导思想，围绕明确企业与国家及职工的关系、保障职工在企业中的主人翁地位、引导职工正确看待改革并积极参与特区建设，瞄准劳方与资方矛盾纠纷争议焦点，以重点推进"三资"企业组建工会为抓手，在国内率先探索出外资企业工会工作新路子。期间，推动在新南新染厂有限公司组建全国最早的生产型外资企业工会；推动制定全国第一个关于工会工作的地方性法规——《广东省经济特区企业工会规定》；成立全市最早的公办成人教育机构——深圳市职工学校；率先在全国探索通过民主协商的方式调处劳资纠纷。深圳工会发挥试验场和窗口作用，不断开拓工会工作新领域，为全国、广东省工会工作先行探路。

1. 积极推动劳动领域制度设计

改革开放之初，深圳工会在实践中积极推动了中国劳动关系领域有关制度创立。1980 年，深圳在全国首创劳动合同制度，打破"统包统配"的就业模式，率先在竹园宾馆试行"职务工资加浮动工资"的新工资制度，将职工工资与经济效益挂钩，试点企业与员工签订劳动合同，这也是新中国第一份劳动合同。这一创新实践为 1986 年国务院发布改革劳动制度暂行规定并在国家政策层面确定劳动合同制度等方面改革提供了有益借鉴。在此基础上，深圳工会积极推动制定《广东省经济特区企业工会规定》，这是全国第一个关于工会工作的地方性法规，《澳门日报》等报刊全文刊载，在海外产生重要影响。面对日益突出的劳动争议问题，深圳工会在实践中总结出"企业内劳动争议调解委员会调解——当地劳动争议仲裁机构申请仲裁——人民法院起诉"三层次争议处理程序，探索形成以调解、仲裁、裁决三道防线为基础的劳动争议处理方法，奠定了我国劳动争议处理的基本模式。同时，积极参与《广东经济特区劳动条例》《深圳经济特区外商投资企业劳动管理暂行规定》《基建施工安全管理规定》《民工施工安全管理规定》《关于加强基本建设施工安全管理工作的暂行规定》《深圳市临时工管理暂行规定》《深圳市社会保险制度改革设想》《深圳市工伤保险试行办法》等法规制定，为建立和完善经济特区劳动管理制度贡献了工会力量，也为特区成立之初全市劳动关系和谐稳定做出了积极贡献。

2. 首次突破外资企业工会组建

随着"三资"企业尤其是外商独资企业的大量涌现，如何做好外资企业工会工作备受关注。深圳工会坚持把推动外资企业建会作为重要突破口，积极探索经济特区外资企业工会工作新路子。1982 年，推动在深圳市竹园宾馆建立中国第一家外商合资企业工会，在深圳新南新染厂成立中国第一家外商独资企业工会，在全国实现了外资企业组建工会零的突破，开创了中国外资企业工会工作新局面。从此，深圳外资企业工会从无到有，从少到多，呈现遍地开花之势。到 1988 年底，全市基层工会已有 1546 个，会员超过 18 万人，其中"三资"企业工会 480 个，组建率达 75%，工会会员36320 人，入会率为 62%。深圳工会以外资企业工会组建为突破口，在我国非公经济迅猛发展的环境中扎实推进工会工作，为未来应对各类所有制经济模式下的工会组织建设和制度创新，奠定了坚实基础。

案　例

全国首家外商独资企业工会

深圳经济特区成立后，"三资"企业数量日益增多，劳资矛盾愈发突显。如何在"三资"企业中开展工会工作？对于当时深圳乃至全国工会，都是一个全新而艰巨的课题。

1980 年 8 月，由香港罗氏美光集团投资兴办的工业企业"新南新染厂有限公司"正式注册成立，成为当时深圳第一家由外商独资经营的染布工厂。在公司投产前，深圳市总工会首次上门协调建立工会事宜，对方直言"我们来深圳是办厂的，不管工会"。工厂投产时，300 余名葵涌本地农民"洗脚上田"成为工人，深圳市总工会再次要求新南新染厂建会，但遭到厂方拒绝。1982 年 6 月，深圳市总工会三度登门，厂方说出心里话，"怕工会'搞搞震'（找麻烦）"。在了解到厂方担心工会工作与企业经营发生冲突的顾虑后，市总工会领导郑重表态："在企业建立工会，主要是为了落实国家的对外开放政策，协助企业做好各项工作，促进企业发展。"经过多番沟通，企业逐渐接受工会组建建议，同意组建工会。深圳市总工会全力以赴，立即派出工作组，蹲厂 4 个月，了解职工情况、掌握职工需求，成立工会筹备组，拉起一支 50 余人的骨干队伍，组织员工入会，仅一个月就有 137 人加入。1982 年 12 月 17 日，全国第一家外商独资企业工会——新南新染厂工会正式成立，为深圳"三资"企业建会树立榜样。从此，深圳"三资"企业工会从无到有，从少到多，到 1985 年全市实现 70% 以上的"三资"企业组建工会。深圳工会在全国率先推动外资企业组建工会，开创了改革开放时期中国工会工作新篇章，为全国外资企业工会工作提供了示范样本。

3. 创建外资企业协商对话机制

伴随着深圳经济特区的开放开发，"三资"企业蓬勃发展，非公有制企业数量迅速增加，劳动雇佣关系越来越普遍，劳资纠纷日益凸显。针对劳动者权益受损和劳动争议多发等突出问题，深圳工会在全国率先尝试劳资协商对话，探索通过民主协商的方式调处劳资纠纷。期间，推动深圳陆氏（蛇口）有限公司工会制定《劳资协商会议制度试行办法》，在深圳中冠印染有限公司工会推行《中冠印染有限公司民主协商会议暂行办法》，推动全市出台《关于工会调处外商投资企业劳资矛盾、协调劳资关系的意见》等文件。1986 至 1988 年间，深圳各级工会组织参与调解重大劳资纠纷事件 46 起，工会代表职工与企业协商，支持职工合理诉求，反对企业侵害职工利益的行为，协调化解职工与企业的矛盾，促进了深圳社会整体安定团结。

4. 探索外资企业民主管理模式

随着非公有制经济的快速发展，如何引导企业职工参与民主管理，如何在"三资"企业中落实民主管理，是深圳工会必须直面的现实问题。1981年，深圳工会在实践探索中促成合资企业体制下两种典型的民主管理形式：合资企业经理领导下的职工代表大会制和厂长领导下的生产管理委员会，由合资双方管理人员、技术人员和一线资深工人代表组成，协商研究解决生产技术和经营管理的重大问题。这一实践经验被广东省推广试行，发展为董事会领导下的"企业协商管理委员会"和非公企业职工代表大会制度。1986年10月，广东省总工会在深圳召开"三资"企业民主管理工作座谈会，研究探讨经济特区民主管理工作成果，总结推广深圳"三资"企业民主管理工作经验。深圳工会民主管理经验，回答了在非公有制经济下民主管理的必要性、可行性和特殊性问题，在参与企业民主管理法人内容和形式等方面做出有效尝试，进一步突出了工会组织在企业民主管理中的地位和作用，为非公经济企业吸收职工参加企业管理、调解企业内部矛盾做出重要示范，有力推动了我国非公有制经济民主管理工作的创新发展。

5. 创办职工继续教育和劳动竞赛

"孔雀东南飞"，深圳吸引了大量的就业青年从全国各地涌入，改革开放后第一代新工人群体孕育而生。据1986年调查数据统计，来深就业的涉外企业工人中80%以上是文化技术素质较低的青年工人，他们普遍面临如何适应现代企业管理制度、如何提升技能水平等困惑。为此，深圳工会在全国率先开展职工教育，1979年成立深圳市最早的公办成人教育机构——深圳市职工中等专业学校（2003年更名为深圳市职工继续教育学院），在国内尝试大力兴办职工继续教育，提高劳动者综合素质。1987年，成立深圳市工会成人中等专业学校，探索与企业联合办学，提供多种形式的职工教育培训，培养了大量符合企业生产需要的熟练技术工人。期间，总结出"集训式、谈心式、娱乐式、激励式"和"厂规约束法、知识测验法、读书演讲法、法律咨询法"等职工教育方式。在全国率先探索外资企业"以赛促训"工作路径，设计一系列具有针对性和连贯性的竞赛项目，在外资企业中开展劳动和技能竞赛，引导职工参与企业创新、促进企业提高生产效率。1982年，开始评选表彰深圳市劳动模范和先进集体，鼓励先进、表彰优秀，在全社会积极营造热爱劳动、比学赶超、争先创优的良好氛围。

（二）20世纪90年代：创新特区工会工作模式

20世纪90年代，以邓小平"南方谈话"和党的十四大召开为标志，中国全面实行对外开放，很多深圳享有的优惠政策被推广至全国，深圳经验也被内地城市不断模仿和复制。面对"特区不特"的新形势，深圳经济特区以"增创新优势、更上一层楼"为目标，调整产业结构，力促"三来一补"企业转型升级，推动"深圳加工"向"深圳制造"转变，大力发展以电子信息制造业为主导的高新技术产业。10年间，深圳经济特区持续保持年均20%左右的增长速度，本市生产总值在1998年突破2000亿元，综合经济实力跃居全国大中城市前列。深圳职工队伍总量不断攀升，全市就业人数从1990年的109.22万人增长到1999年的426.89万人。深圳工会主动适应社会主义市场经济新形势，创新组织管理体制和维权工作模式，在实践中形国内工会系统中具有广泛影响力的"蛇口模式""宝安模式"，得到胡锦涛、尉健行等党和国家领导人的高度肯定与批示；探索区域性集体协商机制，把平等协商和签订集体合同作为调整劳动关系重要手段，在深圳市龙岗区布吉镇坂田村签订全国第一个规范的区域性集体合同；参与制定《中华人民共和国工会法》《深圳经济特区欠薪保障条例》《工会参加平等协商和签订集体合同办法》《深圳经济特区失业保险条例》《深圳经济特区企业经济型裁员规定》《深圳经济特区劳务工条例》《深圳经济特区国有资产管理条例》等涉及职工切身利益的法律法规文件，为源头维护劳动者合法权益提供深圳经验；创新企业劳动争议调解模式，在国内率先推动成立全市企业调解指导委员会；参与国企改制，有力保障国有企业改制过程中职工民主参与和监督权利。深圳工会顺应客观形势，创新工会工作模式，为探索发展社会主义市场经济过程中做好工会工作提供了有益经验。

1. 蛇口工业区工会工作模式

改革开放为深圳经济特区发展注入强大动力，大量外资企业涌入的同时，也形成了复杂的劳动关系，淡身份而重契约的劳动合同制呼之欲出。劳动关系企业化、市场化、契约化发展对工会工作提出全新挑战。蛇口工业区是我国第一个外向型经济开发区，是深圳改革开放的先锋区域，工业区70%以上是外资企业，许多企业工会主席都是"端着企业的饭碗"，受到企业行政制约，无法真正替职工维权。在新的经济关系与劳动关系下，蛇口工业区工会从实际出发，不断创新维权机制，确立了"协调劳动关系，维护职工合法权益"的工作重点，要求下级工会负责将损害职工利益的信息上报，上级工会出面协调，代替基层工会开展维权工作。蛇口工业区工会明确提出把"沟通双方思想、维护合法权益、增进合作共事、合力办好企业"作为工会调处企业劳资矛盾目标，坚持"以事实为依据，以法规为准绳，坚持原则，严明公正，资方违法不马虎，职工有错不袒护，讲究方法，适可而止，不可有利没有节，不能有理不让人"的调处劳资争议56字工作方针，创造了调处劳资争议"四抓三靠一运用"工作方法，形成了"有投诉必有调处、有调处必有答复、调处后必有教育"的工作制度，逐渐探索形成具有深圳工会维权特色的"蛇口模式"。蛇口工业区工会全新的工作思路、独特的工作模式与显著的工作成效，不仅受到区内广大职工的由衷赞许和深圳市党政领导的充分肯定，更引起全国总工会以及党和国家领导人的高度关注。1994年5月，时任中华全国总工会主席尉健行同志亲自率调研组到蛇口蹲点调研，调研组撰写的《关于蛇口工业区工会工作调查报告》获得时任中央政治局常委胡锦涛同志重要批示。1995年2月，中华全国总工会在深圳蛇口召开研讨会，总结和推广"蛇口工业区工会工作模式"，"蛇口模式"从深圳走向全国。

案 例

蛇口模式

1979年7月8日，招商局自筹资金，在深圳南头半岛开创起中国第一个对外开放的工业区——蛇口工业区。改革开放初期，大量"三资"企业进驻于此。1983年7月，香港独资企业凯达玩具厂100余名女工因抵制厂方每天强制性加班的集体罢工事件经56天调处成功后，7月30日，深圳蛇口工业区工会召开了第一届工会代表大会，选举产生了13名工会委员。

蛇口工业区工会成立之初，基于基层工会工作对象的特殊性，以及外资企业工会无法充分发挥作用的现状，确立了"协调劳动关系，维护职工合法权益"的工作重点，要求下级工会负责将损害职工利益的信息上报，上级工会出面协调，代替基层工会开展维权工作，加强职工权益维护。蛇口工业区工会在实践中总结形成了处理劳资争议56字工作方针、"四要"工作经验、"四抓三靠一运用"工作方法、"三必有"制度等重要经验，对有效遏制了工业区劳资争议上升势头，对维护全市劳动关系和谐稳定发挥了重要示范作用，并在全国得到推广应用。

蛇口工业区工会坚持从实际出发，在党的领导下独立自主开拓工会工作新局面，坚持亮明工会身份，以调整劳动关系、维护职工合法权益作为"龙头"，积极探索形成创造性的工会工作方法和工会组织运行机制；

坚持公开直选工会主席，坚持工业区工会对基层工会实行领导和指导相结合；坚持自主运作，主动公开通报并接受群众监督。1990 年起，蛇口工业区外资企业工会组建率在 95% 左右，职工入会率在 85% 左右。截至 1993 年底，深圳已有 890 多家外资企业工会成立，会员数达 8.5 万。

1994 年 5 月 21 日，时任中央政治局常委胡锦涛同志在全总呈报的《鲜明的职工利益代表者的身份和作用：关于蛇口工业区工会工作模式的调查报告》上作出重要批示："蛇口工业区工会工作的思路和成效都是好的，组建率和入会率都达到了较高水平，对目前各地正蓬勃发展的三资企业和特区、开发区的工会组建工作尤其有借鉴意义。"由此，深圳"蛇口模式"作为中国工会改革典型走向了全国。蛇口的实践旗帜鲜明地表明了工会作为职工利益代表者的社会角色，使工会工作着眼点转移到劳动关系上来，对促进新时期工会工作改革转型有导向性的作用，为全国工会提供了生动的教材和有益的启示。

蛇口处理劳资争议 56 字方针——以事实为依据，以法规为准绳，坚持原则，严明公正，资方违法不马虎，职工有错不袒护，讲究方法，适可而止，不可有利没有节，不能有理不让人。

蛇口处理劳资争议"四要"工作经验——法要依，理要讲，情要重，气要壮。

蛇口处理劳资争议"四抓三靠一运用"工作方法——"四抓"即：一抓早，尽可能把争议防患于未然；二抓快，未既成争议抓苗头，发生争议快调处；三抓细，调查要细致，结论要准确；四抓实，实事求是，善始善终。"三靠"即：一靠党组织支持，二靠有关部门帮助，三靠当事人和知情人配合。"一运用"即熟悉有关法规和企业协议、合同及厂规厂纪，学会运用法律程序来调处争议。

蛇口处理劳资争议"三必有"制度——有投诉必有调处、有调处必有答复、调处后必有教育。

2. 宝安工会工作模式

在改革开放的带动下，新经济形态勃发，新经济组织林立，深圳工会积极顺应经济发展要求，面对特区工会组织管理体制的全新挑战，在宝安县开展镇级工会建设探索，积极创新村及村办企业工会组织建设模式，在全国率先探索镇、村、企业小三级工会组织网络体系。1992 年，深圳宝安县观澜镇在全市率先实现镇、村工会组织创建工作"零"的突破，成为全国第一家建立健全镇、村、企业工会"小三级"组织网络体系的乡镇。1995 年，深圳工会在宝安探索成立中国第一个镇级总工会——观澜镇总工会，积极开展"三个一"组建工程，即"成熟一个，发展一个，巩固提高一个"。1995 年底，宝安区 8 镇 1 街道办、118 个行政村及区属、镇（办）属企业全部建立了工会组织，实现了工会组建率的三个 100%。1996 年，宝安组建企业工会 1600 多家，宝安工会的迅猛发展引起了全国总工会的重视。1996 年，全国总工会、广东省总工会、深圳市总工会成立联合调查组到宝安调研。1996 年 12 月，调查组撰写的《全新的区、镇、村经济发展公司三级工会网络体系——关于深圳宝安区新经济组织工会工作模式的调查报告》获得时任中央领导胡锦涛、尉健行同志的批示肯定。其中，胡锦涛同志批示，"深圳市宝安区工会工作的经验很好，赞成认真加以总结，组织讨论，以推动在新经济组织中，尤其是在中外合资企业中组建工会的步伐，促进工会维护职工合法权益和搞好企业生产经营中发挥不可替代的作用。在推广宝安区经验时，要考虑到各地之间的差别，注意从实际出发。"1997 年 4 月，全国总工会在宝安召开"全国工会宝安区工会工作模式理论与实践研讨会"，全面总结推广"宝安工会工作模式"。1998 年，宝安工会工作模式被写入全国总工会十三大工作报告。"宝安工会工作模式"回答了中国在城市化、工业化进程中如何建立健全工会组织体制的历史性课题，为从立法层面解决镇一级可以设立总工会提供了实践经验，对当时全国蓬勃发展的 2200 多万家乡镇企业及新经济组织有典型的示范带动作用。

3. 率先探索区域性集体协商机制

1992 年，党的十四大正式确立了建立社会主义市场经济体制的经济改革目标。随后，进一步提出到 20 世纪末初步建立适应市场经济的法律体系的立法改革目标。"市场经济就是法制经济"成为 20 世纪 90 年代流行的一句口号，经济法、民商法、行政法领域的立法多维并进。劳动法等法律法规相继实施，平等协商签订集体合同制度成为维护职工合法权益的重要机制。为全面贯彻执行劳动法对集体劳动合同制度的一些原则性规定，1995 年 2 月 19 日，蛇口工业区出台全国第一份较为规范的集体合同——《蛇口工业区集体合同》（范本），选定 10 家三资企业作为试点签订集体合同。部分劳动法学专家认为它是一部"小劳动法"，不仅与国家劳动法相一致，而且在保护职工合法权益方面规定得更翔实、更具体。1996 年，深圳市总工会成立了全市推行平等协商、签订集体合同领导小组，推动与市劳动局联合召开有关签订集体合同的大小型协调会及各类联席会议，研究起草了《关于在我市企业中推行平等协商签订集体合同制度的意见》《深圳市关于企业扩大平等协商签订集体合同试点工作实施方案》等工作制度，明确提出要狠抓"签订集体合同必须依法经过协商（集体谈判）；集体合同的内容必须依法突出本企业劳动关系的主要问题，并力求量化；集体合同草案必须提交职工（代表）大会讨论通过；职工劳动合同必须用集体合同规范，其标准不得低于集体合同；集体合同的实施必须依法进行检查监督，发现问题及时协商解决；集体合同的续签，必须提交职工（代表）大会讨论通过"等六个环节，积极推进企业集体协商工作制度化规范化。1998 年 11 月，面对"三来一补"企业集中、外来务工群体自我保护意识差、企业工会工作基础薄弱等问题，深圳市龙岗区布吉镇坂田村签订了全国第一个规范的区域性集体合同，覆盖"三来一补"企业 84 家，职工 1.5 万人，形成了村工会代表员工与企业协调劳动关系的区域性集体协商的"坂田实践"，并很快推广到全国各地。1999 年，全市通过集体协商机制签订集体合同企业达 465 家，其中外商投资企业、"三来一补"企业 247 家。

4. 参与国企改制维护职工权益

深圳是全国经济体制改革的先行地，也最早经历改革过程的阵痛，在国营企业经营转制、国有企业改制重组、企业经营结构调整过程中，企业经营困难和职工下岗失业等问题突出。深圳工会坚持直面经济变革发展的痛点难点，积极参与现代企业制度改革试点，全力维护职工合法权益。1993 年3 月，针对国企改革过程中一些单位撤并工会组织的现象，推动市委专门发文纠正错误做法并恢复了被撤并的工会组织，为工会依法独立开展工作提供保证。1994 年，与市体改办协作起草《关于内部员工持股制度的若干规定（试行）》，积极参与深圳国有企业改革有关重要文件制定。1996 年，推动市委出台《关于现代企业制度试点中加强工会和职工民主管理工作的意见》《深圳市公司工会工作暂行规定》等涉及国企改革的基础性制度，特别强调要坚持和完善职工代表大会制度，保障企业改制过程中职工民主参与、民主监督权利的实现。为妥善安置国企改制下岗职工，持续参与全市"再就业工程"，推动政府建立职工下岗、转岗培训和再就业工作机制，发挥工会大学校职能，大力开展"定向培训""定点培训"等职业技能培训和转业转岗培训，帮助下岗失业职工实现转岗再就业。在全国率先开展技术运动会，深入开展以"科技创新"为主要内容的劳动和技能竞赛、合理化建议及技术比武活动，帮助职工提高技能素质。深圳各级工会依法督促企业参加失业保险，1998 年全市累计有 15000 多家企业参加失业保险，参保职工达 69.5 万人。1996 年5 月，深圳市总工会成立"深圳市职工解困济难基金会"，依托基金会帮助下岗失业困难职工，开展困难帮扶与救助工作。

5. 创新企业劳动争议调解模式

伴随深圳经济的高速发展，经济结构调整与产业转型升级加速，尤其受 1997 年亚洲金融危机影响，传统"三来一补"企业发展遭受严重冲击，企业关停转产与职工失业问题并存，各种利益矛盾由隐性转为显性，劳资矛盾突出，职业伤害事件频发，劳动争议案件呈上升趋势。深圳工会坚持把维护劳动关系和谐稳定、维护职工合法权益作为重中之重，在企业转型发展过程中积极化解各类矛盾纠纷与劳动争议，积极探索企业劳动争议调解工作新模式。1990 年，在国内率先推动成立全市企业调解指导委员会，推动市政府发布《关于进一步建立健全企业调解组织的意见》《深圳市企业调解委员会调解工作程序》等制度性文件，并逐步在全市 2460 个基层单位组建调解委员会，组建超过 2 万人的企业调解员队伍，其中工会代表达 5000 余人。在劳动争议调处过程中，坚持突出工会维护职能，敞开工会信访窗口，热情主动为职工群众提供法律援助，依法调处劳动争议，积极维护职工合法权益。仅 1990–1994 年五年间，深圳市总工会受理劳动争议 8300 宗，参与仲裁案件 120 宗，涉及职工 1.2 万人；处理停工事件 35 宗，涉及职工逾万人；处理来信来访 2.6 万件（次），涉及职工 6.2 万人；妥善处理各种侵权投诉 6160 宗，涉及职工 2.3 万人；处理集体上访重大争议 300 多宗，涉及职工超 2.8 万人，市总工会信访办连续多年被深圳市政府评为信访工作先进单位。

（三）21 世纪初到 2012 年：创建深圳工会特色品牌

进入 21 世纪，深圳进入贯彻落实科学发展观、构建"和谐深圳""效益深圳"的新时期。中国正式加入 WTO，外商对华投资尤其大型跨国公司的投资达到新峰值，为深圳带来大量的就业岗位与资本，到 2012 年深圳市累计外贸进出口 4667.9 亿美元，占全国出口总值的 12.1%，继 2007 年后再度成为全国外贸进出口规模最大城市，实现大中城市出口"二十连冠"。深圳经济结构调整与产业转型升级提速，高新技术产业、物流业、金融业、文化产业等支柱产业增长迅猛，职工队伍规模不断扩大，全市就业人数从

2000 年 475 万人上升至 2009 年的 724 万人，"80 后"年轻职工逐渐成为深圳产业工人队伍的主力军。全市产业工人在收入分配、利益诉求、价值取向、思想观念等方面日益呈现复杂化、多样化、差异化的新特征，职工"增长型"诉求不断提升。2001 年修订的工会法明确规定，维护职工合法权益是工会的基本职责。深圳工会贯彻全总"组织起来、切实维权"工作方针，坚持以发展和谐劳动关系为工会工作主线，围绕实现"维护职工权益，促进企业发展"工作要求，狠抓工会组建、劳资矛盾化解、新生代职工队伍建设等工作重点，积极探索中国特色社会主义工会工作发展新路子。期间，推动深圳市委召开建市以来第一次全市工会工作会议，推动出台《中共深圳市委关于进一步加强工会工作的意见》，修订《深圳市实施〈工会法〉办法》，推动建立"党建带工建、党工共建"联席会议制度，集中力量开展企业工会组建、开展重点企业集体谈判要约行动、首创公开谴责违法企业、率先开展"圆梦计划"职工学历教育帮扶、探索公开招聘专职工会工作者，为新世纪工会维护职工合法权益、构建和谐稳定劳动关系提供了经验。

1. 突破沃尔玛拒绝建会"世界性难题"

2001 年，中国正式加入世界贸易组织，外商投资企业加速进驻中国。全国总工会统计数据显示，2004 年底在华投资的外资企业有 49 万家，只有 16 万家建立工会组织，建会率仅为 32.6%。全国总工会专门发文，成立推进外资企业工会组建工会领导小组，并多次组织召开专题会议推动，但沃尔玛等跨国公司依然拒绝建会，工会组建工作遭遇巨大阻力。沃尔玛于 1996 年 8 月在深圳开店并进入中国市场，中国区总部设在深圳，到 2006 年在深圳开有 13 家分店，拥有员工 6500 人。为推进外资企业组建工会，深圳市总工会对 1000 人以上的外商投资企业实施"挂牌组建"工程，并以沃尔玛建立工会作为重要突破口。在推进沃尔玛建会过程中，深圳市总工会积极加强与各门店沟通，深入职工宣传工会，不断增强职工的工会意识。市总领导多次与沃尔玛高层人员会谈，宣传中国特色的"共谋企业健康发展"的工会原则，在沃尔玛总部举行工会组建知识专题讲座，消除他们对组建工会的一些误解，使他们慢慢改变抵制工会的传统做法，并明确表示要配合全总和深圳市各级工会的工作，协助组建基层工会。2006年8月3日夜晚11点，在深圳市委组织部、罗湖区委及深圳市、区两级工会等领导共同见证下，42名湖景分店的员工依据《中国工会章程》规定，选举产生了沃尔玛湖景分店第一届工会委员会，深圳市第一个沃尔玛分店工会正式成立。8月5日至9月20日，沃尔玛在深圳的其他11家分店先后成立工会组织。11月7日，沃尔玛在深圳总部召开了中国区总部工会第一次代表大会，8日举行总部工会成立大会，中华全国总工会、广东省总工会、深圳市总工会领导以及沃尔玛中国投资有限公司副总裁及首席行政长官等出席工会成立大会。沃尔玛在深圳的13家分店及其中国总部突破性组建工会，直接推动了沃尔玛在中国所有运营单位都成立工会组织，也带动了富士康、盐田国际等一批知名企业相继组建工会。

沃尔玛工会成立之后，深圳市总工会随即在全国率先启动了沃尔玛集体谈判工作，直接参与和指导沃尔玛工会，并同沃尔玛中国总部多次就集体谈判相关事宜进行磋商。2008年7月24日，历时1年半，经过多轮协商的沃尔玛集体谈判取得重大突破，沃尔玛中国总部工会及深圳区15个营运单位的工会与沃尔玛公司在深圳市总工会举行了集体合同签字仪式。这份集体合同涉及8329人，内容包括劳动合同、劳动报酬、工作时间与休息休假、保险福利和员工培训等五个方面，其重点包括：建立工资集体协商机制，每年12月工会与公司就下一年度工资整体增长幅度进行协商；2008年、2009年工资平均增长幅度为"9+1"，即工资平均增长9%，同时公司提供1%用于升职和特别调薪；公司的最低工资要明显高于深圳市政府公布的最低工资标准；在沃尔玛工作满三年的员工可签订无固定期限劳动合同；本集体合同作为公司制定和修改规章制度的依据等。随后，深圳市总工会以沃尔玛集体谈判实践为契机，在全市大规模开展世界 500 强在深企业和国内大型重点企业的集体谈判工作，主动发出谈判要约，在涉及员工切身利益的工资、工作时间、劳动保护、企业规章制度等方面，签订集体合同，为构建和发展和谐劳动关系奠定基础。

案 例

理光经验

1991 年，理光（深圳）公司成立，这是一家集设计、生产、销售办公自动化产品为一体的日资企业。自 1992 年投产至 2007 年，15 年间理光公司一直拒绝工会。2007 年，深圳市总工会狠抓该企业劳资纠纷矛盾调解契机，会同福田区总工会多次上门做工作，向企业日方管理层讲解中国工会法，宣传中国工会性质和作用，促使日方管理层疑虑渐消，最终接受了成立工会的建议。

2007 年 11 月，理光公司成立了工会筹备组，筹备组与公司行政协商后，按《中国工会章程》规定，组织各工会小组选出 112 名会员代表，并通过投票方式推选职工认可的企业工会委员和工会主席，推动召开第一次会员代表大会。在这一过程中，筹备组提出了 10 名工会委员候选人，计划通过差额选举产生 9 名工会委员，并预设了企业工会主席人选。但在选举期间，有代表提出质疑，认为预设候选人可能无法体现一线工人的真正意志，并提出能否在候选人之外选择自己认为更合适的人选。这一提议获得了上级工会的支持，按照选举办法规定，会员代表有权另选他人。在首轮投票中，只有 6 名候选人得票超过半数，顺利当选委员；在第二轮投票中，仅有 10 名候选人之外的彭秀娇得票超过半数当选委员，预设候选人尽数遭到淘汰；在第三轮 7 名委员投票时，彭秀娇出人意料地被选举为企业工会主席。对此选举结果，企业充分尊重了会员代表的民主选择，上级工会也对选举结果及时作出批复。此后三年，彭秀娇和她的团队在为员工服务上不遗余力，深受员工拥护，到第一届工会委员会任期届满时，入会员工已近4000人。2010年11月，理光工会酝酿换届选举，此次换届资方完全置身事外。会员代表由会员自荐和群众推选产生，选出的248名代表中有190名是一线员工，14名工会委员候选人也全部由工会小组推荐，代表们用无记名投票方式从中差额选出11名工会委员，其中包括4名一线员工，在公司任职近20年的技术部部长钱家良被推选为第二届工会主席。理光工会的换届选举实现了真正意义上的民主选举，到2011年2月第二届二次会员代表大会时，员工入会率已达到100%。2012年4月，时任广东省委书记汪洋来到理光工会考察时说，"在过去单一国营经济时代，工会作用不是很大。广东作为全国改革开放前沿，经济形态多样，劳资关系复杂，工会要发挥更大作用，理光工会现在做的事情就是恢复了工会应该有的那些功能"，并称赞理光公司工会"有地位、有作为"，让人"刮目相看"。在社会主义市场经济条件下，工会组织到底该如何产生、如何运作，理光工会通过民主选举、民主建会、民主管理等规范化运作经验为我们交出了满意的答卷，在全国工会系统树立了民主建会民主管理的榜样，理光经验也迅速从深圳走向全国。

2. 首创工会职工教育"圆梦计划"品牌

随着深圳产业转型升级发展，高素质技能型产业工人需求不断增大，如何提升传统"三来一补"企业职工技能素质提升成为深圳产业工人队伍建设面临的新挑战。深圳工会主动应对经济结构调整与产业转型升级发展新形势，在全国率先探索进城务工人员职业素质与技能提升教育新路径，明确提出既要维护他们的经济权利，更要维护他们的学习权、发展权。深圳市总工会在全国开创工会公开资助吸纳农民工进入高等院校学习的先例，并逐渐发展成为深圳工会职工教育"圆梦计划"帮扶品牌。

2008年5月，深圳市总工会与市慈善会联合推出首届农民工免费上大学"圆梦计划"活动，向社会公开选拔经济困难、工作表现优异的农民工，全市有 600 多劳务工现场踊跃报名，经严格审核，最终 104 名农民工被北京航空航天大学、四川大学、天津大学等三所合作高校录取，获得为期两年半学制的免费专业学习机会。2009 年 5 月，为帮助受全球金融危机影响下的失业下岗农民工，深圳市总工会将第二届"圆梦计划"资助名额增加到 200 人，并决定连续 3 年每年筹集 5000 万元工会经费，共投入 1.5 亿元实施"职工素质提升工程"，与企业同舟共济共渡难关。到 2012 年，五届"圆梦计划"共帮助了 1913 名优秀农民工圆了大学梦，帮助 8000 多名农民工圆了职业技能梦，累计教育和培训农民工 15 万多人次，首届"圆梦计划"学员毕业后工作转换率达 87%。"圆梦计划"帮助职工圆了成长之梦，让职工与深圳这座城市一同分享改革发展成果，为职工向上流动搭建了一道成长的阶梯。

3. 首用企业违反工会法公开谴责条款

站稳职工立场，推动劳资冲突向劳资合作转变，构建和谐劳动关系是深圳工会在转型期一直秉承的工作原则。实践中，工会工作人员在履行职责时会遇到来自企业的各种压力，作为企业职工和工会组织成员的双重身份要求其在接受用人单位管理提供劳动的同时，代表和维护所在企业职工的合法权益，这一角色定位使其与用人单位之间极易产生矛盾和冲突，从而导致用人单位利用劳动关系中的用工管理权对工会工作人员进行打击报复，最常见的手段就是解除劳动合同。2007 年，深圳龙钻纸品厂工会主席和一名工会委员被厂方以劳动合同到期为由非法解雇，深圳市总工会、宝安区总工会和公明街道总工会多次与龙钻纸品厂协调，派人到企业调查，要求厂方纠正错误做法，恢复劳动关系。龙钻纸品厂对市、区总工会的协调和正当交涉置若罔闻，致使二人此后走上了长达两年的维权之路。

2008 年劳动合同法颁布实施，深圳劳动争议案件出现井喷，职工索要工资、加班费、经济补偿金等劳动争议案件数量大增，劳动争议案件数量大幅度上涨。为直接帮助职工解决他们的遇到的法律问题，深圳市总工会在全国首创工会法律援助机制，与律师事务所合作，创设了职业化的维权队伍、法治化的维权手段相结合的工会法律援助工作机制，借助律师专业力量为职工提供免费的法律援助。在龙钻纸品厂工会主席和一名工会委员的维权过程中，市总工会启动这一维权机制，指派律师为二人提供免费的法律服务，帮助其打官司。

2009年12月，一审已经裁定企业违法，深圳市总工会依据2008年修订的《深圳市实施<中华人民共和国工会法>办法》，对企业的违法行为进行公开谴责，在全国率先尝试应用保护性法律条款为工会工作者保驾护航，在全国工会系统开创公开谴责企业违反工会法的先河。此次拿起法律武器，采取"公开谴责"方式帮助职工维权，将违法企业曝光于媒体，谴责效果和监督作用被放大，成为上级工会保障企业工会干部的重要示范。

时任中央政治局委员、全国人大常委会副委员长、中华全国总工会主席王兆国同志对深圳市总工会公开谴责的创举作了重要批示，《工人日报》派出记者进行连续采访报道，并发表专题评论文章，在全国产生重要影响。全国总工会2008年8月11日出台的《工会法律援助办法》中，吸纳了深圳市总工会的做法，明确规定"地方工会可以与司法行政部门协作成立工会（职工）法律援助工作站，也可以与律师事务所等机构合作，签订职工法律援助服务协议"。

4. 探索工会工作者社会化模式

2005年以来，深圳工会组建工作不断加强，但市、区、街道的专职工会干部不到200人，维权服务工作开展障碍重重。特别是作为工会组织网络中最贴近基层的社区工会联合会，更是处于"无专人干活，干活不在行"的境地。2006年12月，深圳市总工会从社会公开招聘118名本科以上学历的工会组织员，为每个街道配备 1–3 名，解决街道工会人员不足的问题。在不断探索的过程中，深圳市总工会又创新提出基层工会干部"社会化招聘、契约化管理、职业化运作"模式。2009 年，选取龙岗区作为试点单位，面向社会首期招聘 80 名专职工会工作者，派驻到覆盖职工 5000 人以上的社区担任社会化工会副主席，专职从事组建工会、排查劳资隐患、集体协商等维护职工权益工作，一改过去基层工会工作"无人干、不会干、不愿干"的被动局面，基层工会工作得到切实加强。

2010 年，深圳工会在全市全面推行基层工会干部社会化模式，鼓励各区采取工会组织员、购买社工服务等多种途径，加强区域工会联合会及重点大型企业工会干部职业化建设。2011 年，在全市推广龙岗试点经验，按照"5000 名职工以上社区配备一名社会化工会副主席"的要求，建立起一支由社会化工会副主席、工会组织员、专业社工组成的扎根于基层、会做群众工作的职业化工会工作者队伍。

5. 创新困难职工帮扶工作机制

进入新世纪，深圳市场化改革不断深入，老一代深圳职工包括基建工程兵、"三来一补"企业职工、国有企业改制下岗失业人员等弱势群体普遍面临就业、生活及家庭困难问题，在技能培训、家庭养老、子女教育等方面急需得到帮扶与支持。深圳市总工会积极响应市委市政府号召，不断创新困难职工帮扶工作机制，在全市叫响做实"职工有困难找工会""农民工有困难找工会"，切实为全市困难职工办实事、做好事、解难事。

2002 年，在全市推动建立市、区两级困难职工帮扶中心，成立一年就筹措资金 335 万元，帮扶 1521 名困难职工解决生活保障、医疗、住房、子女入学、法律援助等方面的实际困难。2004 年，成立深圳市困难职工帮扶工作领导小组，完善市、区两级帮扶指导中心的管理制度和工作程序，强化街道、社区两级帮扶指导站和帮扶指导员培育，初步形成了区、街道、社区、企业四级联动工作机制，为困难职工提供信访接待、政策咨询、生活救助、就业培训和法律援助等"一站式"服务。2012 年，开展"面对面、心贴心、实打实"服务职工在基层活动，并将市、区、街道、社区、企业五级帮扶中心（站、点）升级为职工服务中心（站、点）。同时，充分发挥市职工解困济难基金会的作用，积极筹措资金，至 2008 年，基金会先后实施了 22 次大规模"送温暖工程救助活动"，帮助全市 24263 户（次）特困家庭解决工作和生活困难，实施救助金额达 2741 万元。

（四）党的十八大以来：开启工会改革新征程

党的十八大以来，为适应经济全球化新形势，深圳更加坚定地实施创新驱动战略，注重以"深圳创新"打造"深圳质量"，生物、互联网、新能源、新材料、新一代信息技术等战略性新兴产业加速发展，深圳进入全面创新和全面发展的新阶段。2012 年至 2021 年的十年间，深圳 GDP 总量从 1.30 万亿元增长到 3.07 万亿元，稳居全国第三，全市就业人数从 2011 年末 829 万人增至 2021 年 1249 万人。平台经济与数字经济逐渐成为深圳经济重要组成部分，货运司机、网约车司机、快递员、外卖配送、网络直播等新就业形态群体人数不断增多，企业用工模式与用工方式发生重要变化。面临劳动力市场分割、职工群体性事件诱因转变、经济下行压力和中美经贸摩擦的负面影响，以及隐含在"三新"就业中的职工权益保护难题等挑战所带来的劳动关系不确定性，深圳工会以强"三性"去"四化"、激活基层活力为主线，加强自身党的建设，狠抓基层工会组建，强化维权和服务主责主业。探索社区工联会建设，"三个一批"（一批社区（村）、园区工会联合会，一批社会化工会工作者队伍，一批会、站、家一体化的职工之家）工作模式在全省推广；探索工会组织"重点建、行业建、兜底建"，主动破解新就业形态劳动者入会难、平台企业建会难问题，顺丰工会工作模式获得全总、省总肯定；创新开展"聚力计划"、健全劳资沟通协商机制、建设劳资纠纷预警体系、完善工会法律服务，全面提升劳资纠纷化解综合能力；依托信息技术加快数字化、智能化职工服务体系建设，创新职工服务模式，全力打造职工服务品牌；打造工会宣传阵地，探索职工思想政治引领新路径；探索产业工人队伍素质与技能提升新机制，推进产业工人队伍建设改革；高质量完成全市城市困难职工解困脱困工作，积极推进新时期乡村振兴，助力全国脱贫攻坚，为推动实现深圳经济社会高质量发展、加快推进"双区"建设积极贡献工会力量。

1. 加强工会自身党的建设

党的十八大召开后，以习近平同志为核心的党中央深刻总结党的历史经验，对管党治党做出的重大部署，将全面从严治党纳入"四个全面"战略布局。深圳总工会认真贯彻落实全面从严治党重大战略部署，把深入学习宣传贯彻习近平新时代中国特色社会主义思想作为首要政治任务，修订《深圳市总工会党组会议制度》，加强市总工会党组对工会业务的领导。将学习习近平新时代中国特色社会主义思想作为工会干部培训"第一课程"，持续提升工会干部政治能力和理论水平。2021 年 4 月，在全国工会系统率先开展"学习工运史、增强政治性"活动，有力提升党员干部政治判断力、政治领悟力、政治执行力。

深圳市总工会深入开展"争创模范机关、争建五星支部、争作五星党员"行动，大力推进基层党组织"标准 + 质量 + 示范"建设，探索总结出机关党建月度督导工作机制，"三会一课"每月指引工作机制，在深圳市直机关工委系统总结推广。2022 年 9 月，深圳市总工会荣获"深圳市直机关第二批模范机关创建工作先进单位"。同时，积极探索并找准工会党建工作和业务工作的最佳结合点、着力点，按照内设机构设置调整党支部，实现基层党建工作与部门业务工作紧密融合；将"深圳工会综合改革"作为"书记项目"，并在全总批复的"工会联合会综合改革"等6项重点改革任务中，集中开展"党建＋中心工作"双融双促，充分发挥牵头部门党支部的战斗堡垒作用和党员的先锋模范作用，有力推进各项改革任务取得丰硕成果。《强化党建引领，主动破解新就业形态劳动者权益保障难题》获评深圳市直机关工委"书记项目"优秀案例，"党建引领有力量，脱贫攻坚见实效"获评深圳市直机关工委"党建＋攻坚克难"优秀工作案例。

2. 探索基层工会体制机制改革

"90后"逐步进入劳动力市场，成为深圳职工队伍的重要组成部分，其法律意识、权利意识、行动意识、互联网意识更强，利益诉求更加多元。2014年9月，深圳市总工会直面劳动关系的复杂状态和工会工作的薄弱环节，选择在职工人数众多、劳资纠纷频发的三个社区（工业园）建设试验区，作为开展预防化解劳资矛盾、探索基层工会体制机制改革和工作方式方法创新的"试验田"。三个试验区总计有企业1280多家，职工总数13万多人。

试验区通过重心下移，力量配备、服务资源的倾斜，建立以工会联合会为核心的维权体系和服务机制。在不断成熟和总结的过程中，试验区的工作经验逐步演化为"三个一批"（一批社区（村）、园区工会联合会，一批社会化工会工作者队伍，一批会、站、家一体化的职工之家）的基层工会工作模式，通过构建以社区工会联合会为核心的基层工会组织网络，增强基层工会组织力量；通过社会化工会工作者和工会积极分子队伍的培养，形成专业性与群众性兼具的基层工作力量；通过职工之家实体阵地建设，提升服务精准度和工人归属感；通过建立工会参与的劳资风险排查与应急处置机制，及时化解和处置劳动争议。该模式得到广东省总工会的充分认可，并将深圳经验和模式在全省范围内推广。

深圳源头治理劳资纠纷试验区贯彻以职工为本的理念，秉承科学创新的精神，发扬工会"群众路线"的优势，提升了基层工会的组织效率和工作实效。2018年，"试验区"经验写入中国工会十七大报告，成为实现新时代固本强基的重要工会经验。

案 例

源头治理劳资纠纷试验区

深圳工会坚持增强"政治性、先进性、群众性"的改革目标，在工作体制机制上进行改革创新，在生产制造业和外来农民工聚集区域探索建立"源头治理劳资纠纷试验区"（以下简称"试验区"），明确把"打通工会联系职工的通道，提升职工组织化程度，推动劳资对话、沟通、协商、合作"作为试验区工作的重点，紧紧围绕"职工需要、职工参与、职工信赖、职工认可"来谋划和推动工作。

一是创新组织形式，增强基层工会组织力量。形成合力，在人员、资金、活动场所上向基层下沉资源，做实社区（园区）工会联试验区改革的突出亮点就是构筑了一个以工联会为核心的坚实的基层工会组织网络，畅通了与职工群众联系的渠道。深圳市、区、街道三级工会和当地党政密切配合、合会，工联会从以往繁重的行政事务中摆脱出来，更专注于工会工作，成为连接上级工会、社区、企业工会、工会小组、工会积极分子、工联会干部的"中心枢纽"。工联会落实"联合制、代表制"，以工联会为枢纽，以大企业为骨干，以小企业的工会小组为基础，有效提升了企业工会的活力。

二是创新队伍建设，建立一支职业化工会干部队伍。深圳市总工会通过"社会化招聘、契约化管理、职业化运作"的方式，以市场化的方式组建培育了一支有理想、有情怀、有文化、有干劲、有能力的职业化工会干部队伍，也破解了基层工会没人办事、不会办事的问题。这支新生的队伍不仅是基层工会工作力量的补充，更是生力军和主导力量。此外，通过在活动中持续地进行工会意识和组织能力的培训，试验区也培育了一支颇具规模的工会积极分子队伍，他们不仅在开展工会各项活动中发挥骨干作用，而且在企业工会建设中发挥日益重要的作用，成为引导职工理性表达诉求、构建和谐劳动关系的中坚力量。

三是创新服务载体，加强工会阵地建设。和平社区工联会办公场所是一座800多平方米的"职工之家"，集中各种服务职工设施。嶂背社区工联会的"职工之家"则有500平方米，形成集工联会、职工服务站、职工之家等"会、站、家"三位一体的格局，实际是社区的工人文化宫、社区的工人服务中心。试验区的"职工之家"着力打造职工维权、关爱帮扶、教育培训、心理疏导、文化活动等服务平台，举办的活动注重实效接地气，贴近企业和职工需求，同时按照职工群众的"生物钟"，推行适度错时上下班等工作制度，较好地解决了服务与需求的供需对路问题，提升了服务的精准度。试验区工联会和"职工之家"建在工业社区（园区）之中，贴近基层、贴近职工、贴近实际，有人、有经费、有阵地、有活动，便捷地开展工会活动和服务，让工人产生了归属感，成了工人愿意来、来了能办事、来了有活动、来了不想走、即使走了也会牵挂的地方，工会成为了名副其实的"职工之家"。

2016年10月13日，广东省总工会在深圳召开广东省工会源头治理劳资纠纷试验区现场推进会，总结深圳工会参与"源头治理劳资纠纷试验区"的经验，即"三个一批"（一批社区（村）、园区工会联合会，一批社会化工会工作者队伍，一批会、站、家一体化的职工之家）的基层工会工作模式。深圳工会源头治理劳资纠纷试验区改革创新经验在全省推广。

3. 实现基层工会组织建设新突破

进入新时代，深圳工会在总结梳理以往工作经验的基础上，确定"民主选举、规范运作、向职工负责"的基层工会组织建设工作思路，突出"依法推进""职工主体""指导服务""重点突破""民主评议""宣传造势"，努力将基层工会建设成为职工真正信赖和依靠的职工之家。

2018 年，针对工会组建存在的难题，深圳工会坚持党委领导，推动建立市区联动工作机制，与人大、政协及相关部门密切合作，着力构建"党委领导、工会主导、部门配合"的工会组建格局。深圳市总工会坚持以点带面重点突破，集中力量持续开展"百人以上企业建会专项行动"，集中抓好百人以上企业、上市公司、曾发生过群体性劳资纠纷的企业、企业主是人大代表或政协委员的企业、职工主动要求建会的企业等五种类型企业建会工作。截至 2023 年 6 月，全市共摸排 100 人以上企业 8873 家，已建会 8767 家，建会率达 98.8%，在腾讯、华星光电、大疆等一大批新兴重点企业和风向标企业成功建会。各区总工会创新工作方式方法，全面激活基层工会组织活力。坪山区总工会先行探索破解基层工会赋能不足难题，于 2019 年 7 月启动实施星级示范基层工会创建项目，以基层工会考核评价体系为"风向标"，培育星级工会 60 家次。坪山区总工会相关工作经验先后在 2021 年全国基层工会工作会议、广东省基层工会建设现场会上推广。

面对快递员、外卖配送员、家政服务员、网约车司机、货车司机等新就业形态劳动者数量大规模增加的现状，深圳市总工会积极探索工会组织"重点建、行业建、兜底建"，主动破解新就业形态劳动者入会难、平台企业建会难等问题，深圳顺丰工会的建会模式获得全总推广。

4. 开启职工思想政治引领工作新格局

为适应深圳职工队伍年轻化、分散化、原子化的特征，深圳工会着力拓展宣传渠道、创新宣传方式、优化文化供给，建立联动全市各级工会的内容数据库和融媒体服务，全力打造工会宣传阵地，探索职工思想政治引领新路径。

2021 年 8 月，深圳市总工会联合深圳报业集团成立深圳工会媒体融合中心，从内容、平台和渠道、经营和管理、品牌建设等方面进行融合，建立起一个围绕中心的中央厨房系统、四大新媒体平台、六大宣传形式和N个全网媒体渠道的"1+4+6+N"立体传播格局，建立包括微信公众号、抖音号、视频号、人民号、市总工会官网、全市各级工会宣传矩阵等宣传平台，全力打造"一体统筹、上下联动、协同互通、资源共享"的全新媒体生态。深圳工会以融媒中心立足深圳工会、打造深圳特色，依托融媒体传播形态，传递党的声音、宣传工会职能、讲述工会故事。

　　同时，深圳工会打造"深圳工会强工计划"宣传品牌，实施"强工铸魂""深工家园""圆梦赋能""暖工优服""深工融媒"五大工程，构建"一大计划、五大工程"立体的传播生态体系。着力打造深圳职工"音乐节""文化节""体育节"三大全市性职工文体活动，丰富职工精神文化生活。2021年，深圳工会推出电影《工夫》、系列短视频专题片《能工巧匠》，真实讲述劳动者的奋斗故事，反映深圳工匠对审美、笃定和精益求精的价值追求。深圳工会还推出《党课十谈》《强工十谈》等宣传品牌，塑造深圳职工文化形象，创新采用更有特色、更接地气、更入人心的方式，广泛宣传党中央和习近平总书记对工人阶级和广大劳动群众的高度重视和关心关怀，更好凝聚新时代的职工力量。

5. 探索信息化引领职工服务新途径

　　数字时代的到来，职工的生产生活与互联网深度融合，为顺应时代变革，深圳市总工会从信息化技术入手，加快数字化、智能化转型。2016年，深圳市总工会着手打造信息化综合工作平台系统，包括"四个门户"（即12351热线、微信、APP、网站等四个门户端）、"三个平台"（即会员服务平台、基层工会工作平台、各级工会机关业务工作平台）和"两个数据库"（即工会组织数据库和会员数据库）。为适应数字化转型需要，深圳市总工会进对机关内设机构进行调整，对工会各项工作流程重新梳理、优化再造，以数字化手段推动工会工作提质增效。同时，大力拓展工会普惠制服务项目，建立开发遴选、过程管理、效果评估的职工服务项目化运行机制，实现服务内容从工会职能服务向社会化、专业化服务转变，服务方式从工会"定菜单"向由职工"点菜单"转变，服务手段从线下为主到线上线下互动融合转变，打造职工信得过、靠得住、离不开的"职工之家"。2017 年 11 月 23 日，深圳市总工会联合中国银行深圳市分行发行广东省第一张实名制工会会员服务卡，首批推出涵盖互助保障、法律援助、教育助推等 8 大类 36 个普惠服务项目，让广大职工更有获得感。

2020 年以来，深圳工会按照"实名制、普惠性、全覆盖、信息化"要求，打造"1+11+N"职工服务阵地[1]，创建以工会常态化帮扶救助为基础，发挥市职工保障互助会和市职工解困济难基金会作用，为职工会员提供生活救助和医疗救助等工会常态化帮扶、"集体＋个人"模式的互助保障计划[2]、低门槛职工专属商业保险、"暖工基金"关爱帮扶、"工友筹"众筹互助的五重帮扶保障，为职工会员和新就业形态劳动者提供分级分类分层的、多元化、社会化、精准化的帮扶保障服务。2021 年 9 月，深圳市总工会推出"E 路守护"综合保障服务，这也是暖工基金成立以来推出的首个综合保障服务项目，面向网约送餐员、网约货运司机、网约客运司机、快递人员等新就业形态劳动者，免费赠送他们一年保障期的互助保障计划和专属意外保险。保障内容涵盖重大疾病、意外伤害、突发疾病身故（猝死）和第三者责任四大类 12 小项的综合权益保障。"E 路守护"作用发挥明显，增强了新就业形态劳动者抵御风险的能力。

---

[1]　"1+11+N"职工服务阵地，即建设 1 家市级服务阵地，11 家区级服务阵地，在重点区域和重点企业建设 N 个职工之家和服务站点

[2]　"集体＋个人"模式的互助保障计划，是指在现行团体参保的基础上，设立基层单位集体参保账户，允许单位符合参保条件的职工个人通过集体账户自主完成参保申请，逐步实现"集体参保为主，个人参保为辅"的新型灵活参保形式

进入新时期，深圳工会基于信息化建设的有效探索，与市属国有企业合作成立智工公司，专门建设和运营市总智慧工会，加快推进"数字化转型"和"智能化发展"，打造"互联网＋"工会工作的深圳模式，不断提升服务职工的能力水平，为全国智慧工会建设提供"深圳范例"。

6. 全面提升劳资纠纷预防化解综合能力

深圳工会紧紧围绕构建社会主义和谐劳动关系的工作目标，聚焦发展各方参与的协商协调机制，全面提升劳资纠纷预防与处置综合能力。2015年，深圳市总工会举办以提升劳资对话沟通能力为宗旨的"聚力计划"，投入专项资金，直接作用于企业劳动关系本身，以明确的规则和有效的方法提升劳资对话的沟通能力，通过互动式集中研讨、企业现场培训和集体协商实务分析等方式，对源头治理劳资纠纷试验区内企业行政高管、工会主席、工人代表进行系统培训。"聚力计划"连续四年陆续在全市范围内推广，先后在54家重点企业举办，累计5000多人次职工参与培训，覆盖职工超过21万人。"聚力计划"培养了企业职工理性表达诉求的能力，推动劳资双方在企业内部形成有效的对话沟通机制，建立畅通的企业内部对话渠道，使劳资纠纷在企业内部得到化解，推动劳资问题走向劳资共治。

同时，深圳市总工会不断健全集体协商制度，加大行业集体协商力度，探索实行区总工会和产业工会"上代下"行使要约权利、联合推进协商、提请劳动部门督促落实等工作模式，推动建立切合行业实际、体现行业特色的行业集体协商体系；大力推广多形式多层级劳资沟通机制，联合市人力资源和社会保障局、市工商业联合会，共同印发《关于在企业中建立多形式多层级劳资沟通协商机制的工作方案》，建立健全企业内部职工大会或者职工代表大会、劳资沟通会、劳资恳谈会、集体协商等劳资沟通协商机制。2020年12月，广东省总工会在龙岗区召开多形式多层级劳资沟通协商机制现场经验推广活动，在全省推广龙岗区总工会建立的由企业职工议事会、园区职工议事会、社区职工议事会构成的"小三级"基层工会组织微循环大联动协商对话体系。

深圳市总工会不断探索法治赋能基层的方式方法，丰富工会法律服务的内容和形式，提升源头化解劳资纠纷能力。2013年5月，印发《深圳市总工会"律师入企"工作方案》，依托工会法律援助平台，为基层工会提供法律顾问服务，提高基层工会规范化运作水平和维权服务能力。2015年2月，广东省司法厅、广东省总工会联合下发《关于印发＜聘请工会律师团律师担任企业工会法律顾问工作制度（试行）＞的通知》，吸收深圳市总工会"律师入企"工作经验，在全省推行工会律师团担任企业工会法律顾问工作。2014年11月，制定《深圳市总工会"律师驻点"工作方案》，安排律师每周定期到一些职工较为密集的社区、工业园区或者其他法律服务点提供法律咨询、调解等法律服务。2020年，进一步升级工会法律服务形式，着手打造以工会法律援助、工会法律顾问和集体协商三项内容为核心，以源头参与、劳动争议调处、劳动法律监督、法治宣传教育等N项内容为抓手的"3+N"工会法律服务体系，面向全市职工和各级工会输送综合性法律服务。深圳工会"3+N"法律服务工作得到全总领导的高度肯定，2023年3月，全国人大常委会副委员长、全国总工会主席王东明同志和全国总工会党组书记徐留平同志对深圳"3+N"法律服务工作作出重要批示。

7. 构建新时代产业工人技能提升新体系

为充分发挥工人阶级主力军作用，助力高质量发展，深圳市总工会大力开展职工技能提升体系建设，将全国重视产业工人队伍建设改革的"势能"，有效转化为深圳加快产业工人技能提升的"动能"，为职工提供技能培养、技能提升、技能考核、技能展示、技能传承的全链条服务。

结合深圳产业结构转型特点及行业、企业、职工的培训需求，深圳市总工会不断丰富"圆梦计划"职工教育帮扶内容，开设"粤菜师傅""广东技工""南粤家政"三项工程技能培训、企业班组长培训、职工素质教育讲座等公益性技能培训，为深圳职工"综合赋能"。坚持"职工在哪里，职工教育就办到哪里"，充分利用互联网平台、职业教育场地、实训室及师资等资源，建设覆盖全市的校外教学点，为深圳职工打造"1分钟步入线上课堂，1小时步入线下教学点"的求学生活圈，建设"没有围墙的工会大学校"。至2023年4月，全市参加"三项工程"公益性技能培训的职工人数达到50430人，职工素质教育讲座共为4200余家企业提供了7230场次的"送教上门"，受惠职工达到160万人，资助23270名职工圆了大学梦。"圆梦计划"连续五年被列为深圳市重点民生实事项目。

深圳市总工会以深圳市职工技术创新运动会为引领、各层次劳动和技能竞赛为补充，着力打造深圳市职工技术创新运动会、深圳市重点工程劳动竞赛、深圳市职工"五小"创新与质量技术成果竞赛三大品牌赛事，构建省—市—区（产业）多层级联动的竞赛体系，建立起技能比武、劳动竞赛、技术创新齐头并进的长效机制。为充分发挥劳动模范典型示范和骨干带头作用，创新设立先模荣誉体系，扩大劳模荣誉覆盖范围，扩大先模评选数量、加大先模选培力度、创建"深圳工匠"选育机制、加强劳模创新工作室创建，先后出台《深圳市总工会职工技术（技能）大赛奖励办法》《深圳市示范性劳模和工匠人才创新工作室命名管理办法》《关于进一步弘扬劳模精神助力深圳经济社会创新发展的实施意见》等规范文件，不断加强先模培育、管理和服务，推动营造劳动光荣、劳动伟大的社会风尚和精益求精、追求卓越的敬业风气。截至2023年8月，全市各级先模群体4885人（个），各级劳模创新工作室2096个。

2022年4月27日至29日，由中华全国总工会主办、广东省总和深圳市政府承办、深圳市总工会协办的首届大国工匠创新交流大会胜利召开。大会主题为"技能强国，创新有我"，通过线上线下形式展示以大国工匠为代表的广大职工的精湛技能和创新成果，为广大高技能人才搭建交流平台。

习近平总书记为大会开幕致贺信，向大会的举办表示热烈的祝贺。习近平总书记在贺信中强调，技术工人队伍是支撑中国制造、中国创造的重要力量。我国工人阶级和广大劳动群众要大力弘扬劳模精神、劳动精神、工匠精神，适应当今世界科技革命和产业变革的需要，勤学苦练、深入钻研，勇于创新、敢为人先，不断提高技术技能水平，为推动高质量发展、实施制造强国战略、全面建设社会主义现代化国家贡献智慧和力量。各级党委和政府要深化产业工人队伍建设改革，重视发挥技术工人队伍作用，使他们的创新才智充分涌流。

8. 扎实开展消费帮扶助力乡村振兴

为深入贯彻落实党中央新时期决胜全面建成小康社会、决战脱贫攻坚战略，深圳市总工会科学谋划对口援助新疆、西藏地区工作，围绕"设施援助、民生援助、文化援助、人才援助、消费援助"等方面，制定援藏"两个1000万"以及援疆"两个500万"帮扶计划。2021年以来，投入援藏项目资金1099万元，拨付援疆项目经费432万元，推动新疆喀什塔县、西藏林芝察隅等地经济发展和工会工作取得新的成效。2022年，在全国工会系统率先开创"圆梦工匠班"教育帮扶新模式，与行业龙头企业共建校企双元育人教育联合体，河源市东源县蓝口镇首批25名贫困学生入读。

新时期，深圳工会坚持创新消费帮扶模式，围绕"提要求，给政策，发倡议、促消费"等方面，探索"互联网+"消费帮扶新机制，充分发挥工会组织优势、资源优势和政策优势，引导消费帮扶，扩大职工消费需求，着力打造工会帮扶援助事业标杆。举办"工会消费扶贫采购节"，创新以数字人民币、微信消费券等方式发放工会帮扶消费券，2020年以来推动全市各级工会组织采购扶贫农产品金额超过13亿元。搭建智慧帮扶平台，以职工疗休养为抓手，线上线下全方位拉动文旅消费，在新疆喀什、西藏林芝等对口帮扶地区挂牌深圳工会疗休养基地22个，为工会助力消费帮扶和乡村振兴注入新活力。2021年，深圳市总工会脱贫攻坚工作组荣获"全国脱贫攻坚先进集体"荣誉称号。

第二篇

锐意改革开新局：
全面建设先行示范工会

篇首语：

2021 年 4 月，全国总工会作出《关于支持深圳市总工会开展工会联合会综合改革　建设中国特色社会主义先行示范工会的批复》，要求深圳在工联会综合改革、"三新"领域工会工作新路径、工会组织参与基层社会治理新模式、新时期产业工人思想政治与技能提升新体系、移动互联网条件下工会组织管理新机制及社会化工会干部队伍建设新体制等 6 个方面先行先试、作出探索。这是 2015 年中央党的群团工作会议以来，全国总工会首次就地方工会改革作出批复，充分体现了全国总工会对深圳工会工作的重视与支持、对深圳工会改革发展的殷切期望。

为贯彻落实全总批复精神，增强改革的系统性、整体性、协同性，深圳市总工会制定了《深圳市工会联合会综合改革工作方案》《深圳市工会参与基层社会治理工作方案》《构建新时代深圳产业工人思想政治与技能提升新体系工作方案》《关于构建"互联网+"工会工作新机制的改革工作方案》《深圳市社会化工会工作者队伍建设改革方案》《深圳市新就业形态劳动者工会工作改革方案》等六项改革方案，系统推进工会综合改革。

第二章

砥砺前行：建设中国特色社会主义先行示范工会

2019 年 8 月，中共中央、国务院印发《关于支持深圳建设中国特色社会主义先行示范区的意见》（以下简称《意见》）。从经济特区到"中国特色社会主义先行示范区"，改革开放的重要窗口深圳，在新时期被赋予了新使命，再次迎来历史性发展机遇。这意味着深圳要在全方位、全过程先行示范，深圳工会作为城市劳动关系重要维护者，要积极主动适应深圳发展的更高要求，勇于探索、率先垂范，为全国工会系统改革创新贡献深圳经验。

（一）深圳工会发展面临的新挑战

1. 劳动关系发展演变带来新挑战

作为中国经济最活跃的地区之一，截至 2023 年 3 月底，深圳商事主体总量突破 400 万户，居全国大中城市首位，其中企业 245 万户，民营企业数量占全市企业总量超 90%，全市就业人口超 1200 万人，是企业大市、用工大市。巨大的经济总量和庞大的市场主体，为我市劳动关系治理带来全新的挑战。

伴随着经济社会快速发展，深圳劳动关系衍生出以下三大特点：第一，劳动关系形态多样化。随着数字经济和零工经济大规模兴起，电子商务、创客等新型产业以及新就业形态用工模式快速发展，企业灵活用工的需求扩大，劳务派遣、劳务外包等短期用工盛行，颠覆了传统劳动关系。劳动关系主体多元化、劳动用工形式非标准化，涉网约工外包工劳动争议越来越常见。第二，内外环境成为影响劳动关系的重要因素。一方面，经济结构调整和经济速度放缓对劳动关系领域产生传导影响，随着经济结构优化升级、劳动力成本的攀升，不少外资企业纷纷加快兼并重组、转移生产基地和削减生产线，已成为引发劳动争议的不安定因素。另一方面，在全球经济疲软、中美贸易摩擦叠加后疫情时代影响的背景下，企业利润率的减少和工人日益增长的合法性、合理性诉求形成矛盾，进一步增大了劳资冲突的风险。第三，个体维权和理性维权呈增长态势。随着社会法治化进程的加快，职工的法治意识不断提升，移民城市的多元化和职工群体的年轻化加速了职工队伍自主意识、法治意识、维权意识的明显提高。近五年来，我市劳动争议仲裁案件量增长84%，劳动争议信访案件量翻了两番多，我市职工个体维权和理性维权逐年增加。

2. 维护劳动领域政治安全面临新挑战

在百年未有之大变局下，各种变革因素相互交织、相互激荡，深刻影响劳动关系和其他社会格局。深圳作为祖国"南大门"，地处改革开放、对敌斗争、意识形态斗争的"三个前沿"，劳动领域政治安全风险隐患大。深圳工会在维护劳动领域政治安全方面肩负重大政治责任，必须进一步增强政治意识、大局意识、忧患意识，更加前瞻性做好相关工作，掌握主动权、打好主动仗。

3. 数字化发展变革带来新挑战

数据作为新型生产要素，正在以前所未有的深度和广度改造重塑世界。

在数字化时代，信息呈扁平化、点对点的传播趋势，深圳有很多年轻职工，呈现"离散型""原子化"的生存状态，呈现出个体生存更加独立、社交原子化、信息传播点对点等特征，对工会传统的组织架构和工作模式带来了前所未有的挑战。信息技术和数字时代发展带来的另一个挑战就是新业态群体的爆炸式增长。2020年，工商登记主营业务涉及货运、快递、网约车、外卖配送、电子商务等新就业形态劳动者约160多万人，约占全市职工总数的13%。与传统就业方式相比，新业态劳动者在劳动关系、组织方式、就业观念等方面，都与传统行业职工存在较大差异，大部分人员不愿入会或不能入会，仍游离于工会组织之外。这一大批灵活就业人员相对自由分散，没有固定工作时间、固定工作场所。如何广泛联系、服务好这一群体对深圳工会而言是不小的挑战。怎样利用好现有资源，丰富和创新工作手段，实现工会组织从"有形覆盖"到"有效覆盖"转变，把工会服务真正做到职工群众的心坎上，这是工会组织必须回答好的时代命题。

4. 服务经济社会高质量发展面临新挑战

近年来，深圳坚持把发展经济的着力点放在实体经济上，突出制造业当家，做大做强"20＋8"战略性新兴产业集群和未来产业，加快建设全球领先的重要的先进制造业中心。这对产业工人的专业知识、技能素质、创新能力等各方面提出了更高要求，但从调研数据分析，产业工人技能结构和知识结构的层级与深圳经济高质量发展的要求还不适应。很多技术工人存在岗位能力不足的问题，尤其是电子信息、生物技术、新能源等行业技术门槛高，相关领域的高技能人才紧缺，建立与深圳产业发展结构相适应的高素质产业工人队伍任务艰巨。

5. 有效参与城市基层治理面临新挑战

作为一座超大城市，2022年深圳常住人口超1700万人，人员类型复杂、流动人口规模大，社会治理面临着很大的挑战。近年来，伴随经济社会快速发展和民主法治水平的稳步提高，职工的自主意识、法治意识、维权意识不断增强，劳动争议案件持续居高不下，基层治理面临很大压力。如何在加强和创新城市基层治理上找准工会工作的结合点和切入点，有效引导广大职工融入城市发展，积极参与推动城市治理体系和治理能力现代化，助力深圳走出一条符合超大型城市特点和规律的社会治理新路，是深圳工会需要回答的时代课题。

6. 工建更好服务党建面临新挑战

深圳市场经济、民营经济发达，"两新"党组织多、年轻党员多，党员更新快、流动大。近年来，深圳下大力气推进党建工程，"两新"党建取得较好成效，但是，也还存在不少问题，如有些企业尚未建立党组织，"两新"组织党员人数较少，在企业中发挥的作用还需进一步加强，工建主动融入党建还有很大的努力空间等等。这些问题和挑战既是摆在组织部门面前的重要课题，也是工会要思考的问题。工建是党建的延伸，是党建的重要抓手。新形势下深圳工会必须提高政治站位，找准工建服务党建的切入口，充分发挥工会组织在基层党建中的先锋队作用，弥补"两新"组织党建方面的不足，把更多职工紧密团结在党的周围，实现党建工建同频共振、互促双赢，更好地体现工会服务大局作用。

（二）当前深圳工会承担的新使命

深圳工会作为中国工运事业的前沿阵地，要主动作为、乘势而上，立足建设中国特色社会主义先行示范区总方位、国家治理体系和治理能力现代化总要求、共建共治共享社会治理新格局、高质量发展和产业工人队伍建设总目标，全面深化改革，形成新的改革开放生动实践，努力推动工会事业和工会工作迈上新台阶、开创新局面。

1. 在服务先行示范区建设中勇担工会尖兵

新时期，深圳工会要立足建设中国特色社会主义先行示范区总方位，全力服务先行示范区建设。先行示范区不仅要在经济发展领域先行示范，更要在贯彻新发展理念、构建新发展格局上先行示范；不仅要成为高质量发展高地、法治城市示范、城市文明典范，也要成为民生幸福标杆、可持续发展先锋。工会具有最广泛的群众性，能团结和动员最广大的职工群众。这就要求深圳工会要站在更高起点、更高层次、更高目标上统筹谋划，找准结合点和切入点，积极发挥自身的政治优势、组织优势、群众优势、资源优势，用奋斗目标激励职工，用发展成就鼓舞职工，用良好氛围感染职工，形成万众一心、无坚不摧的磅礴力量，在创建社会主义现代化强国的城市范例中建功立业。

2. 在构建和谐劳动关系中彰显工会作为

新时期，深圳工会要立足国家治理体系和治理能力现代化的总要求，在构建和谐劳动关系维护职工队伍稳定中发挥作用。深圳作为企业大市、用工大市，构建和谐劳动关系对先行示范区建设、企业发展、职工队伍稳定、工会组织团结统一具有重要影响。工会作为劳动关系的重要主体，要在构建和谐劳动关系、维护职工队伍稳定中发挥重要作用。这就要求深圳工会要突出工会作为职工利益的代表者和维护者的身份，妥善解决影响劳动关系和谐稳定的突出问题，引导广大企业和职工正确认识与处理职工利益和企业利益、企业利益和社会利益、局部利益和整体利益、当前利益和长远利益的关系，充分调动企业和职工的积极性，使劳动关系从低水平冲突对抗向高水平合作共赢转变。

3. 在推动高质量发展过程中展现工会力量

新时期，深圳工会要立足高质量发展和产业工人队伍建设总目标，在实施制造强国战略和产业转型升级中担当作为。推进新时期产业工人队伍建设改革是党中央作出的重大战略部署，也是工会承担的一项重要政治任务。深圳制造业占比高，产业竞争力强，产业工人队伍规模大，是深圳经济社会发展的主力军。当前深圳深入实施创新驱动发展战略，全力打造高质量发展高地，不断推进先进制造、高端制造、智能制造发展，产业工人队伍技能素质提升迫在眉睫。这就要求深工会要按照"政治上保证、制度上落实、素质上提高、权益上维护、地位上提高"的总体思路，发挥工会在产业工人队伍建设改革中的牵头协调作用，加强产业工人队伍思想政治引领，推动完善产业工人技能形成体系、畅通产业工人发展通道，打造一支知识型、技能型、创新型劳动者大军。

4. 在推进全国工会改革创新中争做标杆

新时期，深圳工会要立足全面深化改革和工会改革的总任务，在推动工会体制机制创新上再立新功。作为最早建立市场经济体制的城市，深圳一直是中国劳动关系和工会改革的探路者，担负着"先行一步"的历史重任，先后探索出"蛇口模式""宝安之路"等一批在全国工会产生重要影响的典型经验。"改革是由问题倒逼而产生，又在不断解决问题中而深化"。这就要求深圳工会必须永葆"闯"的精神、"创"的劲头、"干"的作风，紧密围绕强"三性"、去"四化"要求，以更大的勇气和智慧，纵深推进工会改革，不断增强改革的系统性、整体性和协同性，奋力谱写新时代工运事业的新篇章。

（三）明确建设中国特色社会主义先行示范工会的奋斗目标

为应对当前工会工作面临的新形势新挑战，勇担新使命，深圳市工会第七次代表大会提出"对标最高最好最优，争做全国工会尖兵，建设中国特色社会主义先行示范工会"的奋斗目标，积极为深圳高质量建设中国特色社会主义先行示范区贡献工会力量，为丰富和拓展中国特色社会主义工会发展道路提供深圳方案。2021 年 8 月，发布《深圳市总工会践行中国特色社会主义工会发展道路建设先行示范工会工作规划》(下文简称《规划》)，开展先行示范工会的顶层设计、立柱架梁。

1. 探索在六个方面先行示范

《规划》明确提出，到 2025 年深圳建设先行示范区第一阶段的目标任务实现时，深圳工会要在团结引领职工、基层组织建设、培养高素质劳动大军、产业工人队伍建设改革、工会维权服务、参与社会治理、智慧工会建设等重点领域深化探索，努力形成一批可复制、可推广的工作模式和制度体系，全力建设基层组织更加稳固、维权服务更加高效、职工群众更加满意、示范引领效应更加显著、政治性先进性群众性更加突出的先行示范工会，推动深圳工会成为新时代团结引领职工的模范、产业工人队伍建设的先锋、职工维权服务的榜样、基层组织建设的样板、参与社会治理的典范、工会改革创新的标杆。

（1）**团结引领职工先行示范。**深圳千万职工的人心向背、团结引领，是先行示范区建设成败的关键，是防范化解重大风险保障政治安全的基础，也是先行示范区最大的政治。深圳工会坚持把政治性作为工会组织的灵魂，团结引领职工感党恩、听党话、跟党走，不断巩固党执政的阶级基础、厚植党执政的群众基础，最大限度地调动广大职工的积极性主动性创造性，为推动高质量发展、建设先行示范区汇聚强大正能量。

（2）**基层组织建设先行示范**。基层工会组织离职工最近，联系职工最直接，服务职工最具体，是工会工作的根基。深圳是企业大市、用工大市，迫切需要进一步建立健全工会组织，扩大组织覆盖和工作覆盖。深圳工会坚持狠抓增强基层工会活力这个关键环节，以工会联合会综合改革为突破口，改革工会联合会运行管理制度，创新工会联合会运行机制，推进工会联合会分类分级分层管理，运用互联网信息技术不断创新工会组织形式和手段，着力破解"三新"领域工会工作难题，不断增强基层工会的组织与服务能力，有效打通工会服务职工群众"最后一公里"。

（3）**建设高素质职工队伍先行示范**。产业工人身处生产制造领域最前沿，是加快产业转型升级、推动技术创新、提高企业竞争力、推动高质量发展的人才支撑。深圳工会坚持把保持和增强先进性作为工会工作的重要着力点，围绕建设一支规模宏大的高素质产业工人队伍，大力弘扬劳模精神、劳动精神、工匠精神，推动完善产业工人技能形成和提升体系，搭建产业工人成长阶梯，培育造就更多优秀产业工人，为先行示范区在新一轮科技革命和产业变革中抢占先机、赢得主动提供强大的人才支撑。

（4）**职工维权服务先行示范**。深圳职工队伍规模不断壮大、结构深刻变化，劳资矛盾在今后相当长时期内，还将呈现多发态势，甚至可能更加尖锐。深圳工会保持和增强群众性，把群众路线作为工会工作的生命线和根本工作路线，紧紧抓住职工群众最关心最直接最现实的利益问题，在维护职工合法权益上当好标杆，在竭诚服务职工上做好引领，坚定不移地做职工合法权益的代表者和代言人，做职工福祉的维护者和发展者。

（5）**参与社会治理先行示范**。工会工作是党治国理政的一项经常性、基础性工作，工会组织是共建共治共享社会治理格局中的重要主体。深圳管理服务人口众多，社会结构复杂多元，社会矛盾易发多发，社会治理形式复杂。深圳工会坚持发挥工会密切联系职工群众的桥梁纽带作用，创新"党建带工建、工建服务党建"模式，在基层社会治理中更好发挥协调劳动关系、扩大社会参与、提供公共服务、开展民主协商的重要作用，推动形成"党委领导、行政支持、工会运作、职工参与、社会协同"的工会参与社会治理格局，积极打造基层治理共同体，把工会组织制度优势转化为基层社会治理的工作效能。

（6）智慧工会建设先行示范。深圳工会主动适应移动互联网条件下劳动关系发展新变化和工会工作面临的新形势，坚持把改革创新作为先行示范工会建设的不竭动力，强化互联网思维，高标准建设智慧工会系统，推动工作方式线上线下相融合，打造"互联网＋"工会工作的深圳模式，让广大职工和劳动者随时随地在网上找到深圳工会、参加工会的活动、享受工会的服务。

2. 打造六大工作体系

深圳工会围绕建设深圳先行示范工会总体目标，全力打造"六大工作体系"，通过构建整体性、框架性工作体系，将先行示范工会总体目标与各项具体工作举措有效衔接起来，通过成体系的统筹安排和整体推进，推动形成一种横向可拓展、纵向能深入的工作推进机制，为建设深圳先行示范工会提供全面系统支撑。

（1）巩固党委重视政府支持各方参与工作体系。推动"党建带工建"工作纳入党建工作总体部署，贯彻落实工会受同级党组织和上级工会双重领导体制，推动建立多层次的联席会议制度，探索"党员劳模"双领航模式。依法依章程加强同级党组织对工会工作的领导，落实意识形态工作责任制，抓好干部队伍作风建设，凝聚做好工会工作的强大合力。

（2）完善职工宣传教育和建功立业工作体系。创新思想政治工作方式方法，建设深圳市总工会媒体融合中心。深入推进产业工人队伍建设改革和农民工融入城市改革试点，积极维护职工发展权，推动形成产业工人技能培训、成长成才、建功立业的良性闭环生态系统。建立健全职工教育培训体系，为提升产业工人技能素质搭建成长阶梯；建立健全劳动和技能竞赛体系，广泛深入开展劳动竞赛、技能比武和职工经济技术创新活动，为各类产业工人成长成才搭建平台；建立健全深圳工会先进模范荣誉体系，大力弘扬劳模精神、劳动精神、工匠精神，团结引领深圳千万产业工人建功新时代。

（3）**创新基层工会组织建设工作体系**。推进工会联合会综合改革试点，全力构建网格化管理、精细化服务、信息化支撑的基层工会服务体系，不断扩大工会组织和工作的有效覆盖面。积极探索新就业形态群体工会工作新路径，着力破解"三新"领域工会工作难题。开展社区、工业园区、楼宇、项目"先行示范工联会"建设试点，组建一支优秀的工会积极分子队伍，使基层工会真正建起来、转起来、活起来、强起来。

（4）**强化职工权益维护工作体系**。创新工会参与社会治理模式，构建多形式、多层级的劳资沟通协商机制。推动互联网平台企业和快递物流企业集体协商建制工作，创新协商模式，明确用工规范和劳动标准，打造职工协商治理共同体。坚持职工代表大会制度、企务公开制度等职工民主管理制度，保障和维护广大职工的知情权、参与权和监督权。深化工会法律援助服务，完善职工信访制度和劳资纠纷调解联动工作体系，维护职工队伍和谐稳定。

（5）**建设互联网＋职工服务工作体系**。推进互联网＋工会组织管理新机制改革，实现职工入会服务和工会管理网络化，推进线上线下深度融合。大力建设以"1+11+N"为目标的实体化职工服务阵地网络体系，打造一批有特色、高质量的工会"五心"服务品牌。建立职工服务阵地层级管理体制，加强人员队伍建设，优化升级功能配置。引入党政及社会组织资源，强化服务功能和服务能力。大力宣传推广工会服务品牌，扩大工会服务品牌影响力。

（6）**构建工会支撑保障工作体系**。以智慧工会建设为依托，健全完善工会干部教育培训体系，推进"工会优才"计划，优化市总工会机关干部队伍结构、提升整体素质。深入推进社会化工会工作者队伍建设改革，探索社会化工会工作者职业发展机制和绩效考核机制。提高工会经费收缴、管理、使用和审查水平，不断强化工会自身治理体系与治理能力建设，有效提升全市工会组织的服务效能。

第三章

夯基筑台：大力推进工联会综合改革

习近平总书记指出，保持和增强群团组织的群众性，必须大力健全组织特别是基层组织。这是党在基层开展群众工作的强大组织网络，世界上任何政党都比不了。

工联会是若干个基层工会委员会按照联合制、代表制原则建立的基层工会联合体，是基层工会的一种重要组织形式。深圳有社区、园区、楼宇和行业等各类工联会，这些工联会直面广大职工群众和企业，是连接上级工会和职工的枢纽组织，是加强工会工作的重要着力点。工联会的建设是新时期推动工会工作向基层延伸、打通工会组织联系服务职工"最后一公里"的重要抓手，对于夯实基层基础、有效扩大基层工会覆盖，激发基层工会活力，进一步做好职工群众服务工作具有重要意义。

（一）改革背景

近年来，随着产业结构不断转型升级，职工队伍持续发展壮大，深圳劳动关系日益复杂多样，工会工作的领域、对象、内容和方式都发生了深刻变化，任务更加艰巨繁重。深圳工会依托社区、园区、楼宇、行业等建立各类工联会，开展工联会综合改革，持续抓好标准化和规范化建设，对于充分发挥工会基层组织服务和凝聚职工作用、构建和谐劳动关系具有重要意义。

1. 工会扩大对中小微企业、新就业形态劳动者组织覆盖的客观需要

截至 2023 年 3 月底，深圳商事主体总量突破 400 万户，居全国城市首位，其中企业 249 万户，民营企业数量占全市企业总量超 90%，高新技术企业和互联网企业林立，且大多数为中小微企业。在某些区域或行业，由于企业建会意愿不足，小微企业多、新就业形态劳动者多，职工相对分散，无法完全依托单个企业建立基层工会委员会进行组织覆盖，而一些小微企业工会组织受限于规模和经费不足，作用往往难以有效发挥，需要上级工会给予支持和指导。工会对广大小微企业员工及新就业形态劳动者的组织覆盖和工作覆盖问题亟须解决。各类社区、园区和楼宇是企业集聚、职工集中的重要区域，在这些场所创新建会方式，建好工会阵地，有利于不断扩大工会对非公经济企业，特别是对中小微企业及其员工、新业态企业以及新业态劳动者的组织覆盖。

2. 夯实工会基层基础的现实要求

工联会承担了大量的基层工会组织职能和参与基层社会治理的工作，是链接党委政府、企业单位和广大职工的重要阵地。推动构建基层社会治理新格局，完善职工群众参与基层社会治理的制度化渠道，组织引导职工积极参与社会治理，需要加强工联会建设；密切联系职工群众，增强工会组织的群众性，需要加强工联会建设；让工会工作更好地走近职工、让工会服务更好地惠及职工，需要加强工联会建设。开展工联会综合改革，在建机制、强功能、增实效上下功夫，把改革创新向基层组织延伸，把人财物等资源向基层倾斜，有利于做强做实做优工联会的组织与服务职能，是打牢工会组织战斗堡垒、夯实工会基层基础的现实要求。

3. 具备率先探索工联会创新发展路径的工作基础

近年来，深圳工会积极探索工联会建设工作，努力夯实工联会组织与服务能力，充分发挥其吸引、团结和凝聚职工的重要职能。2014年，深圳工会以"深耕基层，最大限度凝聚和团结职工"为主旨，在和平、银星、嶂背三个社区和工业园区，探索源头治理劳资纠纷、推进基层工会建设新路子。2016年，广东省总工会将深圳这一经验做法概括为"三个一批"，即"建设一批社区工联会、一批职业化工会工作者、一批会、站、家一体化的职工之家"，并在全省工会系统推广；罗湖珠宝行业工联会、盐田港口汽车运输业工联会、南山高新园区工联会、凤凰大厦楼宇工联会等一批"会、站、家一体化"的区域性、行业性工联会由此应运而生。经过多年努力，目前深圳有社区、园区、楼宇等各类工联会近千家，基本实现了区域全覆盖。这为开展工联会综合改革，在全国先行先试、率先探索工联会创新发展路径奠定了坚实基础。

（二）改革思路

截至2023年4月底，深圳工联会共覆盖职工约536万人，覆盖会员约445万人。根据区域、行业、经营管理范围内所辖基层单位实际，不同工联会管理服务覆盖范围各异。或者覆盖一个社区，或者覆盖一个园区，或者覆盖几栋楼宇，或者依托行业建设，职工群众流动频繁、分布不断变化，这就需要根据实际情况对各类工联会进行动态的精细化管理。深圳工会坚持重心下移，力量配备、服务资源向基层倾斜，按照工联会"建起来、转起来、活起来、强起来"思路，着力推动工联会建设制度化、标准化、规范化，把工会神经末梢搞敏感，把毛细血管搞通畅。

1. 加大投入，让工联会全面建起来

一个组织要有生命力，就必须有专业人才和相应资金来运转，面对基

层工联会普遍缺人、缺钱、缺阵地现状，深圳工会加大资源投入力度，建立起一整套社会化工会工作者管理机制，配套支持工联会建设。探索以多种方式构建纵横交织的网络化组织体系，做到"哪里有群众、哪里就要有自己的组织，怎么有利于做好工作，就怎么建组织"，固本培元，筑牢现有基层工会组织基础，加快新领域新阶层组织建设，通过构建完善组织体系，实现有效的组织覆盖。

2. 精细管理，让工联会转起来

统筹管理好参差不齐的工联会，让每个工联会良好运转，需要建立职责与资源匹配的分配机制。参考工联会的类型、劳动关系风险、企业数量、职工情况等因素，对全市各类工联会分类分层分级管理，实现精细管理、精准发力、资源合理投放，避免"眉毛胡子一把抓"，推动职责与资源同步配置，实现"财随责转"。

3. 规范管理，让工联会活起来

工联会要真正发挥作用，焕发生机，依靠输血不是长久之计，需要建立一套规范运行机制。工联会要有效发挥职责，就需配置相应资源；反过来，为工联会配置了各类资源，就该要求它发挥相应作用。深圳工会积极探索通过工会资源投入撬动更多党政、社会资源力量投入的工作机制，同时狠抓建章立制，明确各类工联会职责和权限，推出考核评价机制，形成管理闭环，确保其作用有效发挥，有效增强工联会活力。

4. 智慧管理，让工联会强起来

工联会不仅要为职工提供高效服务，更要增强服务的稳定性和可预期性，提升服务效率。深圳工会着力推动工联会管理的智慧化，充分发挥智慧工会的支撑作用，规范工联会服务过程，提高维权能力，使工联会在联系服务群众过程中，更加温暖人心、更能凝聚人心。

（三）改革举措及成效

1. 以分类分级分层推动工联会科学管理

（1）**实现工联会精细化管理**。为科学高效管理全市规模各异、形态不一的工联会，深圳工会通过类别、等级、层次三个维度，明确每个工联会的定位，实现每个工联会的表现形式、需求特征、风险等级等情况一目了然，确保工作始终紧扣重点、抓住关键。其中，**分类**是根据不同类型工联会特点，确定不同的工作重点，将工联会共分为社区、园区、行业、集团等10种类型。**分级**是根据工联会工作对象和工作内容，确定其紧急和重要程度。参考工联会类型、劳动关系风险、企业数量、职工情况等因素，将全市工联会分为一级至五级共5个等级，按年度动态调整。**分层**是为明确各级工联会的管理归属，确保工联会建设发展落地落实，根据工联会等级，分3个层次来进行管理，其中一级工联会由市、区、街道总工会共同管理，二级、三级的由区和街道总工会共同管理，四级、五级的由区或街道总工会进行管理。

（2）**实现工联会标准化建设**。围绕组织建设、宣传教育、维权服务等重点工作，制定印发《深圳市工联会分层管理工作方案》《深圳市工联会组织管理制度（试行）》《深圳市工联会规范化建设工作指南（试行）》《深圳市工联会规范化建设考核评估办法（试行）》，进一步明确工联会职权和职责、组织架构形式，推动实现工联会标准化建设、专业化管理，切实增强工联会的组织与服务能力。在市总工会的积极推动下，深圳市各区总工会也结合辖区实际推动工联会标准化、规范化建设。例如，**宝安区总工会**在市总各项标准化制度基础上，制定了《宝安区先行示范工联会规范化建设标准指南（试行）》《宝安区先行示范工联会规范化建设考核办法（试行）》和《宝安区先行示范工联会联席会议制度（试行）》，规范工联会在组建、维权、服务及先行示范点创建等职能方面的工作要求和标准，实现督查检查、考核评估制度化。

（3）**实现工联会规范化运作**。星级工会建设是推进工联会规范化的重要手段。深圳工会将星级工会评定工作与模范职工之家建设有机结合，制定深圳工会"星级工会"标准，建设"星级工会"评定系统，推动工联会建设的标准化和体系化，并依托智慧工会平台，突出评定工作的可操作性，赋予职工之家建设新的技术手段和工作路径，通过信息化手段实现大部分评分项目由智慧工会系统自动审核评定，把会员是否满意作为衡量星级工会的重要标准，推动会员民主评议制度在基层工会落地落实。

2. 以资源合理投放推动工联会高效运转

（1）**建立科学合理的资源匹配机制**。根据工联会等级及服务职工人数，按照资源投入与职责任务匹配原则，对全市非集团、机关事业单位类工联会进行分级经费补助，补助标准从一级至五级不等。通过建立针对性强和匹配度高的人力、财力、项目等资源投入机制，实现资源禀赋的精细化配置，将有限资源用在刀刃上，提升资源配置效率。比如部分一级工联会改革前工作经费不足2万元，改革后稳定经费达50万元。有了这部分资源，工联会可以更好地吸引社区党政、社会各方投入更多资源用于工会工作，为有效发挥联系服务职工群众作用，提供强力支撑。据统计，2022年深圳市总工会为全市工联会投入补助经费1.26亿元，专项用于工联会建设。在深圳市总工会的推动下，深圳市各区总工会也不同程度为工联会配备工作资源，补齐资源保障"短板"。例如，宝安区总工会2023年设立先行示范工联会建设专项资金，投入990万元用于先行示范工联会建设。

（2）**加强工联会队伍建设**。在全国率先建立社会化工会工作者队伍，探索解决基层工会工作力量不足问题，将社会化工会工作者培育成为基层工会工作的骨干力量。同时，打造以职级制为核心的管理模式，从薪酬待遇、职业发展等各方面出实招硬招，全面加强社会化工会工作者管理。目前，深圳全市各类工联会共配备社会化工会工作者近千人。

（3）**提升工联会智慧化管理水平**。深圳工会坚持以职工群众为中心，充分运用数字技术，全面推进各项工作的标准化、智慧化，强化基层工会干部服务意识、提高基层工会服务能力。创新工联会网上管理手段，优化工会组建、换届、日常管理等网上工作流程，实现网上建会、换届审批，辖区基层工会组织动态管理。打造职工便捷入会网上服务渠道，以新型的电子签章＋线上核验模式，取代传统手工签章＋线下核验模式，有效简化审批流程，实现一键"扫码入会"，为广大职工尤其是群体分散、流动性较大的新就业形态劳动者提供简便入会方式。

（4）**撬动更多资源强化工会工作**。在社区工联会建设方面，社区工联会主动将工作融入社区党委工作大局，通过与社区党群服务中心深度融合，建立联动工作机制，撬动更多党政力量，链接社会更多资源，联动多元主体共同参与社会治理。例如，**南山区福光社区工联会**利用靠近大学城，高新企业集中的优势，多方联动，打造"校企联盟"，为企业发展引入高校资源发挥工会组织的沟通连接作用。**宝安区公明街道新就业形态行业工联会**依托街道社区、园区、全科网格等党群阵地等，挂牌运行各类"暖蜂驿站（窗口）"30家，为新就业形态工作者提供休息、交流场所。**大鹏新区葵涌社区工联会**厘清与人社、司法等部门在劳动领域政治安全、劳资关系调处、职工权益保障等方面职责边界，完善劳资纠纷预警信息员队伍建设。

案 例

龙岗区象角塘社区工联会建立多方协同联动机制

象角塘社区工联会构建"党委领导、工会主抓、多方协同、职工参与"的联动工作机制，形成工作合力，共同服务高质量发展大局、服务广大职工群众。

一是强化党建引领。象角塘社区从"大党建"体系出发，将建会入会和维权服务工作纳入社区党建工作指标，进行同部署同推动同考核。

二是夯实组织联结能力。象角塘社区工联会将27名委员划分到"组织建设、权益保障、园区管理、服务策划、队伍培育"5个专委会，全面覆盖了辖区工作网点，建立起"网格化服务"模式；发挥工联会联结上级部门、两代表一委员、社区工作站、园区物业、新就业形态网点站点的平台优势，深化社区职工议事会协商协调机制，整合多方资源力量为新就业形态劳动者解难题办实事；2022年，建立"职工服务中心开放共享"机制，打造了7000平方米的"一中心多站点"的职工服务阵地，其中6个户外劳动者爱心角主要是与园区物业、商圈爱心企业合作共建；象角塘社区工联会大力发展工联会"一线助手"队伍。重点培育和锻造了"思政指导员、心理辅导员、工会信息员、工会小组长"（简称"三员一小组长"）共130余人的队伍，建立起"职工思想有身边人引领、职工心理有身边人疏导、职工需求有身边人诉求、职工维权有身边人反馈"的服务体系。

三是融合更多力量资源。象角塘社区工联会落实和谐劳动关系构建"四联"工作法，推动成立"社区和谐劳动关系促进会"，社区工联会与"劳动管理办、社区调委会、社区法庭、驻点律师、工会信息员"就劳动关系矛盾纠纷防范与处置方面开展"联合预判、联合监测、联合调处、联合稳控"，实现了化解流程"一站式"服务，提高了响应速度和调处效率；结合社区矛盾纠纷"溯源治理"工作，依托"法官进社区"平台，充分发挥挂点法庭及律师的资源优势，为新就业形态劳动者提供法律援助和咨询服务；统筹上级部门、社区民生微实事及党群各条战线服务资源，围绕新就业形态劳动者身心健康与安全，建立了"社交、文娱、技能、安全、关爱"等服务项目体系。

四是积极搭建参事议事平台。象角塘社区工联会通过职工代表常态参加社区党委扩大会议、社区党群联席会议和专题座谈会等，共同参与社区重大事项的研究、部署和推进。

在园区工联会建设方面，园区工联会主动结合园区职工、企业特点，主动融入园区工作大局，创新融合机制，联动多方力量，强化工联会枢纽作用。例如，**福田区河套福保园区工联会**联合专业餐饮公司合作设立全市首家"工会主导、企业自办、社会兴办、集中配送"模式的工会大食堂，解决附近万名职工就餐难、就餐不便问题，深受职工好评。**南山区高新园区工联会**以普惠化、项目化、精准化原则打造工会大食堂、工会大讲堂、工会大操场、工会大舞台、工会大书苑以及工会大智荟等"六大"职工服务品牌，年服务职工达到 40 万人次，覆盖企业近万家。**龙岗区天安云谷工联会**结合地处新一代信息技术的大型产城融合园优势，强化"工联会＋党委政府＋职工社团＋智慧工建"的枢纽作用，打造"云工大讲堂、云工惠服务、云工欢乐颂、云工总动员"四大活动品牌。**坪山区大工业区工联会**积极整合资源、夯实根基，高标准创建示范性园区工联会，园区内百人以上企业建会率 100%，25–99 人企业动态建会率始终保持在 95% 以上。

3. 以强化机制建设推动工联会可持续发展

（1）坚持党建引领，实现"**党建带工建、工建服务党建**"。工联会是联结基层党委、企业工会及广大职工的重要桥梁，通过推进党工共建工作阵地融合，结合实际同步推进社区党群服务中心与社区职工之家、职工服务站共同建设。从工联会工作开展情况看，深圳各工联会主动融入党委大局，在社区党委领导下开展工作。如**龙岗区总工会**推动工会工作开展情况纳入社区党委书记抓基层党建述职评议考核内容，作为社区党建平时及年度考核的重要考核指标。**罗湖区总工会**建设一体化职工大学堂，把职工教育培训融入社区"新时代大讲堂"、党员远程教育等，将增强党性教育实效性与突出职工教育培训政治性有效结合。

案 例

龙岗区推动"党建带工建、工建服务党建"工作机制落到实处

一、突出政治引领，统筹一体化，创新思想共建机制

一是建章立制，加强顶层设计。2014 年以区委名义印发《中共深圳市龙岗区委关于加强和改进工会工作的意见》，深化"党工共建"工作。2022 年与区委组织部联合印发《关于落实"党建带工建 工建服务党建"工作机制深化社区工联会综合改革的实施意见》，把党建带工建具体化、体系化、制度化。**二是高位谋划，强化责任担当。**把"党建带工建 工建服务党建"纳入社区党建工作总体部署和目标考核，工会工作开展情况纳入社区党委书记抓基层党建述职评议考核内容，做到党建与工建同部署、同考核。**三是强化沟通，合力推进落实。**建立党工联席会议和汇报工作机制，社区党委、工联会每月至少召开一次联席会商会议，研究部署重点工作任务，协调解决工会重点难点工作。

二、突出组织覆盖，建设一体化，创新阵地共建机制

一是组织联建，推动互融互促。开展党组织和工会组织的"双组双建"，立足企业需求，加强宣传发动，让企业看到党建、工建对促进企业发展的作用，不断凝聚共识、筑牢堡垒。**二是畅通渠道，扩大覆盖影响。**完善"暖蜂、引蜂、蜂鸣"工作链条，推动新就业形态劳动者融入党组织和工会组织。采取集中入会、网上入会、社区工联会兜底等灵活多样方式，扩大对新就业形态劳动者的覆盖。**三是阵地共建，深度融合创新。**推动工会服务阵地与社区党群服务中心深度融合、互融互嵌，坚持党组织建设与工会"会、站、家"建设一体推进，做到党工组织阵地同步计划、同步实施、同步建立、同步规范"四个同步"。

三、突出队伍打造，培养一体化，创新人才共建机制

一是打造"头雁"，发挥引领效应。完善以社区党委管理为主，上

级工会统筹管理的工联会干部管理体制，推动社区党委副书记担任社区工联会主席；指导基层工会选拔较高政治素质、善于沟通协调、热心服务职工的中共党员职工为非公企业工会主席，增强工会主席的"头雁"效应。**二是交流互通，充实队伍力量**。培育社区工联会干部"头雁"学员，选派到社区党委急难险重岗位锻炼，采取专兼职相结合方式，增加社区"两委"班子成员以及辖区重点企业、园区工会主席兼职社区工联会副主席或者委员，强化社区工联会领导班子和干部队伍建设，充实基层工会组织工会工作力量。**三是培育同步，提升履职能力**。把工联会干部的教育培训纳入社区干部队伍教育培训体系，整合党组织、工会组织各类培训资源，常态化开展线上线下培训，提升基层工会干部统筹管理和综合协调水平。

四、突出作用发挥，资源一体化，创新服务共建机制

一是品牌共创，形成特色亮点。党建品牌和工建品牌同谋划、同推进，把主题党日活动同工会服务职工活动深度融合，发挥工会组织优势，结合不同产业和职工群体特点，打造一批具有区域特色的"党建+工会"品牌项目。**二是源头治理，维护职工权益**。依托"党建+"工作模式，充分发挥党员在劳资矛盾纠纷排查调解工作中的先锋模范作用，将"党员先锋岗"设在重大劳资隐患和纠纷化解攻坚工作第一线。**三是资源共享，确保精准服务**。围绕社区党委中心工作，聚焦职工群众需求，建立职工服务项目需求清单，整合社区资源，推动开放共享，积极对接社会组织，在普惠服务基础上向精准服务的延伸，让广大党员和职工群众切身感受到获得感、成就感和幸福感。

（2）加强考核评估，让各类工联会有压力有动力。实现考核评估"全覆盖"。2023年4月至5月，深圳工会首次组织全市工联会开展现场述职评议。各区总工会和市各产业工会认真落实主体责任，成立考核小组，分别组织实施，实现对全市 941 家工联会考核评估全覆盖。其中，市总工会领导班子成员、市总机关各部室参与各联系单位的现场述职考核工作，并现场对述职考核进行点评总结。以考促干掀起"比学赶超"热潮。各工联会主席按照《深圳市工联会规范建设考核评分表》，围绕加强党的领导和职工思想政治引领、完善职工宣传教育和建功立业工作、夯实基层工会组织建设工作基础、维护职工合法权益和参与社会治理、竭诚服务职工群众、加强财务管理和经费审查工作以及推广应用"智慧工会"平台等七项主要内容进行现场述职，晒成绩、找差距。强化考核结果运用。通过考核评估，推动考核结果与激励有机衔接，坚持正向激励与反向约束共同发力，将结果运用到工联会评先选优、年度绩效、补助经费、人员配备等方面，激发基层工联会工作人员的内生动力。

第四章

助力发展：构建新时期产业工人思想政治与技能提升新体系

　　深圳全市现有就业人口 1200 多万，其中技能人才约 400 万，占职工总数的三分之一。进入新发展阶段，面对全市产业工人队伍改革与建设发展新要求，深圳工会坚持按照"政治上保证、制度上落实、素质上提高、权益上维护"的总体思路，深入推进产业工人思想政治引领和技能素质提升改革，加快建设知识型、技能型、创新型产业工人大军，为深圳先行示范区建设提供强大的人才支撑。

（一）改革背景

　　产业工人是工人阶级中发挥支撑作用的主体力量，是创造社会财富的中坚力量，是创新驱动发展的骨干力量，是实施制造强国战略的有生力量。推进先行示范工会建设，推动深圳高质量发展，需要一支有理想守信念、懂技术会创新、敢担当讲奉献的宏大的产业工人队伍做支撑，必须加快构建新时期产业工人思想政治与技能提升新体系。

1. 构建新时期产业工人思想政治与技能提升新体系是产业工人队伍建设改革的迫切需要

2017 年，中共中央、国务院印发《新时期产业工人队伍建设改革方案》，明确提出，"要把产业工人队伍建设作为实施科教兴国战略、人才强国战略、创新驱动发展战略的重要支撑和基础保障，纳入国家和地方经济社会发展规划，造就一支有理想守信念、懂技术会创新、敢担当讲奉献的宏大的产业工人队伍。"2019 年，全国总工会牵头制定了《关于加强和改进新时代产业工人队伍思想政治工作的意见》，就进一步加强对产业工人的思想政治引领提出具体要求和工作任务。推进新时期产业工人思想政治与技能提升新体系改革，既是加强和改进新时代产业工人队伍思想政治工作的具体要求，也是贯彻落实新时期产业工人队伍建设改革的具体举措。

2. 构建新时期产业工人思想政治与技能提升新体系是深圳高质量发展的迫切需要

随着深圳产业转型升级和高新技术产业的蓬勃发展，特别是电子信息、生物技术、新能源等技术含量较高产业的兴起，对产业工人的专业知识、技能素质、创新能力等方面提出了更高要求。更好服务打造高质量发展高地、加快建设中国特色社会主义先行示范区，迫切需要更好地凝聚产业工人的思想、智慧和力量，打造一支适应深圳经济和产业发展要求的高素质产业工人队伍。

3. 构建新时期产业工人思想政治与技能提升新体系是满足职工现实需求的迫切需要

目前，"90 后""00 后"新生代群体逐渐成为新生代职工队伍的主力军。这一群体工作理念、社交生活、获取资讯等方面较"70 后""80 后"产业工人有很大区别。面对新生代产业工人的发展需求，客观上要求工会组织要改变传统职工思想政治引领与技能提升工作的思路，创新工作方式方法，不断增强工会工作的吸引力和实效性，为其成长成才搭建舞台、提供平台，更好地团结引领职工建功立业。

（二）改革思路

针对职工思想政治引领和技能提升所面临的难点问题，按照由点到线及面的思路，为职工打造思想引领、技能培育、劳动竞赛、技能传承"全链条"服务，构建产业工人培育、成长、发展的良性循环和工匠人才反哺回馈社会、示范影响带动职工的闭环生态体系，不断提高职工思想政治引领和技能提升工作的针对性和实效性。

1. 强化思想政治引领，凝聚职工正能量

随着经济社会快速发展，互联网技术日新月异，职工群众需求日趋多元，职工思想政治引领工作既要坚持正确的政治方向，更要紧跟形势发展和客观条件变化，多做组织职工、宣传职工、教育职工、引导职工的工作。要把团结凝聚职工、教育引领职工作为重要任务，逐步建立具有深圳工会特点、服务深圳高质量发展、符合深圳职工群众需求的思想政治工作体系，通过不断丰富职工思想政治引领的内容和形式，最大限度调动广大职工劳动和创造的积极性，凝聚起团结奋进的磅礴力量。

2. 聚焦保障劳动者发展权，画出最大同心圆

对于职工而言，劳动能力的发展，可以带来物质和精神上的"双重"受益。对于企业而言，劳动力的培训和发展可以在未来创造更多的新价值，增加市场竞争力。对于社会发展而言，劳动者能力的提高，推动着社会生产力不断发展。因此，要通过保障职工发展权，把职工权益、企业效益、

国家利益和党的宗旨高度融合，形成"最大公约数"的共识，以此调动政府、各级工会、行业、企业资源，共同参与举办劳动竞赛、推进职工教育培训等活动，发挥好资源引导作用，合力促进职工、企业、社会等各方共赢发展。

3. 突出重点群体，强化农民工技能水平的提高

农民工是我国改革开放和工业化、城镇化进程中涌现的一支新型劳动者大军，已经成为产业工人的主要来源，是产业工人队伍的重要组成部分。深圳产业工人队伍呈现年轻人多、来深就业人口多的"两多"特征。根据《深圳市第七次人口普查公报》，深圳常住人口平均年龄仅有 32.5 岁，是全国人口最年轻的城市。全市常住人口中，人户分离人口为 1400 多万，占比超过 80%，年轻的外来务工人员特别是农民工，对职业技能提升的发展需求尤其旺盛。改革要重点推动农民工向初级产业工人转型、初级产业工人成长为中级产业工人，打造针对性强的思想政治引领和职工成长成才服务品牌，为来深建设者提供更加全面优质的技能提升服务。

4. 构建工作体系，着力打造生态系统

职工的精神文化和技能提升需求层次丰富、种类多样，在职工整个职业生涯的各个阶段有不同的体现。更好满足产业工人对职业发展的美好期待，为他们提供更宽广的职业道路，丰富他们的精神文化生活，要求工会组织坚持需求导向，从生产一线到中高层技术人员，从传统产业到高新技术产业，全面扩大人才培育覆盖面，为产业工人打造培育、成长、发展的"全链条"服务；坚持"从群众中来，到群众中去"，将工作各环节有机串联和整合，形成工作闭环，推动建立产业工人思想政治引领和技能提升的生态系统。

（三）改革举措及成效

深圳市总工会结合自身职能，研究制定了《构建新时代深圳产业工人思想政治与技能提升新体系工作方案》，着力探索新时期职工思想政治引领新路径，构建起职工成长成才生态体系，通过近两年的改革实践，各项工作基础更扎实、工作效果更突出、工作品牌更丰富，初步构建起了新时期产业工人思想政治与技能提升新体系。

1. "阵地＋队伍＋活动"模式助推职工思想政治引领深入人心

通过阵地建设、队伍建设、载体建设，有效打造了充满生机活力的职工思想政治引领工作内容，打通凝聚职工的"最后一公里"。

（1）建成一批基层思想政治工作示范点，职工思想政治引领工作有阵地。启动深圳工会职工思想政治工作示范点选树工作，在全市范围内培育建设一批基础条件较好、联系职工紧密、职工思想政治引领工作有实效且具有较强示范性和代表性的示范点单位。首批命名了福田区总工会职工服务中心、盐田港运工联会职工服务站、深圳市联创科技集团有限公司职工之家等10个示范点。在深圳市总工会的工作指导和区级工会的业务管理下，各示范点通过创新职工思想政治引领工作的理念、手段等，形成各自的思想政治工作特色品牌或创新做法，开展特色职工思想政治引领活动近500场，线上线下惠及职工近40万人次，产生了较强的示范效应，有效地凝聚了职工、引领了职工。

（2）成立深圳劳模工匠讲师团，职工思想政治引领工作有队伍。坚持优中选优，在全市各级劳模工匠中遴选50名优秀代表组成深圳劳模工匠讲师团。同时，出台《深圳市总工会劳模工匠讲师团管理办法（试行）》，从工作任务、组织管理、工作经费保障等方面提出明确要求，为宣讲的顺利开展提供了制度保证。充分发挥深圳劳模工匠讲师团的引领带动作用，推动全市积极打造"市＋区＋产业"的劳模工匠讲师团建设体系，在全市成立了 12 个区级、产业级劳模工匠讲师团，讲师规模达 302 名，深入一线开展百场主题宣讲活动，通过劳模宣讲，开展思想政治教育、培育和践行社会主义核心价值观。通过深圳劳模工匠代表多种形式的系列宣讲和有针对性的宣传推广，成功地把深圳劳模工匠讲师团打造成为一个代表深圳工会气质的品牌 IP，一个集中展现深圳劳模工匠事迹，大力弘扬劳模精神、劳动精神、工匠精神的品牌载体。

（3）成功策划职工喜爱的职工思想政治引领活动项目，职工思想政治引领工作有载体。通过持续实施"强工铸魂"计划，结合深圳职工的特点和需求，成功推出了不少精品活动项目，使职工思想政治引领工作的吸引力不断增加，职工群众的好评率不断提升。在线下，召开了深圳工会职工思想政治引领工作现场会，举办了"奋斗有我 闪耀鹏城"深圳劳模工匠讲师团首场宣讲，开展了一系列的职工互动交流活动，把广大职工群众凝聚在深圳工会身边。特别是在"奋斗有我 闪耀鹏城"深圳劳模工匠讲师团首场宣讲活动的策划实施中，创新采用"情景话剧"的形式，以"时光档案馆"为线索进行概念串联，通过演绎和劳模工匠本人的真实讲述融合，为现场观众带来了一台集多元艺术、视听结合、虚实穿插的大型沉浸式实景演讲，获得了社会各界和职工群众的好评。在线上，制作推出《党课十谈》《强工十谈》等网络访谈栏目，举办了"奋斗在鹏城 就要不一 young"深圳工会职工脱口秀大赛、"欢乐在鹏城·惠享圳精彩"2023 年深圳百万职工年货采购节、"星声代·圳当红——深圳职工新星主播成长计划"线上代言视频竞赛等活动，让职工思想政治引领工作更加接地气、更具吸引力，收获了一大批年轻的职工粉丝。

2. 成立深圳工会媒体融合中心构建"大宣传"格局

2021 年，深圳工会媒体融合中心正式成立，采取"中央厨房"式的内容生产方式，使工会各媒体平台深度融合，有效提升了全市各级工会的宣传覆盖面，取得了良好的宣传效果。

（1）**宣传渠道不断拓展**。深圳工会媒体融合中心建成后，以一个联动全市各级工会的中央厨房系统为核心，以深圳市总工会官方微信号、抖音号、视频号、官网四大新媒体平台为抓手，通过文字、短视频、直播、音频、图片、新媒体产品等六大形式，覆盖人民号、头条号、南方号、网易号等 N 个全网各媒体渠道，同时与深圳市总工会已有的传统宣传渠道和方式相融合，打通了线下活动和线上活动，构建起"1+4+6+N"的立体传播格局，形成了"一体统筹、上下联动、协同互通、资源共享"的全新媒体生态。

（2）**宣传合力不断增强**。深圳工会媒体融合中心在运营过程中，按照"全局一盘棋、宣传先行"的大宣传理念，坚持宣传先行、提前策划，科学地将工会宣传舆论工作贯穿于各项重点工作的全过程和各方面。深圳工会媒体融合中心与各区级工会媒体平台建立了紧密的联系，真正地将平台深度地融合在一起，在重大工作、重要节点的宣传上实现了"市级工会统筹协调，各级工会联动推进"的协同效果，形成了强大的工作合力和整体效应。例如，2023 年 4 月，深圳职工唱作大赛音乐盛典在深圳莲花山公园举行，为进一步扩大活动的影响力，深圳市总工会充分发挥工会宣传矩阵作用，积极联动各大媒体，达到"放大声量、持续联动、扩大影响"的效果，通过深圳工会媒体融合中心联动各级工会媒体平台进行整体策划、整体推广，全网点击量突破了 500 万人次。

（3）**宣传品牌更加深入人心**。深圳工会坚持工会宣传的品牌化建设，打造一系列产品，强化各自有媒体平台建设。其中，将镜头聚焦奋斗在深圳各条战线上的"普通职工"，用艺术的表达方式、观众喜爱的语言风格讲出职工故事、发出工会声音，摄制了深圳工会首部的长篇电影—《工夫》，成功打造《工夫》品牌。影片在 B 站、腾讯视频等平台上线，全网曝光量已超 2000 万次，获评全国总工会、中央网信办主办的 2021 年"网聚职工正能量，争做中国好网民"网络正能量微电影征集活动一等优秀作品。在新媒体品牌建设方面，通过丰富内容、设置话题、增强互动等方式，把"深圳工会"微信公众号打造成为热门平台，进一步凝聚广大职工网友。平台粉丝现已超 300 万人，较深圳工会媒体融合中心成立之初增加了近 1.3 倍，产生了多条"10 万 +"爆款推文及优质视频作品宣传内容，长期在广东省工会系统微信公众号月度排行榜排名第一。

3. 深圳职工文化建设"三大节"掀起职工文体活动热潮

坚持以满足职工需求为核心，首创深圳职工文化建设"三大节"品牌活动，构建起体系完整、运作规范、高效落实的职工文体活动体系，实现了深圳职工文体工作从松散型、零星型活动方式向集约型、系统型转变，为全市职工搭建广泛参与的高质量文体活动平台。

（1）**实现了标准化推进活动，各级工会联动更紧密。**有效探索了"顶层化设计、品牌化运营、项目化管理、生态化考核"的工作路径，制订了《"三大节"活动工作指南（1.0 版）》《年度市级重点项目计划》《专项宣传工作方案》等，形成活动经费使用工作指南、项目申请流程示意图、赛事（活动）组织规范、赛事（活动）工作方案模板，活动赛事组织实施更加标准化、规范化。建立起"三大节"联席工作会议机制，通过"统一策划、统一品牌、统一宣传、统一管理"的模式，深圳市总工会与各区、产业工会、基层工会强化工作联动，形成了街道、区、市层层递进的项目选拔模式，让基层工会和职工广泛地参与到策划和活动中，"主场感"更加强烈。

（2）**品牌传播更加立体多维，活动覆盖面更广。**在品牌化、IP 化的作用下，依托深圳工会媒体融合中心、"智慧工会"等平台，助推"三大节"相关活动赛事的传播更立体、更系统，活动赛事传播力、引导力提到了提升，职工参与度、公众覆盖面、社会影响力等方面不断创历史新高。其中，"三大节"活动参与职工覆盖全市各行各业，职工直接参与数从改革前 2600 多人上升至 14000 余人，同比增长 6 倍，受众传播覆盖面从 18 万人次上升至超 1000 万人次、同比增长近 60 倍。

（3）**工作闭环进一步形成，文化队伍不断壮大**。在"三大节"的策划组织过程中，总结探索出了"六个一工程"的工作闭环，即：搭建一个全市性职工文化平台、开展一系列活动、发掘一批优秀人才、传播一批优秀作品、组建一批文化团体、深入职工群众开展一系列文体活动。在"六个一工程"的工作闭环的作用下，经过各项活动赛事淬炼，深圳工会精心挖掘、评选、培养了一大批素质高、社会影响力强的职工文体优秀人才，推广了一大批思想深邃、富有时代活力的先进职工文化作品，组建了"深圳职工合唱团""深圳职工唱作团""深圳职工摄影团""深圳职工诗文诵读团"等优秀职工文化队伍，实现了职工从宣传对象到宣传主体、从服务对象到服务主体转变，工会与职工由单向联系变为双向互动。

4. 开放多元的产业工人培训体系推动职工教育再上新台阶

坚持把职工技术技能素质提升摆在重要位置，秉承开放理念，坚持平台思维，从加强职业教育、加大经费投入、支持企业加强职工教育培训、提供社会培训资源等方面入手，不断深化教育培训改革，创新培训工作机制，初步构建起了开放多元的产业工人培训体系。

（1）**"1+20+100"产业工人培训阵地网络逐步建立，工会学校"触手可及"**。根据深圳战略性新兴产业、未来产业及各区支柱产业、优势产业，结合产业园区分布情况及职工实际需要，加强与行业龙头企业合作，充分发挥各级职工服务阵地和行业企业职工培训设施作用，建起多层次、多样化的"1+20+100"培训阵地网络：即以深圳市职工继续教育学院为 1 个主阵地，在各区、各产业建设 20 个产业工人培训基地，在富士康、艾美特等部分重点企业建设 100 个产业工人培训中心。通过各培训基地、中心辐射周边大中小企业职工，组织开展了一系列在职学历教育、基层管理培训、素质教育等规模化多样化培训和技能评价鉴定活动，打造了深圳职工"一小时学习生活圈"。

（2）"互联网＋职工教育"全面应用，培训课程"一键可得"。顺应发展形势，抢抓教育技术革新的机遇，大力推进"互联网＋职工教育"，建设了深圳职工教育教学服务平台，有效推动互联网、移动互联网与教育深度融合，全覆盖、全天候服务广大职工，提升职工教育效率、增强教育创新力和生产力。目前，深圳市职工教育教学服务平台集成各级工会、企业、职工、师资、数字化课程等资源为一体，打造线上技能培训新模式，为企业和职工随时、随地开展个性化学习提供丰富的线上资源。平台现有在线课程3000余门、视频超8000个，已开展线上培训近4000场，年点播量超100万人次，为广大职工群众创造更多的学习机会，提供更加丰富的学习资源。

（3）"圆梦计划"全面升级，教育帮扶覆盖面进一步扩大。深圳工会2008年首创的职工教育帮扶品牌—"圆梦计划"，旨在为职工（特别是一线职工、困难职工、农民工）搭建学历、技能和综合素质成长平台，激励职工终身学习、岗位成才。"圆梦计划"已连续五年入选深圳市政府民生实事项目，成为在全国有影响力的工会教育帮扶品牌项目。根据经济社会发展形势和职工队伍变化趋势，"圆梦计划"实现了三个方面的升级优化。**一是**帮扶对象范围扩大升级。年学历帮扶数量从3000人增长到6000人，实现翻番。**二是**帮扶内涵进一步拓展。增设了"粤菜师傅""广东技工""南粤家政"等"三项工程"技能培训、企业班组长培训、职工素质教育讲座等公益性技能培训。**三是**培训内容进一步优化。根据行业、企业及职工培训的需求，形成了各项目特色化的课程体系。其中，技能培训以"三项工程"为重点，开设智能制造、信息技术、人工智能、企业管理、社会服务、创业项目等八大类60多门课程。

自项目实施以来，"圆梦计划"累计资助2万余名职工圆了大学梦，推动70余万名农民工成长为初、中级产业技术工人，为企业培训15万余名班组长和质量管理人才，为近万家企业开展素质教育讲座，培训家政服务人员3万多名，线上培训职工超400万人次，为深圳培养了一大批劳模工匠、技术能手，助力他们成为为深圳产业发展的中坚力量。

案 例

建筑工人专属学校——特区建工学院

特区建工学院产业工人技能培训基地是一个集约式、规模化的职工教育培训基地，由深圳市职工继续教育学院联合深圳市特区建工集团共同建设。该基地目前拥有2个综合性实训基地和6个专业性实训基地，现有实训工种15个，占地面积5万平方米，每年可容纳培训人数近40万人。

1. 主要创新举措

（1）产教融合、校企合作落地生根，引领技能人才培养。深圳市职工继续教育学院联合特区建工学院发挥各自优势，打造"未来产业工人队伍建设及职工教育"新范式。进一步整合资源，探索产业工人职业技能培训、职工培训新思路，实现职工教育既服务建筑产业工人队伍，又能辐射龙华区及周边，重点在人工智能、智能制造等方面加强高素质产业工人培养，以职业教育资源为支撑，从而推动深圳市职工教育高质量发展。

（2）打造互联网＋职工教育服务。依托深圳市职工教育教学服务平台，汇聚社会优质师资和劳模工匠为基地建筑业相关技术技能人才培养，在产业工人培训基地开展面向职工、企业的技能培训，为扩大教育服务规模提供了条件。

2. 主要成效

（1）依托产业工人培训基地，完善了智能楼宇、智能制造实训室。特区建工学院产业工人培训基地，建筑面积906.24平方米，装修及设备投入近 250 万元。规划有电工考评实训室、电工电子实训室、电力拖动实训室、智能楼宇实训室、空调制冷实训室、BIM 机房等实训室。

（2）促成多个职工教育项目落地，完善了深圳工会职工服务体系。据了解，目前基地已面向企业职工和社会人员开展以下培训："圆梦计划"学历、技能培训；产教融合现代学徒制职工业余中专班；初级、中级、高级电工培训；电工操作证人员培训；制冷与空调设备安装修理作业人员培训；综合布线、消防自动化、通信网络、设备监控、安全防范等五个智能楼宇模块培训；BIM 信息化管理系统培训；企业班组长培训；职工素质教育讲座进工地活动。

5. 构建起层级丰富、纵向贯通的竞赛体系

深圳市总工会通过加强综合统筹与规划，聚焦产业发展重点、兼顾新业态发展，提升竞赛覆盖面和持续性，强化赛训结合、调动各区各产业、行业主管部门、企事业单位、社会组织以及职工群众力量，打造整体联动、多点开花的竞赛格局，实现以竞赛引领创新发展，以竞赛推动人才培育及素质提升，以竞赛弘扬社会风尚传承敬业精神。

（1）**多方面优化提升，高质量组织市职工技术创新运动会**。1992 年，深圳市总工会围绕市委市政府中心工作，在全国率先创办深圳市职工技术运动会，三年一届，为广大职工搭建技能提升的平台。2017 年开始，深圳市总工会和深圳市人力资源保障局有机整合深圳市职工技术创新运动会和深圳技能大赛，打造深圳市职工技术创新运动会暨深圳技能大赛品牌，为劳动者展示比拼技能提供更广阔舞台。

2021 年，深圳市总工会对市职工技术创新运动会暨深圳技能大赛从七个方面进行优化调整，建立劳动比武、技能竞赛齐头并进的长效机制。

一是坚持开放多元的工作理念。通过宣传赋能，广泛吸纳优秀企事业单位、社会组织承办各类赛事，充分发挥运动会桥梁纽带作用，建立资源共

享、区域融合、行业联合的开放性竞赛联动机制；通过业务赋能，根据不同行业、不同企业、不同岗位特点，针对新兴行业、未来行业，设置面向新工种、具有新赛制的赛事项目，加强企业间、行业间、区域间交流，推动行业创新性发展；通过评价赋能，设置赛事监督评价机制，全面发掘优秀社会组织，培育各类新兴行业协会、行业工联会等，结合竞赛促进基层工会组织建设，开展工会和企业间多层次、宽领域合作，充分体现竞赛组织的竞争性。

二是优化赛事举办周期。2021 年开始大赛优化调整为一年一届，大力举办基层职工需求强烈的赛事，搭建工会搭台、社会资源唱戏、广大职工积极参与的赛事平台，全面提升竞赛影响力，形成可复制、可推广的竞赛模式。

三是建立与时俱进的项目筛选机制。始终面向重大战略、重点产业、重点工种举办技术含量高、基层职工需求强烈、市场需求大、覆盖行业广泛的竞赛项目。

四是建立贯通递进的激励体系。配置"个人奖""团体奖""深圳市五一劳动奖章""深圳市工人先锋号""深圳工匠""深圳市技术能手"6 项荣誉，畅通竞赛成果转化渠道，激发高技能人才技能比拼交流。

五是健全完善的保障体系。建立政府引领、工会牵头、企事业单位共同参与的经费保障机制；每届竞赛均引入第三方赛事监督机构建立赛事完整的评价以及指导体系，搭建信息化智慧竞赛平台；起草《深圳市职工职业技能大赛管理办法》，提升赛事科学化、规范化。每届竞赛均设置重点宣传赛项，总体宣传与各竞赛承办单位单项宣传相结合，充分利用传统媒体、新媒体，形成立体化宣传格局。

六是建立上下联动的工作模式。通过运动会引领带动，形成省—市—区三级联动竞赛工作模式。鼓励区总工会开展各类区级竞赛，并向市职工技术创新运动会输送项目及优秀选手，在向省赛输送优秀选手的同时，积极申报省级竞赛，每年均向省总工会报送十余项省级竞赛项目。

七是打造全国领先的精品品牌。坚持打造精品，保持市职工技术创新运动会品牌"常青"。通过全面完善赛事组织架构、运行周期、筛选机制、激励体系、工作理念、保障体系、工作模式，科学优化赛事运行机制，打造全国领先的赛事品牌。深圳市职工技术创新运动会已成功举办十二届，累计开展的竞赛项目工种达 438 项，影响覆盖的职工近千万人次。

（2）深圳市重点工程劳动竞赛全面铺开。印发《2021—2025 年深圳市重点工程劳动竞赛方案》，围绕我市重大项目建设责任目标，全面推进重点工程劳动竞赛，调动和发挥重大项目建设战线职工的积极性和创造性。竞赛开展以来，实施模式不断优化，实现与住建局、建筑工务署、人力资源局等各级行业主管部门联动，推动竞赛纵向发展，不断扩大竞赛活动的影响力与效果，实现重大项目建设到哪里，劳动竞赛的主战场就设在哪里。竞赛项目实现省市区三级全覆盖，截至目前，省—市—区三级重点工程劳动竞赛年举办竞赛项目超过 240 项，覆盖项目总投资额超过 1700 亿元，影响覆盖产业工人数十万人次，共获评省五一劳动奖 18 个，共评选市五一劳动奖 47 个，不断激发职工队伍的劳动热情和创造力，提高工程建设管理水平。

（3）深圳市职工"五小"创新与质量技术成果竞赛特色鲜明。2022年开始，深圳市总工会创新举办深圳市职工"五小"创新与质量技术成果竞赛，将职工"五小"（小发明、小创新、小革新、小设计、小建议）竞赛与质量技术成果竞赛整合推进，联合市工信局、市科创委、市质量协会等单位，搭建职工技术创新和质量提升综合交流平台，促进不同领域、不同行业技术交流，打造特色竞赛品牌。竞赛注重行业全面覆盖，共吸引来自各行业的 408 个项目参与竞赛，行业涉及战略性新兴产业、制造业、服务业、建筑业、医疗卫生、交通运输、金融服务等各行各业。竞赛突出创新性，首次实现"五小"创新与质量技术提升结合办赛，创新设置管理与技术革新、质量管理数字化、六西格玛、精益管理、可靠性管理和服务创新六大赛项，在引导和鼓励职工钻研技术、攻坚克难、岗位创新的同时，树立质量标杆，促进产业高质量发展。竞赛突出效益性，据不完全统计，入围决赛的"五小"

创新与质量技术成果累计创造经济效益超过 55 亿元。选拔出的优秀项目推荐参与省职工优秀创新成果交流、省科学技术奖、中国质量技术奖、全国职工"五小"创新成果等更高级别的竞赛或奖项评选，拓宽荣誉激励通道，有效激发企业内在创新动力。

案 例

福田区打造"劳动技能竞赛＋行业技能比赛＋岗位练兵"的劳动竞赛发展模式

2013 年起，福田区总工会、福田区人力资源局、共青团福田区委、福田区妇联开始举办职工技能大比武活动，目前已连续举办 10 届，形成"劳动技能竞赛＋行业技能比赛＋岗位练兵"的综合发展模式，十年来，累计举办职业资格技能竞赛项目 52 个，岗位练兵、劳动竞赛项目 378 个，共有 744 名参赛职工被授予"福田区技术能手"荣誉称号及积分入户奖励；1382 名参赛职工被授予"福田区技术标兵"荣誉称号；2326 名参赛职工获得了中高级技工职业资格证书；参与企业 3000 多家，覆盖职工 50 多万人，为福田区技能人才建设、经济发展发挥了积极作用。

一是政策支持。福田区高度重视技能人才培养工作，先后推出福田英才荟、城市工匠培育机制等与技能人才紧密关联的人才培育计划。

二是形式创新。目前已开展服装制版师、幕墙设计师、视觉传达设计师、劳动关系协调员、育婴员、汽修工、中式烹调师等竞赛项目。街道、企业每年按需开展岗位练兵和技能培训，强化从业人员素质。

三是资源整合。整合政府、社会团体、行业协会、民办培训学校、企业等资源，实现资源共享、合理分配的原则。由政府指导、监督，群团组织宣传和发动、组织，行业协会和民办培训机构具体承办，加强枢纽型组织与政府和社会组织的合作，充分发挥群团的组织作用。

四是内外联动。在人力资源局、工会、团区委等部门以及各工种比赛承办单位各司其职、密切配合下，顺应改革和业态需求，开展技术培训、和比赛选拔活动，形成全区规模最大、涉及工种最多、社会影响最广的一项职工职业技能提升体系。

6. 形成整体性更强、辐射范围更广、示范引领作用更突出的先模荣誉体系

深圳市总工会通过先模群体培育、选树、示范引领作用发挥等全链条、全过程、闭环式打造新时代先模荣誉体系，充分调动工人阶级的积极性、主动性、创造性，造就一支有理想守信念、懂技术会创新、敢担当讲奉献的产业工人队伍。

（1）**形成多平台，多维度的荣誉体系。选树对象实现全覆盖，更具代表性**。注重面向深圳战略性新兴产业重点发展领域和未来产业重点发展方向，平安、腾讯、中兴等重点企业，制造业、软件与信息服务等重点行业，注重面向基层，面向工作一线，注重长期在生产服务、科研发明一线作出突出贡献的普通劳动者，充分发挥评选表彰助力深圳高质量发展和"双区"建设、"双改"示范等重大国家战略在深圳落地见效的重要导向作用。一是依托竞赛体系实现推荐评选提质扩面。增设重点工程劳动竞赛表彰项目。激励职工广泛开展技术创新，形成"比学赶超 争先创优 全民创新"的良好工作氛围，不断提升产业工人队伍整体素质，引导更多职工走技能成才、技能报国之路。二是形成具有延续性与生长力的工匠体系。实施"深圳工匠"培育计划，突破原有各类工匠荣誉单一评选制度，将技能竞赛、荣誉评选与人才培育有机结合，每年选育"深圳工匠"200名至500名。推动各类竞赛结果与"深圳工匠"选育直接挂钩，持续优化人才质量，完善激励评价新机制，拓宽发展通道。截至目前，已开展两批"深圳工匠"培育工作，累计将552名技能人才纳入计划，覆盖行业（工种）55个，均为经济发展重点产业与领域。

案 例

《工人日报》第 21516 期（2023 年 7 月 17 日）头版刊发《改变"重评选轻管理"，深圳市总打造具有延续性与生长力的工匠体系——"深圳工匠"能进能出》

近日，"深圳工匠"培育云课堂正式开课，近 50 名"深圳工匠"培育对象、先进职工代表参加了线下课程。为打造具有延续性与生长力的工匠体系，2021 年，深圳市总工会启动"深圳工匠"培育计划。截至目前，已开展两批"深圳工匠"培育工作，累计将 552 名技能人才纳入计划，其中第一批将在明年年中进行考核。

深圳市总创新了"深圳工匠"选育方式，建立能进能出的动态调整培育机制。重点聚焦现代产业体系中的产业工人，将劳动竞赛、荣誉评选与人才长期培育有机结合，对入选"深圳工匠"培育计划的培育对象设置为期两年的培育期。在培育期内，培育对象需要取得如创建"劳模和工匠人才创新工作室"、获得专业技能等级或职称提升、参与各级技能竞赛、申报专利、发表论文、开展"工匠带徒弟"活动等工作成果。考核通过后才正式认定为"深圳工匠"，未通过考核者，将取消"深圳工匠"称号。

"这种能进能出的动态调整培育机制有利于提高获评对象保持自我提升的动力，可以持续优化人才质量。而建立分级动态管理机制和定期考核机制，是为了改变工匠培育'重评选轻管理'现象。"深圳市总工会相关负责人表示。

深圳市总提出，"深圳工匠"培育设置的技能条件包括"获得深圳市职工技术创新运动会暨技能大赛单人竞赛项目的前 8 名，以及市职工'五小'创新竞赛、市重点工程劳动竞赛等其他深圳市总工会主办的比赛优胜者"。通过竞赛选拔、荣誉评选和人才培育结合的方式，市总每年将选育"深圳工匠"200名至500名。

在完善激励评价新机制，拓宽发展通道方面，一方面深圳市总打通"深圳工匠"培育与各类荣誉的适配通道，将"深圳工匠"纳入"年度工匠"宣传对象；对符合相关规定申报市劳模、市五一劳动奖章、市五一巾帼标兵等评选表彰的"深圳工匠"，同等条件下给予优先考虑；对符合相关规定申报"鹏城工匠"的"深圳工匠"，给予积极推荐。另一方面，强化各级工匠联动，完善深圳市级—区级工匠培育体系，明确除竞赛技能人才外，获得全国技术能手、大国工匠、广东省技术能手、"南粤工匠"称号的本市职工申报"深圳工匠"的，可直接认定。

此外，"深圳工匠"培育对象覆盖基层一线，涉及产业各领域。目前，纳入"深圳工匠"培育计划的对象所在行业（工种）55个，均为当前经济发展重点产业与重点领域。

（2）形成示范引领、反哺社会的先模荣誉传承体系。一方面，基层、区（产业）、市、省、全国级劳模创新工作室同步创建、竞相发展新格局不断形成。通过创建活动的开展，示范性创新工作室的运作更加规范，创新创效成绩更加突出，品牌影响力更加显著。近年来，创新工作室创建数量呈井喷式增长，2021、2022年两年共创建超2000个各级劳模工匠人才创新工作室。各级劳模和工匠人才创新工作室累计完成创新公关项目近5万个，取得专利成果超5万项，培训职工约500万人次。**另一方面，**"先模圳领航"劳模志愿服务影响力不断彰显。通过劳模志愿服务项目，为劳模群体搭建了服务企业和职工的平台和舞台，为广大职工提供形式多样的志愿服务。已实施的38个项目中，涵盖了消防安全、技术研发、成果交流等多个领域，覆盖全市职工3万余人次，惠及了职工，促进了企业创新发展。甄选出76位劳模为99公益项目形象代言，筹集善款为新就业形态劳动者赠送互助保障计划、专属意外伤害险及健康体检、节日慰问等关怀关爱服务。劳模服务职工群众、反哺社会的品牌效应更加明显。

（3）形成"互联网+"先模荣誉分级管理体系。建设和完善智慧荣誉管理系统，加强先模群体分级管理，实现了对于工会荣誉申报、评审、管理、服务与引领的全流程赋能支撑。**一方面**，劳模日常管理服务更科学高效。通过建立分级管理机制，进一步理清劳模管理服务脉络，及时掌握劳模情况变动，跟进更新完善劳模档案管理，落实有关劳模各项政策待遇，不断推动我市劳模管理服务工作制度化、规范化、程序化。**另一方面**，形成线上线下融合推进的劳模工作新理念新方式。通过建设深圳工会荣誉管理系统，实现高标准管理、服务全市荣誉集体与个人。2023年，创新使用荣誉管理系统开展五一劳动奖线上推荐评选工作，打造推荐申报、审核、评定、入库等全流程线上运行机制，使劳模评选工作开展程序更规范、执行更高效。

第五章

共促和谐：工会参与基层社会治理工作改革

习近平总书记指出，必须把群团组织建设得更加充满活力、更加坚强有力，使之成为推进国家治理体系和治理能力现代化的重要力量。作为党领导下的群团组织，工会具有联系群众广泛、熟悉基层情况、了解群众关切的特点和优势，这也使得工会在社会治理中能够更好地成为社情民意的"传送带"、社会利益冲突的"润滑剂"、社会矛盾的"安全阀"[1]。工会在"中国之治"的制度体系中扮演着重要角色，理应在党委统一领导下，主动融入共建共治共享的社会治理格局，充分发挥职能优势，进一步健全工作体系，激发组织活力，推进基层治理体系和治理能力现代化。

（一）改革背景

当前，基层治理正经历由单向管理向多元化、参与式治理的创新转变，作为国家治理体系中的重要组成部分，工会有能力、有义务、有责任参与基层社会治理。

---

[1] 四川省总工会课题组. 工会参与社会治理的角色重塑及其实现研究 [J]. 党政研究 2015（5）：102-106

1. 破解城市治理难题、推进多元共治的客观需要

人口是社会治理的核心要素，构成社会治理的"底座"；规模是社会治理的关键变量，关乎社会治理的效能。深圳具有人口规模大、人口密度高、人口流动性强、人员结构复杂的特点。一方面，规模大与密度高两种人口特点并存于一个治理单元，容易产生公共服务供给不足不均不精准以及治理任务超载等社会治理问题；另一方面，人员结构越复杂、流动性越强，相应人员的诉求越多元、风险集聚的可能性越高。培育和利用包括工会在内的多元化社会力量参与社会治理是破解城市治理难题的关键之举。通过多元主体的重新整合、利益格局的重新调整、职责权限的重新梳理等途径，有效发挥党建引领、多元共治的优势，有助于实现对基层治理碎片化的再组织化。

2. 把准工作方向、发挥工会职能优势的内在需要

工会作为广大职工利益的代表者和维护者，具有贴近群众、贴近基层的天然优势，应当在代表和组织职工参与公共管理中发挥着重要作用。这需要工会在助力基层治理体系和治理能力现代化建设中找准切入口、把握着力点，把工会的政治优势、组织优势转化为治理效能。

3. 倾听职工心声、响应职工诉求的现实需要

新生代劳动者自主意识和维权意识更强，诉求也更加多元，除了争取改善工资福利待遇、改善劳动条件等法定权利外，更重视人格平等，强调劳动尊严，关注自我认同与价值实现，更加希望与企业协商对话，参与企业民主管理，与企业共同成长，共享发展成果。满足职工对美好生活的向往是工会工作的价值追求，围绕职工急难愁盼、强化维权服务质效、不断提升职工生活品质、积极参与基层社会治理是工会履行职能的重要切入口。

（二）改革思路

聚焦工会参与基层治理中的难题与困境，树牢大抓基层、大抓基础的鲜明导向，着力化解基层矛盾、协调利益分化、激发社会活力，动员社会力量，打造"党委领导、政府支持、工会运作、职工参与、社会协同"的工会参与基层社会治理大格局，为基层治理社会化、法治化、智能化、专业化贡献工会力量。

1. 坚持党的领导，全面推进党工共建

党的领导是国家治理体系的核心，发挥总揽全局、协调各方的重要作用。深圳市总工会坚持党对工会工作的领导，以党建引领为核心，将基层工会组织建设纳入党建工作总体部署，推动党建工建有机衔接、协同配合、有序运转，把执行党的意志的坚定性和为职工服务的实效性统一起来，把党的路线方针政策和决策部署落实到工会各项工作中去，把党的意志和主张落实到广大职工中去，把"党建带动工建，工建服务党建"的工会组织建设思路贯彻到基层社会治理的实践中，围绕党的中心任务，更好发挥工会作用。

2. 精准赋能基层，打造"工会＋基层治理"活力枢纽

坚持重心下移、资源下投、力量下沉，强化指导服务，通过将基层工会打造成更加坚强有力的"桥头堡"，在基层社会治理中更好发挥协调劳动关系、扩大社会参与、提供公共服务、开展民主协商的重要作用，解决基层社会的"微矛盾""微问题"，激活社会治理的"毛细血管"，使基层工会成为深度融入基层社会治理的活力枢纽。

3. 加快数字化建设，推动工会"治理"向"智治"转型

顺应数字化发展趋势，运用互联网开放、平等、互动、协作、共享的思维，

主动适应职工线上服务需求，突出服务基层导向，构建点对点、端对端的服务平台，实现服务规范统一、服务资源合理配置。加强职工维权服务数据的收集与分析，建立职工诉求清单、职工服务项目清单、职工服务满意度评价机制，及时掌握职工需求动向，不断提升工作质量，形成有效服务职工的良性循环。

4. 健全维权机制，共奏劳动关系"和谐曲"

实现好、维护好、发展好广大劳动者合法权益，构建和谐劳动关系，是维护社会和谐稳定的基础，是切实保障和改善民生的重要途径。工会组织要建立诉求表达、矛盾纠纷排查化解、源头防范治理等工作机制，着力提升工会维权服务响应力，把和谐劳动关系作为推进社会治理体系现代化的重要内容，以点到块，把和谐劳动关系从企业向园区拓展；以点到线，把和谐劳动关系向行业拓展；从内到外，把企业内部的和谐劳动关系向企业社会责任建设拓展，全面覆盖企业治理，奏响劳动关系"和谐曲"。

5. 优化供需对接，实现工会服务"精准触达"

在基层社会治理中统筹资源配置、积极承担公共服务职能，是工会组织在服务大局中展现担当作为的重要体现。工会既要着眼于服务职工群众的"需求端"，识别不同职工群体特别是弱势群体的需求，也要在"供应端"做好响应需求的工作，不断优化供需对接机制，实现工会服务的精准触达。要加强顶层设计，持续完善职工服务工作体系，以维护工伤职工、城市困难职工、女职工等相对弱势群体的权益为重点，定向开展包括法律援助、心理疏导、人文关怀、就业服务等在内的扶助服务，尽全力解决好职工的急难愁盼。

（三）改革举措及成效

1. 进一步夯实基层工会组织体系

工会参与基层社会治理，最好的载体和抓手就是加强基层组织建设，把工作重心转移到基层上来，实现民心在基层聚集、资源在基层整合、问题在基层解决、服务在基层拓展。深圳工会认真落实全国总工会和广东省总工会"区级工会加强年"专项工作部署，在扩大基层工会组织覆盖面上下功夫，通过分类指导、重点突破等方式，推动未建工会企业依法组建工会。截至目前，全市100人以上企业建会率维持在98%以上，25—99人企业建会率达到88%以上。

通过深入推进工联会综合改革，推动建立覆盖全域的工会联合会，实现对新产业新业态新商业模式领域、非公企业、社会组织的有效覆盖，是工会参与基层社会治理的坚实基础。深圳工会推进工会联合会分类分级分层，按照改革"三分法"，以组织形态分类为基础、以劳资纠纷风险等级划分为核心、以工作责任分层管理为依托，将工会联合会划分为若干个等级，优化资源配置效能，加强对重点人群集中、劳动关系风险较高的工联会资源投入。截至目前，向区级以下工会组织建设投入超2.4亿元，其中向工联会建设专项配备1.26亿元，有效织密筑牢了工会在基层的组织体系。

2. 健全党建带工建、工建服务党建机制

深圳工会坚持党建引领，在组织、阵地、服务等方面主动融入党建大格局，发挥工会组织作用，立足职责定位、立足职工群众，广泛动员社会资源，构建开放式、社会化工会工作格局，为工会参与党建引领基层社会治理提供有力的保障，有效提升工会服务职工群众能力和水平。

（1）推进党工组织共建。将工会组建、民主管理、集体协商等工会重点工作纳入党的建设总体规划，建立完善党建带工建、党工共建长效机制。

把"三会一课"、组织生活会、党务公开等制度与职代会、厂务公开等民主管理制度有机衔接起来，同步开展、同步落实。坚持党工组织统筹组建，充分发挥基层工会组织作用，为成立基层党组织创造有利条件。

（2）**推进党工阵地联建。**同步推进社区党群服务中心与社区职工之家、职工服务站建设。整合服务资源，强化服务意识，推动爱心驿站、职工之家、职工书屋、心灵驿站、爱心妈妈小屋等工会服务阵地与党群服务中心融合，为广大职工群众提供更高质量的服务。

（3）**推进党工服务共办。**将"圆梦计划"、职工互助保障、金秋助学、困难职工慰问、律师驻点等工会品牌项目纳入党群服务中心服务项目。拓展"民生微实事"服务范围，建立工会服务项目库，重点突出社会关注度高、受益面广、贴近职工需求的内容。

案 例

深圳罗湖："一堂一站一桥两中心"打造党工融合共建"新样板"

罗湖区总工会创新提出《关于先行示范工联会"一堂一站一桥两中心"建设的实施意见》，全力推进社区职工服务中心与社区党群服务中心深度融合共建。

党工阵地共建，破解职工服务阵地单独建设难问题。《罗湖区社区党群活动中心一体化建设实施方案》，明确在实施城市更新等项目涉及社区党群服务中心建设时，把工会阵地配套作为硬性指标同步纳入整体化建设。对于实施新改建的社区党群服务中心，确保新建职工服务中心预留空间合理、功能配建齐全。

党工资源共融，提升社区职工服务能力。坚持"立足罗湖实际、突出行业特点、探索一社区一特色"，把社区职工服务中心打造成为具备"一堂一站一桥两中心"五大核心功能的服务阵地。打造职工大学堂，把职工教育培训融入社区"新时代大讲堂""党员远程教育"等，打造集思想教育、政治引领、素质提升等功能于一体的教育、团结、引领职工的前沿阵地。建设职工服务站，在社区政务服务区设置工会统一窗口、统一牌匾、统一清单，实现办理困难帮扶、互助保障、心理服务等"一站通办"。构建联系服务职工"连心桥"，在社区信访区设置职工接访点，设立"工会干部访企日"等。设立职工事务协商中心。在社区人民调解室，与劳保所、司法所等部门协同建设职工事务协商中心，使调解劳资纠纷、协商区域性行业性事务统合到一起，整合各方力量开展议事协商，及时解决涉劳动领域纠纷矛盾。设立职工文体中心。服务中心与社区共用多功能厅、图书馆、健身室等活动功能室，共同策划活动项目、举办文体活动，提升职工服务针对性、覆盖面、影响力。

3. 加强基层民主建设，推进全过程人民民主

党的二十大报告提出"积极发展基层民主"，强调"基层民主是全过程人民民主的重要体现"，要求"全心全意依靠工人阶级，健全以职工代表大会为基本形式的企事业单位民主管理制度，维护职工合法权益"。工会承担着保障和维护职工民主政治权利的职责，理应积极开展企业民主管理，发展和丰富基层民主，纾解社会矛盾，回应职工群众对美好政治生活的期待。深圳工会坚持深入推进以职工代表大会为基本形式的企业民主管理工作，全面推广多形式多层级劳资沟通协商机制，拓展沟通协商平台，推动民主管理与企业管理深度融合，多措并举深化全过程人民民主的工会实践。

（1）**扎实推进企事业单位民主管理工作**。制定《深圳市企业民主管理工作规划（2023—2025年）》，明确"积极推进期—稳固成效期—总结验收期"的实施步骤，细化工作任务，量化工作指标。坚持每年举办民主管理培训班，提高职工群众参与企业民主管理的能力水平。打造深圳民主管理系列品牌活动，开展企务公开民主管理示范单位、民主管理教学示范点等评选工作，进一步提升企事业单位民主管理建设规范化水平。聚焦新就业形态劳动者

权益保障面临的突出问题，积极开展平台企业实地调研，收集分析新业态领域民主管理工作现状和从业人员诉求。开展新业态工会代表制工作试点，组织优秀平台企业学习交流，及时总结经验做法，畅通新就业形态劳动者诉求表达渠道。

（2）建立健全多形式多层级劳资沟通机制。深圳工会围绕近年来发生群体劳资纠纷企业、100人以上的非公有制企业、面临关停并转迁等关键节点可能影响职工权益的企业和有一定影响力的企业等四类企业为重点，全面推广多形式多层级劳资沟通协商机制，推动劳资双方在班组、车间、分（子）公司、集团公司等多个层级，开展职工（代表）大会、劳资沟通会、劳资恳谈会、企业行政与企业工会联席会议等多形式的沟通协商。如联合市协调劳动关系三方在全市范围内开展"集体协商·圳在等你"春季要约行动，鼓励企业和职工寻求双方利益平衡点，超千家企业积极参与，推动解决了工资延期支付、加班时长缩减、裁员补偿等受职工群众关注度较高的问题。

在协商机制建设的过程中，深圳工会积极培育打造一批优秀典型案例，树立建滔科技、航嘉驰源电气等企业劳资沟通协商典型，坪山生物医药行业、新湖街道快递行业等行业性劳资沟通协商典型。着力培育了一支能谈、会谈、善谈的工会集体协商队伍。2021年，深圳工会组织集体协调队伍骨干力量参加第二届全国工会集体协商竞赛，并夺取桂冠。截至目前，已建会企业中工资集体协商建制率达到88.49%，有效将矛盾纠纷化解在源头。

> **案 例**
>
> ### 顺丰集团工会多形式多层级沟通协商经验做法
>
> 顺丰集团于1993年成立，全网现有职工67万人，顺丰集团工会于2007年在深圳成立，现有工会专兼职干部260人。顺丰集团有三大特点：一是职工流动性强、工作节奏快；二是快递网点多、分布广泛；三是职工人数庞大、个性化诉求多。为进一步畅通职工诉求表达渠道，协助职

工解决困难和化解矛盾，团结顺丰职工为企业发展凝心聚力，顺丰工会和集团公司开展了多形式多层级劳资沟通协商工作。

一是搭建五大职工沟通平台。搭建"工会热线、工会官微、工会代表、走访谈心、直通车调研"五大职工沟通平台，其中职工关怀热线中心，实现每周 7 天 24 小时全天候服务；通过顺丰工会官方微信公众号，让忙碌的快递小哥能够随时随地参与，线上线下表达个性化诉求；每月 15 日设为顺丰工会代表接待日，接待日各网点工会代表能收到平均约 5000 条职工需求；各分公司工会主席、工会干事每月六次深入基层网点走访谈心，收集职工需求和建议；集团工会每月定期直接向全体职工发出调研问卷，收集需要工会解决的问题，每月诉求受理量近千起。

二是构建劳资沟通协商"1+N"体系。建立以集体协商机制为主导，以聚力沟通机制、声音分级输出机制、上会研讨机制等 N 项机制为辅的工作体系，目前顺丰集团公司及 19 家工会委员会与分公司建立制度化的集体协商机制，每年签订集体合同，实现职工劳动报酬、福利待遇、劳动环境等方面权益的持续提升，实现职企双向沟通互利共赢。建立聚力沟通机制，制定《职工诉求全流程管理制度》，及时回应职工呼声、确保个案诉求闭环处理，维护职工的合理权益。

三是规范协商沟通流程。广泛征求意见，顺丰工会制定了《工会热线服务质量提升机制》《诉求信息公示机制》，规范了诉求收集、受理、决策、公示环节流程、标准。协商前，工会都会通过五大职工沟通平台进行调查研究，广泛征求职工意见和要求，准确掌握工资增长的幅度或调整其他福利待遇的诉求。对职工关注度高、影响较大的重点问题或呼声较大的职工诉求，需要通过协商解决的，列入重点协商议题。依法产生协商代表，公司行政方代表由公司指派，双方代表就协商议题各抒己见，并进行认真研究，提出意见。提交职代会审议通过。

2023 年 7 月 14 日，顺丰集团（全网）集体协商会议于深圳举行，在全国 66 个分会场、761 名职工见证下，企业方和职工方的 12 名协商代表，围绕快递行业职工的诉求和困惑展开协商、沟通、说明，并签订了全网集体合同。集体合同涵盖全网职工劳动报酬、工作时间和休息休假、保险福利、奖惩制度、劳动安全与卫生、女职工特殊保护、职业培训、民主权利等内容。顺丰集团顺利签订全网集体合同，这不仅是维护职工合法权益、促进企业高质量发展的重大举措，也是我国快递行业在签订覆盖全国的集体合同方面的重要探索，是对劳动者劳动权益的有效保障。

4. 构建"3+N"工会法律服务体系

法治是一种基本的思维方式和工作方式，法治思维和法治方式能够有效破解基层治理难题。为做好新时代的工会工作，更好适应职工群众日益增长的法律服务需求，深圳工会着力扩大法律服务范围，拓展法律服务形式，丰富法律服务内容，建立以工会法律援助、工会法律顾问和集体协商三项内容为核心，以源头参与、劳动争议调处、劳动法律监督、法治宣传教育等 N 项内容为抓手，面向全市职工和各级工会输送综合性法律服务，推动形成网络健全、职能清晰的"3+N"工会法律服务体系。

（1）整合"市级＋区级"法律服务力量。构建标准化法律服务工作体系，制定印发《深圳市总工会关于进一步加强工会法律服务的工作方案》《深圳工会法律援助办法》《深圳市总工会法律服务工作管理制度》等一揽子法律服务规范，明确树立全市一盘棋思想，实现制度规范标准化、阵地建设标准化、工作流程标准化、受理门槛标准化。将选聘管理考核法律服务团队、建设各级工会法律服务站点、基层工会法律顾问选点覆盖等工作下放到各区，形成市总统一部署，各区总自主选派、自主管理、自主调遣、自主创新的工作模式。

（2）实施法律援助"降槛扩面"工程。统一降低全市工会法律援助案件的对象条件审查标准，涉案标的额从原来的"深圳市在岗职工月平均工资二倍以上"调整为"深圳市最低工资标准三倍以上"，标的额大幅下降。扩大"零门槛"申请群体，对申请认定工伤、请求工伤事故人身损害赔偿、进城务工人员申请支付劳动报酬等案件，提供无门槛受理、全链条服务。截至 2023 年 8 月，全市工会受理法援案件量与去年同比上升 144%，工会法律援助工作的覆盖面显著扩大。

（3）健全工会与司法机构合作机制。建设"工会＋仲裁"三方联合调解中心，强化裁前调解。联合人力资源社会保障、企业联合会等部门，印发《深圳市劳动争议三方联合调解中心工作方案》，大力推动市三方联调中心建设，选派工会调解员进驻三方联调中心，进行劳动人事争议案件立案前调解工作，全面加强工会工作与仲裁调解工作的程序衔接、资源整合、信息共享。完善"工会＋法院"劳动争议化解机制，强化诉前调解。在市区法院全面建立劳动争议诉调对接工作室，由工会律师开展劳动争议案件调解，有效息诉止争、化解矛盾。打造"工会调解＋司法确认"宝安石岩模式，由工会律师担任劳动争议案件调解员，双方当事人经调解达成一致意见后，现场制作调解书并经石岩法庭司法确认，强化调解协议法律效力。宝安石岩模式劳动争议案件调解成功率常年保持在 62% 以上。

案例

深圳宝安："工会＋劳动＋法庭"多元共治 高效解纷

宝安区石岩街道产业集中，用工需求大。2020 年 5 月，宝安区石岩街道总工会协调街道应急管理办（劳动）、石岩人民法庭，创新探索出"工会＋劳动＋法庭"劳动争议调解模式，成立全区首个街道级"工会＋"劳动争议调解工作室，通过"工会调解＋司法确认"模式，建立"工会＋劳动＋法庭"三方联调机制。工作室成员由区总聘请的工会驻点律师团队和职业化工会工作者共同组成。对已经建立工会的企业，工会主动介入，采取"送调下企业"的方法，争取将矛盾消化在源头，通过调解工作前置，充分发挥工会在职工群体中"娘家人"的优势，在进入仲裁和诉讼程序前就将劳动争议处置在早、化解在小。调解成功后，由工会指导当事人向街道法庭申请进行司法确认，直接赋予调解结果的法律强制执行力。自工作室挂牌成立以来，调解劳动争议案件2200余宗，为职工挽回经济损失5200余万元。

5. 建立劳动关系智慧预警处置体系

习近平总书记指出，社会治理的最好办法，就是将矛盾消解于未然，将风险化解于无形。深圳工会积极创新劳资矛盾预警监测机制，应用智慧化手段，把好劳资矛盾风险源头关、监测关，提高预警预防能力，努力做到预防在先、发现在早、处置在小。

（1）创建"深圳职工诉求响应系统"。建立规范标准的职工诉求响应机制，整合深圳工会各应用端、12351工会热线、职工服务窗口等线上线下职工诉求反馈渠道，形成统一的办理规则和标准。建设综合诉求分拨处置平台，实现受理、分拨、处置、评价等全过程线上流转，职工诉求"一站式"受理响应，第一时间回应职工关切。建立诉求响应指挥中心，加强职工诉求数据的统计、分析和应用，为长效解决职工"急难愁盼"问题提供支撑，确保职工群众诉求"件件有回音、事事有着落"。

（2）全面提升劳动领域风险隐患预警处置能力。为充分发挥工会"第一知情人，第一报告人，第一协调人"作用，积极推动构建和谐劳动关系，深圳工会坚持健全工作机制、抓好队伍建设、强化技术支撑，全面提升劳动领域风险隐患的发现力、研判力、处置力。一是建立两支队伍。建设一支劳动关系预警信息员队伍。建设一支市区两级"平战"结合的劳资纠纷应急分队。二是搭建两个平台。依托微信小程序，开发一个劳资纠纷预警信息平台，提高信息员劳资纠纷预警信息的报送效率。依托深圳工会诉求响应系统，开发一个劳资纠纷上报平台，畅通会员职工反映劳资纠纷的渠道。

三是畅通两个渠道。整合 12351 职工服务热线和全省信访信息平台有关劳资纠纷信息，及时派单处置反馈。

通过线下排查和线上预警相结合，使劳动领域风险预警信息第一时间精准传达到工会各个层级；各级工会组织根据风险等级分级分段做好快速响应，及时调配应急分队参与处置，并通过平台动态跟进事件处置情况，实现全市劳资纠纷事件报告、跟踪、处置流程可视化、数据实时化，推动各类劳资纠纷快速预警、高效处置。

6. 精准帮扶相对弱势群体

深圳工会紧紧围绕职工群众最关心最直接最现实的利益问题，找准最需要关心的职工群体，推动服务向基层延伸、向相对弱势群体倾斜，多做雪中送炭、急人之困的工作，把好事做实，把实事做好，不断增强人民群众的获得感、幸福感、安全感。

（1）打造工会"一体两翼"帮扶保障工作体系。"一体"是指工会生活救助、大病帮扶、子女助学等工会常态化帮扶工作，"两翼"是指职工保障互助会和职工解困济难基金会。"一体两翼"帮扶保障工作体系以工会常态化帮扶救助为基础，针对不同领域、不同群体、不同需求，统筹工会常态化帮扶、互助计划保障、专属保险保障、基金帮扶保障和专项医疗救助，通过强化工会互助保障和慈善救助的功能，积极撬动社会资源，打造全方位、精准化职工帮扶保障服务平台，推动完善多层次社会保障体系，实现职工差异化、精准化帮扶。

"一体两翼"在体系设计、产品设计和工作机制方面突出多重创新。积极推动建立职工帮扶保障工作协同机制，加强部门联动，打通民政救助、医保结算、工会帮扶、职工互助保障理赔、基金会慈善救助等数据流通渠道，推动实现工会、民政、医保等部门业务互通、数据共享、一网通办。构建"事前预防＋事中控制＋事后补偿"的全周期服务体系，建立电子理赔台账，形成典型案例库，定期剖析理赔数据，提供风险减量建议，促进行业健康持续发展。建立"工会帮"职工帮扶保障系统，搭建工会常态帮扶、职工互助保障参保及理赔、职工专属保险线上商城、暖工基金线上管理等功能模块，推动实现互助保障、专属保险、慈善救助等帮扶保障服务线上化、智慧化、全覆盖，实现职工帮扶救助信息互通，提升智能化、高效化运作水平。

（2）创新工伤探视模式。扩大工伤探视服务范围，在工伤医疗定点医院全面推广工伤探视，实施工伤探视"一键申请"，推动工伤探视全覆盖。拓展探视服务内容，在传统帮扶方式的基础上，增加法律咨询和援助、心理健康帮扶等服务。延长探视服务链条，将工伤探视与职工维权、困难帮扶、安全生产等工作有机结合，加大工伤事故多发企业安全生产排查督查力度。

案 例

工伤探视开新篇

近年来，深圳工会在工伤医疗定点医院全面推广工伤探视工作，摸索出为工伤职工提供心理帮扶、工伤相关政策指导、法律知识介绍等配套服务的维权服务新模式。

1. 线上线下"双管齐下"，特色服务实现"多点开花"

通过"线上＋线下"开展工伤探视活动，因时因地制宜开展特色服务。宝安区举办工会工伤探视工作培训班，利用公众号播放微课堂工会知多D(工伤探视视频)，扩大工伤探视项目影响力。光明区、南山区、坪山区分别在掌上职工 APP、微信公众号上开放工伤探视申请，发挥"互联网＋"思维，创建网站、微信公众号、热线电话等线上平台，实现"应帮尽帮、不落一人"。

2. 服务阵地"星罗棋布"，探视慰问实现"畅通无阻"

以定点医院为服务宣传阵地，建立牢固的探视服务"纽带"，让探视触手深入每个病房，让慰问关怀直达每位工伤职工，通过发动医院护士或驻点社工收集工伤职工信息，帮助工伤职工向工会组织申请工伤探视慰问金。对符合慰问条件的工伤职工，工伤探视工作人员联合医院护士或驻点社工前往病房进行探视慰问，做到"探访求全，帮助求实"。

3. 个性服务"量身定做"，动态监测实现"逢伤必跟"

针对有心理疏导、法律咨询、政策引导需求的工伤职工提供一对一个案辅导，持续监测治疗进程、职工身心健康和权益保障情况，确保职工深层次需求得到满足。南山、光明区建立了完善的复工回访工作机制，帮助职工解决受伤后生活和工作的困难。

4. 数据分析"追根溯源"，督促失责企业"严守红线"

以工伤大数据分析研究为重点，促进工作成果运用，保障安全生产。形成调研报告供上级主管部门参考。市总工会、宝安区、龙岗区、光明区根据工伤探视数据，形成工伤探视周度、月度及季度报告，为主管部门决策提供建议。加强成果运用，突破劳动保护难题。近两年来，根据报告信息，龙岗、宝安、光明等工会多次对事故多发的企业进行排查督查，对工业较多的辖区进行劳动保护宣传，从源头上遏制安全生产事故发生。

（3）**创新设立"守护"系列服务项目**。创新设立"E路守护""建工守护""家政守护""环卫守护"等"守护"系列服务项目，以"全覆盖、低门槛、高保障"的特点，运用"公益慈善＋保险保障"的新模式[1]，采用不记名团体保障方式，覆盖全市所有特定群体，为新就业形态劳动者、建筑工人、环卫工人等从业人员提供包含意外伤害、重大疾病、第三者责任、

---

[1] "公益慈善＋保险保障"的模式，是指深圳市总工会作为项目的主办单位，投入引导基金，市职工解困济难基金会作为承办单位，设立"暖工基金"并向社会公开募集资金，指定市职工保障互助会通过公开招标的方式选定一家商业保险机构作为共同执行单位。

猝死等综合保障。自 2021 年起，连续三年通过企业定向募集、基金会及慈善会配捐支持、社会公开募捐等方式筹集专项资金支持项目开展，共计向 4.7 万职工群众发放互助保障理赔金近 2 亿元，有效解决因病致贫、因意外致困等问题。

（4）积极推进普惠性托育服务。在大力推进"工会爱心妈妈小屋"建设的基础上，出台专项工作方案，鼓励机关、企事业单位、产业园区等用人单位通过单独举办或引入第三方托育机构力量等方式，为职工提供 3 岁以下全日托、半日托的普惠性托育服务。对已确定的全国、广东省、深圳市爱心托育用人单位，下拨专项补助资金，鼓励用人单位开展托育服务，助力解决职工托育难题，激发职工"生"的意愿、减轻"养"的负担。

五是构建深圳工会职工心理健康服务体系

建成 1 个市级中心，8 个区级阵地，80 个基层工会职心灵驿站。整合各级工会心理服务资源，通过引进社会化心理服务专业机构、招聘心理学专业人才、招募心理学爱好者、工会干部兼任等多种方式，组建一支 500 余人组成的专兼职职工心理健康工作者队伍。依托职工诉求响应系统，搭建服务共享平台，融入心理服务模块，实现心理服务"线上＋线下"双线闭环运行。开展"深工心动力，助力新征程"百场心理团辅进基层活动，常态化开展"5·25 职工心理健康主题日"活动，为职工心理健康"保驾护航"。

7. 构建广覆盖、标准化的职工服务阵地体系

深圳工会始终坚持把职工服务阵地建设作为工作重点，延伸服务职工"链条"，构建广覆盖、标准化的职工服务阵地体系，推动职工服务阵地高品质多元化发展，提升服务职工实效和职工生活品质。

（1）建设"1+11+N"职工服务阵地。重点建设 1 家市级服务阵地，11 家区级服务阵地，在重点区域和重点企业建设 N 个职工之家和服务站点，实现网格化分布、高密度覆盖，把工会阵地建到职工身边。2023 年全市已

建成各级职工服务中心（站）57家、暖蜂驿站171家。

（2）**打造智慧服务阵地**。依托深圳智慧工会建设赋能各级职工服务中心（站）管理和运作，在职工服务阵地引入自助式智能服务终端，丰富服务内涵，将职工服务阵地和服务项目清单在智慧工会平台进行地图标示，形成覆盖全市的工会阵地服务地图，让职工可以随时随地找到工会。

（3）**加强阵地标准化建设**。按照"以评促建、以评促优、评建结合、规范发展"原则，围绕机构场所规范化、人员配备标准化、功能设置多样化、服务内容智慧化的建设目标，开展职工服务阵地分级评价工作，进一步强化阵地标准化建设。引入社会资源参与阵地建设运营，探索阵地公益性服务性、社会化市场化运作的新模式，更好地为职工提供精准优质的服务。

案 例

人间烟火气 最抚职工心："工会大食堂"标准化品牌化建设

深圳产业园区多、职工多，部分园区缺少餐饮区域和商家，缺少集中饭堂，"就餐贵、就餐难"一直是职工的"心病"。深圳市总工会立足职工现实需求，全面推进工会大食堂标准化品牌化建设。截至目前，已完成23家工会大食堂建设，总占地面积近2万平方米，解决近三十万名职工就餐需求，有效提升职工群众幸福感。

1. 深入开展调查研究

深入工业园区、办公楼宇等区域，实地考察场地现状，把握职工最迫切、最真实的就餐需求。2022年底，深圳市总工会向现有工会食堂运营企业及职工群众发放调查问卷，充分排查摸底企业现状和职工需求，收集3500余份样本，经整理研究形成分析报告，为谋划推进工会大食堂标准化品牌化建设提供有力数据支撑。

2. 动员多方力量参与工会大食堂建设

各级工会积极响应，秉持"党政支持、工会主导、社会兴办"基本原则，在政策、项目、资金、场地等方面争取党委政府支持，调动社会力量参与工会大食堂建设运营。如：福田区总工会主动争取区委支持，由区委明确工会牵头建设"工会大食堂"，2015 年以来该项目被区委列入区民生实事重点项目。福田区总工会出台了建设运营指导意见，明确食堂准入门槛，严格食堂开办条件，并对验收合格挂牌运营的食堂下拨 5 万至 20 万不等的一次性奖励资金。

3. 提供餐饮 + 多元服务

工会大食堂不限于提供传统中餐自助选餐，还结合实际增设其他类型餐饮，满足不同人群用餐需求；同时，融合暖蜂驿站、职工服务中心等职工服务阵地，提供便利超市、书屋书吧、专家义诊、心理咨询等工会服务。依托深圳智慧工会赋能，提供工会大食堂路线导航、服务评价、食堂简介及菜品清单等各项线上服务。深圳市总工会在节假日以及会员日发放就餐消费券，全市职工会员参与领取并在工会大食堂使用消费即可享受优惠，每年发放 500—1000 万元的就餐消费券。

职工利益无小事，养好了职工的"胃"，也就抓住了职工的心。计划到 2025 年，深圳全市将建成 100 家工会大食堂，切实解决好职工用餐难题。

第六章

数字赋能：积极探索"互联网＋"工会工作新机制

随着互联网技术的飞速发展,社会生产方式发生了巨大变革,以人工智能、大数据、物联网、区块链为代表的新一代信息技术加速应用，成为推动社会生产方式变革、创造人类生活新空间的重要力量。工会的基本职责是维护职工合法权益、竭诚服务职工群众，在"互联网＋"时代，工会组织要主动适应新技术、新业态、新模式背景下劳动关系的深刻调整，运用新思维、新手段、新技术推动工会自我变革,加快推进智慧工会建设,才能更好地服务职工群众,履行好新时代工会组织的职责使命。

（一）改革背景

1. 深圳数字政府和智慧城市建设对工会工作提出新任务

近年来，深圳面临"双区"驱动、"双区"叠加、"双改"示范的重要发展机遇，正在加快打造国际新型智慧城市标杆和"数字中国"城市典范。《深圳市数字政府和智慧城市"十四五"发展规划》，明确提出把打造全球数字先锋城市为总体目标，将积极推进数字技术在群团机关领域深度应用列为目标任务之一。工会是党领导下的重要群团组织，应主动融入深圳智慧城市和数字政府建设大局，依托全市统一的数字底座和智能中枢，加快建设智慧工会，推动工会提质增效，为深圳建设全球数字先锋城市贡献力量。

2. 深圳先行示范工会建设对工会数字化转型提出新要求

《深圳市总工会践行中国特色社会主义工会发展道路建设先行示范工会工作规划 (2021—2025 年)》明确提出，要在智慧工会建设方面先行示范，将智慧工会作为深圳加快建设中国特色社会主义先行示范工会的有力抓手，作为推动深圳工会数字化转型和智慧化发展的基础支撑。为此，必须加快搭建线上线下融合发展的智慧工会生态体系，全面推进工会治理体系和治理能力现代化，让智慧工会成为深圳工会综合改革实践与成效的集大成者，成为深圳先行示范工会建设的关键标识。

3. 互联网时代职工需求变化对工会工作带来新挑战

随着互联网技术的不断推进，经济体系不断优化升级，职工队伍结构发生深刻变化，特别是以货车司机、网约车司机、快递员、外卖配送员等为代表的新业态就业群体大量涌现，劳动关系治理和工会工作面临前所未有的新挑战。这也对工会运用互联网技术整合不同层次职工需求、协调职工队伍内部不同利益群体关系、保障平台网络劳动者合法权益提出了新的课题。传统的线下型、单向型工作方式已无法满足职工需求，迫切需要与时俱进、改革创新，加快推进"互联网 +"工会建设，推动工作方式线上线下相融合，打造工会工作升级版。

（二）改革思路

深圳工会深入学习贯彻习近平总书记关于网络安全和信息化工作的重

要论述，按照《全国工会网络安全和信息化"十四五"规划（2021—2025年）》和"互联网+"行动计划战略部署，主动适应互联网条件下劳动关系发展新变化和工会工作面临的新形势，以"智慧工会"建设为基础，加快推进"数字化转型"和"智能化发展"两项核心工作，推动工会工作机制优化升级，实现工会"管理扁平化、工作数字化、服务智能化、决策科学化"，建立工会与职工群众的密切联系互动，切实强化工会组织运用网络信息技术服务职工的能力。

1. 实现管理扁平化

运用"智慧工会"平台，实现工作线上化。强化信息化系统对人工的替代和赋能，通过流程优化、再造，缩减指令传导环节，提高传导效率。强化上级工会"顶层设计"与基层组织"落地实施"职能，让顶层指令可以直接作用于基层管理服务对象，实现工会管理组织架构由传统的"金字塔"式向"扁平化"模式转型，推动管理服务的高效运转。

2. 实现工作数字化

依托"智慧工会"平台，推动全市工会工作网上协同，运用新技术、新手段，打造安全合规的身份认证体系，营造数字化工作空间，以全新的数字化工作方式替代传统线下作业，以数据引领服务工会业务创新。推动工作全流程可视可查、可统计可分析，实现业务工作由流程固化、数据量化不足的传统线下形式向数字化模式转型，有效支撑工会工作的优化提升。

3. 实现服务智能化

发挥"智慧工会"平台大数据分析应用能力，精准定位职工需求，按照"服务项目化"的运作逻辑持续优化项目的服务效果，增强职工共性需求的服务保障力度，提升职工个性化需求的差异化服务解决能力，构建多层次、多终端、多场景的项目化服务体系，打造贯穿于职工全生命周期的多元化应用场景，实现职工服务由传统的漫灌式、普惠式服务方式向精准化、智能化服务转型，切实增强工会服务效能。

4. 实现决策科学化

建立基于"智慧工会"平台的技术支撑体系，运用大数据、云计算、人工智能等前沿信息技术，构建多维数据分析模型和多种态势分析及预警系统，为工会加强顶层设计、优化服务项目、改造业务流程提供数据支撑和决策依据，推动工会决策实现从缺少数据支撑和信息不对称而导致的认知片面化、研判粗放化、决策经验化，向依靠全面数据分析和信息比对支撑的认知多元化、研判精细化、决策科学化转型，有效提升工会工作在宏观决策层面的前瞻性和微观决策层面的精准性。

（三）改革举措

根据"一个基础、两项核心、四化协同"的改革思路，坚持以能力建设为根本，统筹工会组织用网能力、业务信息化能力和数据应用能力，通过网络信息化赋能工会的各项业务工作，运用模块化标准化思维，打造智慧工会平台。构建以"管理后台、服务前台、赋能中台、基础底座"为架构的智慧工会技术体系，构建以"智慧组建、智慧维权、智慧服务、智慧宣教、智慧帮扶、智慧教培、智慧支撑、智慧阵地、智慧建功"九大应用场景和智慧平台一体化应用为载体的智慧工会应用体系，构建以工会数据与政务数据互融互通的智慧工会数据资源体系，推动"三大体系"纵向贯通"治理—技术—应用"、横向联通"业务—数据—运营"，形成"互联网+"工会工作立体化、协同化发展的新格局、新生态。

1.创建安全、高效、可持续的发展模式

可持续的发展模式是确保工会网上工作高效推进的基础。深圳工会主动融入深圳智慧城市和数字政府建设大局，与深圳智慧城市建设平台企业——市属全资国企深圳市智慧城市科技发展有限公司，合资成立专业的工会互联网公司——深圳市智工服务有限公司（下称智工公司），专门负责智慧工会的建设和运营工作。通过借助智慧城市平台企业的专业优势，将智慧工会纳入智慧城市建设体系，共同建设、协同发展，实现数据共享、服务互通，推动智慧工会快速实现建设运营一体化发展。

2.组建专业、专注、可拓展的人才队伍

高素质、专业化的人才队伍是推动智慧工会建设的重要保障。深圳工会强化智慧工会建设工作机构，成立由市总主要领导任组长的智慧工会建设工作领导小组，并下设智慧办，组建规划统筹、项目管理、运维管理、职工诉求响应等工作小组，统筹落实智慧工会建设运营工作。同时，依托智工公司建立专业高效的建设运营团队，打造市场化、专业化智慧工会工作队伍，专门负责保障智慧工会的建设和运营工作。

3.建立规范、实用、可应用的标准体系

标准化是信息化、平台化的前提基础。深圳工会开展综合改革和先行示范工会建设，对工会工作进行了全面系统性、体系化的梳理和推进，这些经验必须通过技术规范与标准的形式固化下来，以标准化推动信息化高质量建设，以信息化推动标准化实践运用。深圳工会坚持以业务需求为导向，以智慧工会建设为支撑，围绕工会工作标准化、平台技术标准化、信息安全标准化、服务运营标准化等方面进行了有力探索，积极推动先行示范工会标准体系加快完善落地，进一步畅通工会工作标准体系路径渠道，为全国工会改革创新发展贡献深圳标准。

4. 做好全面、科学、可操作的建设规划

科学的建设规划能够体现时代性、把握规律性、富于创造性，做到远近结合、上下贯通、内容协调。深圳智慧工会建设规划明确提出，要通过加强"发展规划、技术研发、平台运营、资源整合、宣传推广"等五种能力建设，构建以"两核四化"为目标的智慧工会治理体系、打造以"三台一座"为架构的智慧工会技术体系、创新以"九位一体"为载体的智慧工会应用体系、强化以职工会员为中心的智慧工会运营体系，逐步形成"场景、技术、数据、运营"相互支撑、循环驱动、可持续发展的智慧工会生态体系，打造全国智慧工会高质量发展的示范样板。

5. 建设便捷、先进、可推广的智慧平台

智慧工会是构建网上工作新形态的关键支撑。深圳工会坚持"理念先进、业务契合、场景多元、数据融合、稳健安全"原则，采取先有后优、敏捷开发、分步实施的方式，加快推进智慧工会"三台一座"技术架构和"九位一体"应用场景建设，以"数据＋智能"为双驱动，推动技术运用和业务场景的深度融合，将智慧化能力贯穿到工会工作和服务的各个环节和流程，强化工会组织和职工群众的"指尖交流"与便捷联系，突出线上线下互动整合，建成易用、好用、管用、职工爱用的智慧平台，为工会工作提供全面赋能。

6. 打造特色、有效、可复制的服务品牌

深圳工会建立以职工为中心的长效运营模式，强化用户思维和服务意识，坚持建设运营一体化理念，在搭建系统的同时，积极开展服务运营，构建网上工作模式。通过强化互联网思维，加强上下级工会组织间互联互通，推动资源优化配置和有效利用，充分激活职工服务供给侧，打造工会服务的"O2O"（Online To Offline)、"S2L"（Social resources To Labour) 模式，开展有品牌、有内容、有特色、成体系的职工服务、活动。做强叫响"贴

心权益维护、暖心帮扶保障、强心素质提升、用心普惠优惠、欢心主题活动"等工会"五心"服务品牌，为职工会员提供更加系统化、精准化的服务，响应职工生活、工作的全方位需求，增强智慧工会平台影响力、凝聚力。

7. 筑牢安全、自主、可控制的保障体系

坚持狠抓"立体防护"的信息基础设施安全、网络安全、系统安全、数据安全体系建设，不断增强安全管理、安全保障、安全运营能力。健全信息安全标准化管理机制及相关管理制度，制定信息安全应急处置预案，建立数据安全评估体系，做好平台安全评测、监控预警和风险评估，提高大数据环境下防攻击、防泄漏、防窃取等安全防控与处置能力。加强安全运维保障和管理培训，形成网络、数据、业务全面覆盖的安全运维保障体系，实现安全管理规范化、常态化。依托深圳市政务云和国资云构建深圳市智慧工会混合云基础设施，提高工会信息基础设施和系统平台自主可控水平。

（四）改革成效

深圳工会紧紧围绕数字化转型与智能化发展两大核心目标，全力打造"互联网＋"工会工作模式，为实现工会"管理扁平化、工作数字化、服务智能化、决策科学化"，落实落细七大改革举措，创新探索出建设运营一体化发展路径，全面重构了工会工作机制流程，成功为全市各级工会及广大职工群众提供了全域覆盖、精准高效的"一站式"办理窗口，形成了品牌化运营服务，展现出工会工作数字化转型与标准化建设成效。

1. 创新建设运营一体化发展路径，切实保障智慧工会可持续、高质量发展

通过与深智城集团强强联合，深圳工会建立了专业自有的智慧工会建

设运营团队——智工公司，深度参与深圳工会工作数字化转型全过程，从根本上强化了深圳工会人才队伍的互联网思维，打造了一个最懂工会的互联网公司和一批最懂互联网的工会人。在传统的工会组织队伍之外，通过市场化手段建设了一支"专业化、数字化"兼具的双化人才队伍，在人才队伍保障上确保灵活性和可拓展性。同时，智工公司与深智城集团研发团队深度协同，在项目交付等关键节点可充分依托深智城集团深度赋能，集成专业力量稳打快打，协同资源精准投入，以合力激发智慧工会高质量发展动能，在技术力量保障上有充分的底气和优势。这种模式，既能避免委托市场第三方造成的不确定性，又具有贴身服务、随时响应、主动谋划、长期稳定和数据安全等优点，还可以让智工公司通过建设运营智慧工会平台，累积数据资源和技术优势，撬动市场资源并进行外溢发展，形成自我成长的能力。此外，智工公司作为深圳智慧工会建设运营主体，坚持建设运营一体化思维，在开展智慧工会建设的同时，也同步策划推进智慧工会平台运营工作，避免建设、运营"两张皮"，实现了建设运营的无缝衔接，有效保障工会数字化转型与智慧工会建设运营的可持续性。经过两年的砥砺发展，智工公司已拥有100多人的建设运营团队，全面支撑起深圳智慧工会的建设运营工作，并随时可根据业务需要扩大规模。

2. 建成智慧工会平台载体，全面支撑深圳工会数字化转型

经过两年多的建设发展，深圳智慧工会平台已建设成型，全面支撑了各项工作的数字化转型，基本实现业务"一网通办"、服务"一键获取"、工作"一屏总览"。

（1）"三台一座"技术体系基本成型。

一是建成"一站式"服务职工会员的"深 i 工"服务前台。"深 i 工"平台集职工入会、诉求响应、法律服务、心理服务、帮扶保障、教育培训、职工普惠、服务地图、深工活动等20余服务模块于一体，作为重要的民生服务平台，被纳入深圳市政府"深 i"系列服务矩阵。"深 i 工"平台从根本上改变了深圳工会服务职工的传统方式，显著提升了服务便捷性与普惠精准性，各级工会按照权限分级管理服务职工会员，全面提供直达千万职工的"指尖服务"。职工可以通过手机端和网页端两大门户入口，可轻松实现工会业务"一网通办"及工会服务"一键获取"，真正做到以数字赋能"一站式"服务。

案例

改变传统服务模式，从"指尖"到"心间"直达千万职工

深圳工会是"娘家人"，更是"贴心人""暖心人"。"深 i 工"平台便是职工的"网上家园"。该平台由职工喜闻乐见的"深 i 工"平台作为深圳工会综合改革的有效载体与九大应用场景的统一出口，由"深工惠"小程序升级改版而来，具有界面更清晰、功能更强大、性能更优化三大特点，与广大职工所熟知的"深 i 您""深 i 企"等同驻"深 i"品牌矩阵，着力推动完善"i 系列"统一门户，助力深圳市数字政府和智慧城市建设，实现了工会业务"一网通办"和工会服务"一键获取"的信息化目标。

"深 i 工"平台改变了传统工会服务职工模式，大幅提升了便捷性与精准性。例如，在"惠工消费券"发放上，通过"深 i 工"平台定向定额不定时发放 6000 万"惠工消费券"的方式，动员百万职工参与稳增长促消费。职工在"深 i 工"平台领取消费券后，可在支持微信支付并已开通微信商户号的商家处进行核销使用，普惠范围广泛，领用简单便捷。截至 2023 年 3 月，深圳"惠工消费券"已发放 5471.4 万元，发放份数 213.5 万，撬动消费达 2.8 亿元，活动访问人数约 1324 万，活动参与人数约 549 万，充分体现出"惠工消费券"在助企纾困方面的成果实效。这样优越的成果是依靠着"深 i 工"平台强大的技术承载力和运营服务力所支撑的。

在技术承载方面，"深 i 工"平台可承载实时并发数至 15-20 万人次，且系统稳定性达到了 100%，已成功支持多次大规模"惠工消费券"等普惠活动，有利于工会系统沉淀技术能力。在运营服务层面，深圳市总工会通过自有运营团队，在"深 i 工"平台上通过在线客服的方式，及时响应职工相关诉求，做到每日咨询全部清零。"深 i 工"平台上可充分展现深圳市总工会六大工会改革的成果实效，更是统筹各场景数据的有效路径，便于利用大数据进行精准普惠服务，由此可见"深 i 工"平台是深圳市总工会提升职工生活品质的有益尝试。

二是推出满足"一体化"管理服务需求的智慧工会管理后台。按照数字化工作理念，深入推动网络信息技术与工会业务工作深度融合。通过建立智慧工会配套技术标准体系、数据交换体系、资源目录体系等标准规范，进一步深化工会工作流程优化再造，建成标准一致、对接通畅、覆盖工会工作全域、满足各级工会管理服务需求、全流程数字化的工会工作管理"后台"，各级工会统一入口、按照权限办理业务、管理服务、使用数据，实现工会工作"一网统管"。

三是建设工会低代码中台、业务中台等赋能中台。低代码中台方面，采用开发技术构件化、业务需求配置化的"搭积木式"建设思路，通过把移动开发常用的技术能力、业务能力组件化、模块化，助力各个业务开发方在此基础上快速建设开发各类应用，为各级工会的"小快灵"前台应用提供便捷、高效的业务能力输出，实现快速交付、敏捷迭代，提升开发效率、降低业务费用。**业务中台方面，**通过领域建模，将工会业务中问卷、报名、投票、点评高使用率的公共能力抽象、沉淀和组合，建成为可共享的通用能力供随时调用，有效解决系统重复建设业务模块、数据分散的问题。

四是搭建以混合云架构为核心的基础底座。通过加强云技术应用，依托政务云、国资云搭建混合云架构信息化基础底座，融合政务云安全合规优势和国资云资源弹性，有效应对高并发、大数据量带来的系统性能挑战，切实提高了系统持续稳定运行能力，构建起稳健安全的基础底座，为智慧工会建设可持续发展提供坚实可靠的安全保障支撑。

（2）"九位一体"应用场景全面落地。自 2022 年初全面启动智慧工会建设以来，深圳工会相继开发上线了数十个系统模块，全面实现九大智慧应用场景在智慧工会平台建设落地，切实推进了数字化转型。

智慧组建：基层组织建设是工会工作的基础。通过上线运行智慧组建系统，告别了以往建会入会线下提交申请资料的工作模式，全面实现了工会组织管理体系的数字孪生，推动全市工会组织体系"一网统览"，为智慧工会各系统和平台提供基础支撑。此外，系统通过与公安、社保等政务部门的数据对接与应用，促进了工会组织管理和业务办理全面数字化转型。为推进基层工会规范化建设，深圳工会开发了星级工会评定系统，对基层工会进行评星定级，形成了基层工会管理—服务—评价工作闭环。截至 2023 年 8 月，智慧组建系统已录入基层工会数 2.9 万家，工会会员数 602 万人，实名认证会员 341 万人。

智慧维权：维护职工合法权益是工会的基本职能。深圳工会打造出"主动＋被动"的全面感知网络渠道，建立了以预警信息员队伍和工会干部为支撑的劳资纠纷预警处置系统，实现了分级触达预警及处置层级功能。同时，建立了职工诉求响应系统，通过整合"12351"热线、"深 i 工"小程序、工会官方网站等渠道，实现了职工诉求"一站式"受理、统一分拨、及时处置和全过程监督，成功支持咨询、投诉、建议、求助等诉求场景，链接法律服务、困难帮扶、心理咨询、工商探视等服务场景，打通了从全面感知到及时响应的工作链条。

案　例

建立"一站式"职工诉求高效反馈渠道，实现工会维权业务重构升级

深圳工会打造出"职工受用、干部易用、实战管用"的职工诉求收集及响应平台，重构升级了职工诉求高效反馈渠道，着力实现职工诉求"一站式"受理、及时性响应及全过程线上流转，为维护劳动关系和谐稳定贡献深圳工会力量。

成立深圳市总工会职工诉求响应系统建设领导小组，以"建机制、建团队、建系统"为主线，显著提升工会诉求处置能力。构建出"1+1+8"诉求管理体系，即 1 个职工诉求响应管理办法，1 份职工诉求响应事项分级分类清单，8 项配套制度，不断推动机制建设标准化。坚持以职工诉求响应工作小组为抓手，蓄力整合响应渠道，集"深 i 工"小程序、市总官网、工会服务热线等多个诉求反映渠道于一体，实现劳资纠纷统一分拨与处置，让各端诉求快速直达关联部门，并动态呈现诉求处理进度和响应结果。此外，深入整合了市总法律援助律师、心理专家团队及各级工会组织干部和社会化工作者，逐步壮大职工诉求响应专业工作队伍。通过设置运维保障组、数据分析组、知识库管理组充分保障机制严格落实与系统闭环运行。

职工诉求高效反馈渠道是工会了解职工现状、倾听会员声音、回应职工诉求最直接的途径。市总工会重点把握职工群众最困难最操心最忧虑的实际问题，并向市委、市政府及省总提出反映职工群众的思想、愿望及要求的意见和建议。既可以增强维权便捷性，又能够强化业务精准性。该系统以"2+3+4"为使用路径。职工可选择小程序端及 PC 端两大渠道，通过"深 i 工"小程序、市总官网、职工服务热线三大途径进入职工诉求响应系统，经由"咨询""投诉""建议""求助"四大入口分拨事项，职工可选择办理"加入工会""法律援助""劳资纠纷调处"等八大特色服务，实现职工诉求精准分类，方便职工诉求响应团队调度分拨及处

置分析，便于工会在组建、维权、帮扶、服务等工作上实施针对性优化举措，能够以数据应用赋能工会工作管理，充分发挥全面分析、辅助决策等重要作用。另外，还建立以职工满意度为导向的多维评价体系，确保职工群众诉求"件件有回音，事事有着落"。为了确保系统发挥更高效用，深圳工会成立了职工诉求响应中心，按照标准化流程全方位保障职工诉求全面受理、统一分拨、协同处置及反馈报告，助推建立职工权益维护工作机制，不断推动职工维权服务先行示范进程，促使工会成为参与社会治理的关键角色，做好职工的代表者和维护者。

智慧阵地：阵地服务是工会服务职工的前沿触角。深圳工会实现了实体阵地应用线上化，为职工随时获取服务信息提供了系统支撑，实现了全市服务阵地"一图总览"。通过上线服务地图功能，增强了阵地实体资源服务效能，引流职工至"1+11+N"实体服务阵地。针对新就业形态劳动者群体的分散性特点，服务地图能够指引其前往就近工联会，引导他们参与活动、享受服务，极大提升了工会活动的吸引力。

智慧服务：竭诚服务职工群众是工会的基本职责。深圳工会建立了服务项目管理系统，推动了工会服务项目化运作，实现服务项目从"需求调研—项目研发—项目入库—项目执行—项目评价—持续优化"全流程可视化管理。另外，深圳工会推出深工活动、职工疗休养等服务版块，为职工群众提供涵盖"衣食住行游购娱"等场景的"一站式"普惠服务，建立了"以职工需求为出发点、以职工满意度为落脚点"不断螺旋式优化提升的服务项目管理闭环。2023年，深圳工会依托会员服务管理系统举办"工会杯"职工普惠服务项目设计大赛，以赛促训提升了服务职工能力。

智慧帮扶：困难帮扶是解决职工急难愁盼问题的有效举措。深圳工会上线了"工会帮"系统，全面赋能"一体两翼"五重帮扶保障工作，实现了困难职工帮扶、互助保障、专属保障（E路守护、家政守护）、基金救助等一键申请、线上办理。此外，系统通过对接民政居民经济状况核查系统，以数据赋能精准锁定困难群体，达到解困济难、精准帮扶目的。

案 例

深化大数据应用能力，实现申请帮扶"一键搞定"

"治疗期间，我多次通过互助保障系统提交了诊断报告、住院发票等资料，不再需要亲自前往办事大厅办理理赔手续，可以安心休养。"今年5月，深圳市职工张女士不幸确诊为肺癌，多次住院接受化疗。在她看来，深圳市总工会"工会帮"职工帮扶保障平台的互助保障线上理赔系统非常便捷，让患病职工可以安心治疗、休养，无需频繁往返办事大厅办理理赔事宜。

职工可以通过"深 i 工"平台首页功能版块即可快速访问"工会帮"专区。困难帮扶系统现已实现帮扶对象认定及建档管理全流程线上化，职工申报操作简便。系统自2023年2月上线以来，截至当年8月份已收到319条帮扶申请。互助保障系统则创新整合了包括企业捐助、保险供给等社会公益资源，实现了帮扶数据可视化呈现和统计形式拓展升级，便于精准服务职工会员。系统自2023年3月上线以来，截至当年8月份已超400万名职工参保，总保费超3.6亿元。专属保障系统是为解决新业态劳动者社会保障不足问题，精准普惠新就业形态劳动者，推出的专属保障计划及专属意外商业保险。

深圳工会不断推动政务部门数据共享应用。目前，"工会帮"平台已实现与民政单位的数据联动，提高困难职工感知能力和审批效率。同时，通过数据分析，平台能精准锁定困难群体；且帮扶项目实现一键申请、线上办理，实现帮扶保障线上化，理赔给付一体化。后续还将探索与医保、社保等政务部门的数据对接，以实现信息系统互证，大幅提升帮扶业务办理效率，加强了帮扶工作协同性，推动形成"工会引导、社会参与、职工互助、慈善救助"的帮扶救助新格局。

智慧教培：教育培训是增强工会干部履职能力的有力抓手。深圳工会建成了一套兼顾线上线下培训的工会干部教育培训系统，为全市工会干部提供了培训资源库、线上培训定制、线下培训管理、学习评价和统计分析等全流程可视化功能，实现线上云课堂及线下培训班集成管理。截至2023年8月，系统已支持深圳各级工会干部超7.8万人进行教育培训。

智慧宣传：工会宣传是全党宣传工作的重要组成部分。深圳工会创新打造了工会融媒体系统，建立了联动全市各级工会的内容数据库和融媒体服务平台，有效解决了以往检索历史素材难、宣传数据统计分析难的困境。融媒体系统通过素材分权共享、专题分类征集等多模块支撑，以系统对接微信公众号、抖音号，实现多渠道数据打通，实时呈现在工会数据大屏，充分展现工会宣传工作态势，助力工会宣传工作形成内容共享和数据支撑机制，推动各级工会宣传联动、统一发声、放大工会声音。

智慧建功：深圳工会建成集选树、管理、服务为一体的荣誉管理服务系统，推出荣誉管理服务、先模圳领航等模块，形成了荣誉"培育—评选—服务—引领"全流程线上工作闭环，解决了以往荣誉申报评审方式繁杂、先模信息分级动态管理难等问题，实现对荣誉群体的精准服务，让全市基层工会可以便捷直观地参与到工会荣誉体系建设大局中。2023年，各级工会组织已全面通过系统线上开展荣誉推荐评审工作，创建申报信息1530条，录入劳模和工匠人才创新工作室2096个。

智慧支撑：打造智慧工会协同办公平台，满足各级工会日益增进的协同办公需求。相较于传统的办公形式，协同办公平台打破了办公空间与时间限制，打破了各业务系统独自运作壁垒，实现了横向到边，纵向到底的平台运营管理模式，构建了工会工作"一网协同"新格局。

大数据应用：数据应用是推进工会数字化转型的重要任务。深圳工会着眼数据梳理和分析应用，现已完成大数据应用中心1.0阶段建设，通过梳理工会业务架构，构建主题数据库，建立数据分析模型，以智慧大屏的形式进行可视化展现，实现"一键调取"工会综合数据，"一屏总览"工会运行态势，在数据支撑和决策辅助方面显示出卓越成效，显著提升了各级工会工作数字化和决策科学化水平。

3. 搭建品牌化运营服务矩阵，不断增强智慧工会的吸引力、凝聚力

按照互联网平台运营"拉新—促活—留存"的基本原则，以平台活力为根本着力点，聚焦"日活量""点击量""转载率"等重点指标，重点在活动策划、服务拓展和宣传推广等三个维度持续用力，形成以职工会员为中心的"三轮驱动"品牌矩阵。截至2023年8月，平台累计访问量超5.7亿人次，平台用户突破1000万。

（1）以丰富多样主题活动筑牢平台运营根基。秉承"标准更高、服务更好、品牌更优"的服务理念，紧扣职工需求，以市区联动的工作方式，打造了工会会员日、节日专题、美食节、爱党爱国知识竞赛等系列常态化主题活动品牌，同时还结合新就业形态劳动者、建筑工人、环卫工人等各类职工群体特点，开展了"清凉一夏""留守儿童关爱"等专项品牌活动，平台吸引职工、活跃职工能力得到有效提升。截至2023年8月，各项活动吸引职工参与超3500万人次，发放奖品金额7,914万元，促进消费达4.5亿元，"深i工"平台已经成为深圳职工群众常来常用的网上阵地，为智慧工会建设夯实了群众基础。

（2）以覆盖全面的服务项目深化平台服务内涵。着力推动资源优化配置和有效利用，加强整合党政资源，积极撬动社会资源，鼓励上下级工会组织互联互通，在激活职工服务供给侧方面下功夫，大力创新研发服务项目，建立优质服务项目库，形成了动态更新的多层次、多样化服务项目清单。职工会员可以在"深i工"平台随时"点餐"，享受疗休养、景点门票、电影票、酒店度假等普惠优惠服务项目，有效满足了职工会员在专享服务、会员折扣等方面的需求。

　　（3）以高效融合的宣传矩阵强化工会品牌塑造。依托智慧工会平台成立了工会媒体融合中心，构建了以融媒体中心为核心，公众号、抖音号等传播渠道为媒介的"1+4+6+N"的立体式互联网新媒体宣传矩阵。《工夫》系列影片、深圳职工文化建设"三大节"系列活动等广受职工群众关注。深圳工会公众号粉丝量长期稳居广东省工会系统微信公众号影响力榜单冠军，2022 年被全国总工会评为"市级十佳工会微信公众号"。深圳智慧工会平台 2021 年被评为全国总工会最具影响力工作平台、2022 年被评为全国总工会市级十佳平台。

4. 探索建立智慧工会标准体系，为工会工作数字化转型提供有力支撑

　　紧紧把握标准化是全面推进数字化的前提和基础这个重点，以业务需求为导向，围绕技术标准化、安全标准化、服务运营标准化等重点内容，全面梳理业务说明书和规范流程图，推动智慧工会技术标准、数据标准、运营标准、安全标准的制定。截至目前，国家标准委已将深圳工会综合服务纳入第九批社会管理和公共服务综合标准化试点项目，推动先行示范工会标准体系加快完善落地，进一步畅通工会工作标准体系路径渠道，为打造广泛应用的数字化产品奠定坚实的标准化基础。

　　着力推进"互联网＋"工会工作新机制改革，推动建成建设运营一体化模式，有效增强了职工维权服务工作质量水平，全面赋能基层工会数字化转型。全国总工会党组书记、副主席、书记处第一书记徐留平同志对深圳智慧工会建设工作给予充分肯定，希望深圳在智慧化建设上打造成标杆，为全国地方工会智慧化建设提供模板。深圳工会将根据新时代新形势承接转型新任务，继续锚定建立先行示范工会目标，积极落实数字化转型试点工作任务，加快建设线上线下融合发展的智慧工会生态体系，建成工作机制更完备、技术应用更现代、场景开发更丰富的先行示范智慧工会。

第七章

守护之路：新就业形态劳动者工会工作改革

近年来，数字经济、平台经济、共享经济迅猛发展，创造了大量就业机会，依托互联网平台就业的网约配送员、网约车驾驶员、货车司机、互联网营销师等新就业形态劳动者数量大幅增加。与传统意义上的职工相比，新就业形态群体具有组织方式平台化、工作机会互联网化、工作时间碎片化、就业契约去劳动关系化及流动性强、组织程度偏低等特点，面临着工作时间长、劳动强度大、保障水平低等许多权益维护上的突出问题。深入贯彻落实党中央、国务院决策部署，切实维护新就业形态劳动者劳动保障权益，不断增强这一群体的获得感、幸福感、安全感，促进平台经济规范健康持续发展，是新时期工会组织必须回答好的重要课题。

（一）改革背景

1. 做好新业态工会工作面临新的更高要求

党中央高度重视新就业形态劳动者劳动保障权益。习近平总书记多次作出重要指示，要求切实维护好新就业形态劳动者合法权益。2018 年 10 月 29 日，在同全国总工会新一届领导班子成员集体谈话时强调，"要做好快递员、送餐员、卡车司机等新就业形态劳动者的入会和维权工作，通过多种有效方式，把他们吸引过来、组织起来、稳固下来，使工会成为他们愿意依靠的组织。"2020 年 5 月 23 日，在全国政协经济界联组会上指出，新就业形态领域当前最突出的就是新就业形态劳动者法律保障问题。2020 年 11 月 24 日，在全国劳动模范和先进工作者表彰大会上强调，要适应新技术新业态新模式的迅猛发展，采取多种手段，维护好快递员、网约工、货车司机等新就业群体的合法权益。2021 年 4 月 27 日，在广西考察时要求，要完善多渠道灵活就业的社会保障制度，维护好卡车司机、快递小哥、外卖配送员等的合法权益。

2021 年 7 月，人社部等八部委联合印发了《关于维护新就业形态劳动者劳动保障权益的指导意见》，同年 8 月，全国总工会印发《关于切实维护新就业形态劳动者劳动保障权益的意见》，对维护新就业形态劳动者的权益作出了指导性的意见，要求建立完善适应灵活就业和新就业形态的劳动权益保障制度，引导支持灵活就业人员和新就业形态劳动者参加社会保险，提高灵活就业人员和新就业形态劳动者社会保障水平。2022 年 1 月新修订的《工会法》规定："工会适应企业组织形式、职工队伍结构、劳动关系、就业形态等方面的发展变化，依法维护劳动者参加和组织工会的权利。"在法律上消除了近年来关于新就业形态劳动者入会和建会资格的意见分歧。

因此，做好新就业形态劳动者工会工作，既是工会组织积极响应党的号召、落实习近平总书记和党中央决策部署的必然要求，是工会助力高质量发展大局、推动共同富裕的必然要求，也是工会适应时代要求、回应职工呼声、更好发挥桥梁纽带作用的必然要求。只有充分认识做好新业态工会工作的重要性和紧迫性，以扎实有效的工作切实把广大新就业形态劳动者紧紧团结凝聚在党的周围，才能持续巩固党长期执政的阶级基础和群众基础，团结动员包括新业态劳动者在内的广大劳动群众一起奋进新征程、建功新时代。

2. 做好新业态工会工作面临新的更大考验

新就业形态劳动者在经济社会发展中发挥着不可或缺的重要作用，但与此同时，这一群体呈现出许多完全不同于传统职工队伍的新特点，做好这一群体工会工作面临许多新的考验。

（1）**人员规模庞大**。第九次全国职工队伍状况调查显示，全国新业态劳动者8400万，约占职工总数的21%。据测算，深圳新业态劳动者总数约160万人，新业态劳动者已经成为深圳劳动力大军的重要组成部分，并仍将伴随数字经济浪潮呈进一步上升趋势。

（2）**群体结构多元**。调研统计显示[1]，新业态劳动者主要以男性从业人员为主，男性职工总体占比高达87%，其中快递行业男性高达94.7%；在年龄方面以80后90后青年群体为主，就业人群平均年龄为33.4岁，其中外卖派送员以95后新青年群体为主；在户籍方面主要是农村户籍和省外人员占比高，农村户籍占比79.7%，67.2%的就业人员来自外省；在受教育方面，该群体受教育程度普遍较低，初中及以下占比29.6%，高中及中专占比40.3%，大专及以上仅占17.5%。

（3）**组织覆盖难**。平台企业往往以"未与灵活就业人员建立劳动关系""个人依托平台自主开展经营活动"等为理由拒绝建立工会组织。同时，部分新业态劳动者对工会认识不足、入会积极性也不高，导致目前工会组织还难以实现对新业态劳动者的全面有效覆盖，许多从业人员仍然游离于工会组织之外。

（4）**维权服务难**。一方面，目前已建工会的平台企业大多存在工会组织网络不健全、会员会籍管理困难等问题，新业态工会组织转起来、活起来

---

[1] 调查以深圳市某区内依托互联网平台就业的新就业形态劳动者为重点，共发放2500份问卷，回收2333份，有效问卷2017份，有效率87.7%。其中，快递配送员463份，外卖配送员478份，网约客运司机510份，网约货运司机468份，客服等其他人员98份。

的长效机制还在逐步建立和完善之中，工会作用发挥还需进一步加强；另一方面，新业态劳动者与平台组织的关系松散，人员流动性强、分布范围广，线下难联系、线上难接触，传统的工会维权服务手段难于触达，如何全方位响应新业态劳动者需求、更好满足他们对美好生活的向往成为各级工会组织亟须解决的问题。

3. 做好新业态工会工作面临新的突出问题

从劳动关系治理的角度来看，互联网平台灵活就业方式整体呈现去雇主化、去组织化、兼职全职自由切换等显著特点，互联网信息平台成为替代企业或市场进行劳动力要素组织的新就业模式。劳动者权益保障遭遇法律制度瓶颈。

（1）**劳动关系认定难**。平台用工形式灵活多样，劳动关系复杂。目前，仅有少量互联网平台企业直接聘用一小部分自有员工，还有一部分平台雇佣第三方机构的派遣人员。更多的是依托平台自主创业人员（专职）和依托平台打零工（兼职）的灵活就业人员。而后两种用工形式中没有签署相关劳动合同或服务合同的劳动者占绝大多数。由于平台企业和从业人员间不符合标准用工关系，即平台企业不是劳动者法律意义上的雇主，劳动者也不是平台企业法律意义上的员工，劳动关系认定很难。

（2）**劳动权益保障难**。目前，我国在劳动权益保障方面主要基于传统的合同制劳动关系，新业态劳动者由于上述原因，劳动关系得不到法律认可，权益保障面临法律保护真空。同时，新业态劳动者和平台企业之间地位不对等，各平台之间不良竞争激烈，时常调整价格，导致新业态劳动者收入受到较大影响，影响这一领域的职工队伍稳定。

（3）**行业监督管理难**。目前国内互联网平台领域相关法规政策还不完善，行业协会组织发展还不健全，行业监管还面临缺失和滞后的问题。

（二）改革思路

保障新就业形态劳动者权益是稳定就业、改善民生、加强社会治理的重要内容。深圳市总工会认真贯彻落实习近平总书记关爱新就业形态劳动者的一系列重要指示批示精神，主动顺应劳动关系发展变化新特征，紧密结合深圳实际，在全国工会系统率先推出针对新就业形态劳动者的工会改革方案，从创新组织管理制度、破解建会入会难题、构建服务阵地体系、维护合法权益、提供精准优质服务、提升职业技能等7个方面提出了30条改革创新举措，积极探索新就业形态劳动者工会工作新路径。

1. 创新工作模式

主动应对互联网平台经济发展对当前劳动用工关系及工会工作带来的挑战，积极应用互联网思维和技术手段，强化智慧工会系统支撑，探索基于互联网信息技术的工会组织管理服务模式，加快推进数字化转型、智能化发展。依托"互联网+"技术手段实现对传统工会组织管理模式的有效创新，通过网上工会实现对新就业形态群体的组织覆盖、人员覆盖和活动覆盖，推进线上工会和线下工会的有机融合，探索一条不同于传统工会组织管理服务模式的新路径，破解新就业形态劳动者思想政治引领、建会入会、维权服务等方面的工会工作难题。

2. 狠抓建会入会

把推进新就业形态劳动者入会作为一项重大任务，加大创新和探索实践力度，破解制度性、政策性难题，最大限度地将新就业形态劳动者吸纳到工会中来。聚焦重点行业、重点领域，推动具有影响力的互联网平台企业依法建立工会组织，切实发挥平台企业、头部企业在建会中的示范作用，带动货运挂靠企业、快递加盟企业、外卖送餐代理商、劳务派遣公司等关联企业规范建立工会，完善组织体系，扩大有效覆盖。同时，根据不同行业特点，推行"行业覆盖、区域兜底"建会入会模式，最大限度争取零散从业、灵活就业的新就业形态劳动者应入尽入。针对新就业形态劳动者多依托互联网平台就业的实际，结合智慧工会建设，加快推进网上入会步伐。

3. 切实维护合法权益

发挥产业工会作用，积极与行业协会、头部企业或企业代表组织就行业计件单价、订单分配、抽成比例、劳动定额、劳动保护、奖惩制度等开展协商，维护新就业形态劳动者的劳动经济权益。督促平台企业在规章制度制定及算法等重大事项确定中严格遵守法律法规要求，通过行业职工代表大会、行业劳资恳谈会等民主管理形式听取劳动者意见诉求，保障好劳动者的知情权、参与权、表达权、监督权等民主政治权利。突出企业在新就业形态劳动者权益保障中的主体作用，引导企业尤其是头部企业、平台企业依法建立工会，积极履行社会责任，做实做细关心关爱员工、改善劳动条件、加强技能培训等各项工作。加强工会劳动法律监督，配合政府及其有关部门监察执法，针对重大典型违法行为及时发声，真正做到哪里有职工，哪里就应该有工会组织，哪里的职工合法权益受到侵害，哪里的工会就要站出来说话。

4. 有效解决急难愁盼问题

针对广大新就业形态劳动者工作与生活中的实际需求，在新就业形态劳动者集中的重点区域和重点企业建立完善的工会服务阵地，面向这一群体提供就餐、饮水、休息、如厕、上网、阅读、充电、简单医疗等关心关爱服务。研究开发针对这一群体的专属关爱服务项目，从保险保障、医疗救助、健康关爱、生活支持、心理疏导等方面为他们提供全方位、多层次、广覆盖的帮扶保障。构建"互联网＋"服务职工体系，完善网上普惠服务、就业服务、技能竞赛、困难帮扶、法律服务等，形成线上线下有机融合、相互支撑的组织体系，为新就业形态劳动者提供更加及时精准的服务。

（三）改革举措及成效

自 2021 年推出《深圳市新就业形态劳动者工会工作改革方案》以来，通过一系列强基础、抓关键、优服务、建机制的创新措施，逐步破除了许多制约新就业形态领域工会工作的掣肘，切实维护了新就业形态劳动者的合法权益，促进了新业态的健康发展。2023 年 3 月，深圳市总工会牵头开展的新就业形态劳动者改革项目获评 2022 年度深圳市基层改革创新先行示范优秀案例。

1. 创新建会模式，新就业形态劳动者组织覆盖面不断扩大

积极探索适应货车司机、网约车司机、快递员、外卖配送员等不同职业特点的建会方式。推广"边服务、边建会"工作模式，深入部分新就业形态企业，了解职工劳动报酬、社会保险、休息休假、职业安全等职工权益保障情况，摸清职工的急难愁盼，找准建会入会工作的切入点、着力点。针对新就业形态劳动者个体化、分散化的现状，通过开展重点企业集中建会、联合重点行业协会推动行业建会、各类工联会组织覆盖等方式吸收新就业形态劳动者加入工会。深圳市盐田区、南山区、龙华区先后成立区级新就业形态行业工会联合会，市大工业区工会联合会通过成立新就业形态劳动者工会小组，量身定制暖心服务加油包，推动会员发展工作。光明区遵循属地原则，探索以会员代表制组建全市首家街道级快递行业工联会，并在全区进行推广。

2. 畅通入会渠道，新就业形态劳动者入会更加便捷

在线下入会方面，在重点头部企业广泛开展集中入会，同时发挥社区、

园区、楼宇等工联会作用，以配送站点、司机驿站等为单位，通过摆摊设点、开展文艺活动、赠送入会礼包、帮扶慰问等方式吸引新就业形态劳动者入会。在线上入会方面，依托智慧工会平台，开通网上入会渠道。制定新就业形态劳动者网上入会优化流程方案，进一步简化"深i工"小程序的实名认证流程，使新就业形态劳动者能快速找到工会、加入工会。同时，优化线上服务职工功能，进一步增强服务的精准性、有效性。2021年，深圳市总工会获评中央网信办和全国总工会"新就业形态劳动者网上入会及会员管理模式创新"优秀案例。

3. 突出权益保障，新就业形态劳动者维权更有力度

（1）**积极开展源头参与。**加大对新就业形态劳动者权益保障现状的调研，加强与市场监管、交通运输、人社、邮政等部门的沟通交流，参与制定《深圳市新就业形态劳动者综合保障实施方案》《深圳市人民代表大会常务委员会关于加强新就业形态劳动者权益保障的决定》政策法规等，推动从源头上解决新业态群体的劳动权益保障问题。2022年推动全市16.08万新业态人员参加工伤保险，45.41万新业态人员参加养老保险。

（2）**建立沟通协调机制。**认真落实全总关于"各级工会要积极与行业协会、头部企业或企业代表组织就行业计件单价、抽成比例、劳动定额、劳动保护、奖惩制度等开展协商"的要求，推动在互联网平台企业和快递物流企业建立多形式多层级沟通协调机制，促进劳资双方平等对话，督促平台企业通过职工代表大会、劳资恳谈会等形式听取劳动者意见诉求。如滴瑞工联会与滴滴出行公司就网约车调解方案、异地返程单、平台抽佣比例等问题开展沟通协商，搭建滴滴司机和滴滴出行公司之间的沟通协商平台，建立了工会与平台企业间常态化沟通协商机制。福田区总工会以货拉拉公司为典型，建立健全"四层级三主体两方面多形式"劳资沟通协商机制，即构建区总工会、街道总工会、园区工联会、企业工会四级工会组织联动

运行体系，搭建企业工会（工联会）、企业党委、企业行政三元劳资沟通主体，积极开拓线上线下两方面多形式沟通渠道。线上拓展搭建客服热线、APP 在线客服、司机之家公众号、吐槽信箱、微博等，线下采取司机恳谈会、企业高管下基层、意见征询、问卷调查、市场走访等形式深化企业与司机的沟通，为货拉拉司机畅通诉求渠道，维护好司机群体的切身利益。

（3）**积极提供法律服务。**在滴滴、曹操出行、海格物流等平台企业中设置"律师驻点"，安排工会法律顾问，为新业态劳动者开展法治讲座、提供法律咨询、法律援助等服务，同时，针对新业态劳动者人员分散的现状，在社区、园区、楼宇等工联会设置法律顾问。通过送法上门，使劳动者得到法律的加持和护航，特别是当权益受到侵害时，能够说理有地、申诉有门、维权有路。

4. 提供精准服务，新就业形态劳动者服务更有温度

（1）**加快建设服务阵地网络体系。**结合新就业形态劳动者的工作特点，因地制宜地建设不同层级的新就业形态劳动者活动服务阵地，明确阵地建设标准，不断延伸服务触角，将普惠性服务与个性化服务相结合，紧贴该群体需求开展精准服务，常态高频让劳动者感受到来自工会的关怀和温暖。截止到 2023 年 8 月，全市建成新就业形态劳动者服务专属阵地共 857 个，其中暖蜂驿站 766 个，在各类工会大食堂及餐饮点设立提供饮水、就餐、小憩等服务的暖蜂窗口 91 个。

（2）**创新推出守护系列保障项目。**推出"E 路守护""家政守护"等综合保障服务项目，运用"保险保障 + 公益慈善"的模式，为全市 60 万快递外卖小哥、网约客货车司机、家政服务人员等新业态劳动者提供互助保障和专属商业保险。以"E 路守护"项目为例，4 类保障群体因意外事故身故、残疾最高可以获得 70 万元的保障金，因意外造成第三者人身伤害或财产损失最高可以获得 60 万元的保障金。"E 路守护"和"家政守护"项目具有"全

覆盖、低门槛、高保障"的特点，采用不记名团体保障方式，覆盖全市所有特定群体，避免了记名投保程序复杂、易遗漏的问题，为新业态劳动者提供了切实的保障。

案　例

守护故事——"骑士"的伤痛与慰藉

2023 年 3 月，网约送餐员小徐，在外卖订单配送过程中，不慎发生意外，造成右开放性胫腓骨折，需住院治疗。公司工会主席得知情况后告诉小徐，他这种情况符合新就业形态劳动者"E 路守护"综合保障服务的申领条件，可以帮助小徐减轻医疗负担，并帮助小徐联系了深圳市总工会"E 路守护"项目小组。"E 路守护"项目派小组专人跟进并帮助小徐提交给付资料，为其成功申请了 3 万元的住院报销及 6 万元的伤残补贴，共计 9 万元，完全覆盖了小徐的住院医疗费用，让他可以安心治疗休养。

当工会干部前去探望时，小徐感动地说，"这是一个充满温情和爱的城市。深圳市总工会不仅为我们开展了丰富多彩的活动，还为我们的安全保驾护航，让我们感受到来自'娘家人'的关怀。日后的工作中，我会不忘初心继续努力，为建设美好深圳贡献一份自己的力量。"

小徐是深圳无数个受助的新就业形态劳动者的缩影。自深圳市总工会 2021 年 9 月推出"E 路守护"以来，该保障项目为全市 30 多万快递员、网约送餐员、网约车司机等新就业形态劳动者赠送专属保障，为近千名新就业形态劳动者送去了各种意外和疾病关爱保障，涉及金额约 2000 万元。

（3）**持续开展"暖工行动"**。通过智慧工会平台，每月"工会会员日"定期投放专属服务，面向网约车司机、快递员、外卖员等开展活动参与方式便捷、奖品种类丰富的专项活动，发放充值话费礼券、电影票、帮扶消费券等奖品。自 2021 年起，连续三年投入专项资金设立"暖工基金"，用于关爱新就业形态劳动者，通过企业定向募集、基金会及慈善会配捐支持、社会公开募捐等方式，号召全社会参与到新就业形态劳动者关爱行动中来。深圳各区工会也结合自身情况为新就业形态劳动者开展特色服务，如福田区总工会打造新就业群体专属节日"小蜜蜂节"，龙华区总工会设置新就业群体"暖蜂热线"，由专业心理咨询师为骑手等提供心理健康指导和咨询服务。

案 例

福田区打造新就业群体专属节日"小蜜蜂节"

2022 年起，福田区将每年 5 月 28 日设立为新就业群体专属节日"小蜜蜂节"。福田区总工会在市总及福田区委区政府的支持下，联合多部门并充分动员社会力量助力"小蜜蜂节"，聚焦新就业形态劳动者所思所想、所需所盼，以党建引领为核心，以线上线下联动的形式，围绕"我心向党、权益保障、关爱有加、素质提升、健康护航、风采展示"等方面，开展六大主题活动。提供红色教育、法律服务、专项慰问、夏送清凉、福田 M 餐、食物银行等各项特色服务。**党工共建打造活动"福田样板"**。结合新就业群体实际需求，牵手"党员服务市集"，以"党组织"搭台、党员干部、工会干部"摆摊"、新就业群体"赶集"特色模式，现场设置"E 路守护""互助保障"、义诊、"圆梦计划"、法律咨询等 21 个专属服务摊位。**选树形象大使塑造节日"品牌 IP"**。通过平台推荐方式，选定每届"小蜜蜂节"3 位形象大使并现场颁发聘书。形象大使赋予"小蜜蜂"IP 形象个性与品质特征，化抽象为具体，有助于建立识别度高、传播力强的鲜明独特节日品牌形象。**融合资源激活工会"公益生态"**。在市职工解困济难基金会指导下，福田区总工会于 2022 年 11 月发起成立"手牵手，心连心"福田暖工基金，引导全社会积极关心关爱新就业等群体，探索"工会动员、企业参与、职工受益"公益新模式，构建职工帮扶新格局。**点亮"暖蜂关爱地图"，数字赋能助力"15 分钟服务圈"**。针对新就业群体行走在"路上"、工作在"云上"，流动性大等特点，利用社区职工服务中心、工会大食堂、司机之家等阵地建设 127 个"暖蜂驿站"，发动 131 家"暖心商户"，制成福田"暖蜂关爱地图"，并在"i 福田"小程序和"福田工会"公众号同时上线，全覆盖打造"15 分钟"服务圈，提供累可歇脚、车可充电、热可纳凉、渴可饮水等关爱服务。

5. 强化思想引领，新就业形态劳动者技能提升有高度

切实履行好工会组织的政治责任，坚持不懈用习近平新时代中国特色社会主义思想教育引导新就业形态劳动者，增强他们对中国特色社会主义和社会主义核心价值观的思想认同、情感认同。深入新就业形态劳动者群体，广泛宣传党的路线方针政策和保障新就业形态劳动者群体权益的政策举措，将党的关怀和温暖及时送达。深入了解新就业形态劳动者群体的思想状况、工作实际、生活需求，引导他们依法理性表达利益诉求。关心关爱新就业形态劳动者，以多样性服务项目实效打动人、温暖人。在顺丰等新就业形态劳动者聚集的企业或园区，建设培训基地或教学点，为新就业形态劳动者提供学历教育、素质教育和专项培训。在全国、省、市五一劳动奖推荐及评选过程中注重选树快递员、外卖员、网约车司机等新就业形态群体优秀从业人员。在劳动和技能竞赛项目设置上向新就业形态劳动者倾斜，积极鼓励新就业形态劳动者参与职工技术创新运动会、"五小"创新竞赛等竞赛，优胜者给予相应荣誉。如在深圳市职工技术创新运动会项目中设置快递外卖行业人员、互联网营销师技能竞赛等新职业（工种）竞赛项目，罗湖区、南山区、光明区等区总工会举办了快递行业、外卖骑手等新就业形态技能竞赛。为劳动者技能提升搭建平台，营造尊重、关心新就业形态群体良好氛围，提高新就业形态劳动者职业认同感。

第八章

人才培育：社会化工会工作者队伍建设改革

习近平总书记在中央人才工作会议上指出，在百年奋斗历程中，我们党始终重视培养人才、团结人才、引领人才、成就人才，团结和支持各方面人才为党和人民事业建功立业。一直以来，深圳工会高度重视工会工作专业人才队伍建设，将之作为基层工会工作的骨干力量，夯实工会基层基础的关键所在，直接感知职工需求、响应职工诉求、服务职工群众的"工会人"。社会化工会工作者队伍的规模素质和工作水平，直接关系着工会维护职工合法权益、服务职工群众的成效，关系着工会桥梁纽带作用的发挥，抓好这支队伍建设，对于夯实基层基础，构建和谐劳动关系具有积极的意义。

（一）改革背景

为破解基层工会力量不足的问题，深圳市总工会 2009 年在龙岗区开展基层工会干部职业化试点工作，从社会公开招聘一批职业化工会工作者，安排在社区工会联合会工作。2011 年，在全市全面铺开职业化工会工作者队伍建设工作。至开展社会化工会工作者队伍改革前，全市已有 800 多名职业化工会工作者，他们在推动深圳工会工作改革创新、提高服务职工群众能力水平、构建和谐劳动关系等方面发挥出了重要的作用。但随着社会化工会工作者人员规模不断扩大，这支队伍也出现了生机和活力不足的现象，亟须进一步深化改革。

1. 为先行示范工会建设提供人才支撑的客观需要

随着经济社会的发展，深圳劳动关系发生深刻变化。广大职工特别是新生代职工权益意识日益觉醒，对实现体面劳动、个人成长成才和融入城市、共享改革发展成果等方面的需求日益增长，这迫切需要深圳工会打造一支专业、精干、高效的工会工作专业人才队伍，更好地服务职工群众。但总体上来看，深圳社会化工会工作者队伍目前仍存在数量不足、专业性不够、服务能力不强、流动性较大等问题，难以适应新形势新任务的要求，需要采取有效措施，切实加强这支队伍建设、全面提升队伍能力素质，为深圳工会工作高质量发展提供专业人才支撑。

2. 健全完善人员管理机制的迫切需要

深圳推进社会化工会工作者队伍改革的另一个原因是，社会化工会工作者队伍的招聘、配备、管理、培训、考核等方面还存在短板和不足。人员招聘方面，市总工会根据各区企业、职工数量和工业社区、园区数量等实际情况核定各区社会化工会工作者员额，各区总工会按设定员额数量自主招聘；但招聘条件主要以学历为最重要的标准，没有形成精准匹配岗位需求的招聘机制。日常管理方面，社会化工会工作者由各区总工会和街道办双重管理，管理和培养的责任主体不清，导致社会化工会工作者管理偏弱，组织归属感不够强。教育培训方面，社会化工会工作者上岗前上岗后的系统性培训较少，特别是思想政治教育等方面培训不足。考核评价方面，缺乏精准科学的考核机制，特别是缺乏激励机制和退出机制，导致"干好干坏一个样、干多干少一个样"。面对这种状况，需要系统梳理并完善社会化工会工作者全流程培育机制，在人员招聘、配备、管理、培训、考核等方面共同发力，全面提升队伍的管理专业化水平。

3. 激励工会工作专业人才担当作为的现实需要

2016 年，深圳市总工会制发社会化工会工作者管理办法，明确由市总工会按照固定标准拨付人员经费，并要求各区总工会按照一比一比例配套经费，同时争取区财政支持。但现况是各区社会化工会工作者人员经费来源不一，有的区能足额配套经费，有的未按规定配套，各区社会化工会工作者薪酬待遇差异较大。同时，社会化工会工作者整体工资收入与党建组织员等同类人员相比，相对缺乏竞争力。在职业发展上，各区总工会制定的管理办法虽有职级晋升规定，但晋升条件主要是依据工龄和年度考核评定，没有建立基于岗位权责和工作绩效的差别工资体系，造成许多社会化工会工作者觉得职业发展空间较小、制约瓶颈较大，职业发展存在"天花板""隐形门"。留住优秀人才、激励人员担当作为，调动队伍积极性和主动性，迫切需要提升社会化工会工作者队伍整体薪酬待遇并拓宽其职业发展空间和通道。

（二）改革思路

坚持党管人才，抓住加强人员管理、完善激励机制等社会化工会工作者队伍建设关键环节，确保管理体制更加科学高效、工作机制更加优化完善，队伍持续保持生机和活力。

1. 加强党的领导

进一步加强党对社会化工会工作者队伍的领导，健全领导体制和工作机制，压紧压实社会化工会工作者的管理责任，为深化社会化工会工作者队伍建设改革提供坚强的政治和组织保证。强化社会化工会工作者思想政治引领，制定培养培训计划，针对性地开展政治能力提升培训、多岗位技能提升培训，加强工会政策研究、基层工会组建、权益保障、集体协商、职工服务等方面人才培养和储备。提升社会化工会工作者政治待遇，选树一批先进典型，加强宣传引导，营造社会认可、尊重社会化工会工作者的舆论环境。

2. 服务先行示范工会建设大局

聚焦中国特色社会主义先行示范工会建设目标，围绕全总批复的六项重点改革任务，不断提升社会化工会工作者队伍的整体素质和工作能力，实现社会化工会工作者队伍建设与先行示范工会建设相适应、相协调。坚持激励和约束并重，重点在社会化工会工作者队伍建设关键环节上进行改革，完善管理体制，健全招聘录用、薪酬待遇、考核管理、激励保障、教育培训、职业发展等工作机制，努力建成一支政治可靠、心系职工、素质优良、作风过硬、来源广泛、结构合理、规模适度的社会化工会工作者队伍。

3. 突出人才管理导向

不断提高社会化工会工作者精细化管理水平，健全职业发展规划，畅通发展通道，完善更加开放、更加灵活的工会人才培养、吸引和使用机制，让社会化工会工作者的价值得到充分尊重和实现，激发和释放生机活力，激励干事创业、担当作为。落实对社会化工会工作者支持政策，不断完善社会公开招考、职业资格认定、职务职级晋升、薪酬待遇提高等方面机制。探索将社会化工会工作者纳入社工人才队伍建设体系，参照执行社工人才培养、引进、管理、保障、薪酬与奖励的工作机制。

（三）改革路径

在系统梳理全市社会化工会工作者队伍建设经验和深入调研基层上，

深圳市总工会于 2021 年 10 月制发《深圳市社会化工会工作者队伍建设改革方案》，主要在 8 个方面创新了工作机制，细分为 31 条具体任务；并按照改革方案要求，修订出台社会化工会工作者管理办法，对社会化工会工作者招聘、管理、使用、考核等方面进行完善。同时，建立改革推进落实机制，形成市区工会协同推进的局面。

1. 强化思想政治引领

落实政治责任，坚持把党的领导贯穿社会化工会工作者招聘录用、管理使用、教育培训、考核激励全过程。发挥党组织思想引领作用，保持社会化工会工作者队伍稳定，稳妥有序推进改革任务。把基层工会组织作为锻炼培养党员的重要平台，积极向同级党组织推荐政治素养高、工作业绩突出、职工群众认可的优秀社会化工会工作者。积极推荐优秀社会化工会工作者参评各级"优秀工会工作者"、五一劳动奖章、劳动模范等荣誉称号，推荐选举进入各级总工会委员会、常委会，特别优秀者可推荐为"两代表一委员"候选人建议人选等。按照政治上激励、工作上支持、待遇上保障、心理上关怀的要求，关心关爱社会化工会工作者成长成才，不断增强荣誉感、归属感、获得感。加强社会化工会工作者招聘政治把关，将社会化工会工作者招聘的政治要求落实落细，确保社会化工会工作者政治过硬。

2. 打出人才赋能"组合拳"

把深化改革作为推动基层工会干部队伍发展的根本动力，全力破除束缚社会化工会工作者队伍发展的制度障碍，构建与先行示范工会相适应的人才培养和发展机制，最大限度地激发社会化工会工作者的活力。

（1）完善成长培养机制。建立社会化工会工作者职级体系，分级评定管理社会化工会工作者，由高至低将社会化工会工作者岗位划分为五个等级（一级至五级），一级和二级社会化工会工作者实行职数管理，一级不超 5%，二级不超 20%。晋升上一级社会化工会工作者的，须任下一职级一定期限。同一职级内，年度考核结果为称职以上的，可晋升一个档次；同一职级内，有 1 次以上年度考核结果为优秀的，竞聘和晋升职级任职年限条件可适当缩短；同一职级内，年度考核结果被确定为基本称职和不称职的，该年度不计算为竞聘和晋升职级任职年限；连续两个年度考核被确定不合格的，予以劝退。各区总工会按照平等、规范、高效的原则，规范社会化工会工作者岗位等级评定和晋升程序，坚持激励保障与监督约束并重，推动形成能者上、优者奖、庸者下、劣者汰的正确导向，激励社会化工会工作者干事创业、担当作为。

（2）建立教育培训机制。将社会化工会工作者教育培训工作列入市、区两级工会重点工作，纳入上级工会对下级工会考核内容，按照周期全面轮训和年度专项培训的要求，增强教育培训针对性和实效性，提升履行主责主业的工作能力和水平。每年通过线下培训面授、网络平台学习的方式实现培训 100% 全覆盖。深入推进"工会优才"计划，将优秀的社会化工会工作者吸收到深圳工会干部教育培训师资库，积极探索建立社会化工会工作者"导师制"传帮带工作机制。编印修订《深圳工会工作手册》，强化社会化工会工作者理论学习和案例教学。加大社会化工会工作者典型选树力度，发挥先模人物示范带动作用。

（3）探索职业发展机制。进一步落实群团改革和深圳工会综合改革的要求，推荐职工认可、能力突出、经验丰富的社会化工会工作者担任各类工联会副主席职务。加强从社会化工会工作者中遴选各级总工会工作人员，探索建立紧缺社会化工会工作者直聘办法。定期抽调一批优秀的社会化工会工作者，通过挂职兼职、跟班学习等方式，到街道以上总工会锻炼提升。将取得国家社会工作者水平评价类职业资格证书的社会化工会工作者纳入专业技术人员管理范围，对持有社会工作师专业等级人员给予补贴，激励社会化工会工作者不断提高服务职工能力和水平。

3. 下好科学管理"关键棋"

完善人才管理制度，做到人才为本、信任人才、尊重人才、善待人才、包容人才。市总工会着力明确市、区两级总工会在社会化工会工作者队伍建设上职责权限，明晰社会化工会工作者岗位职责和工作内容，建立薪酬增长机制，优化综合评价机制，建立科学完善标准化的管理使用体系。

（1）**创新管理使用机制**。深化改进"社会化招聘、契约化管理、专业化培训、职业化运作"的管理使用模式，明确市、区、街道总工会和社区工联会对社会化工会工作者管理职能，形成纵向到底、密切配合的管理使用格局。对不同等级的工会联合会，结合工作实际确定社会化工会工作者数量，相应合理配置社会化工会工作者，发挥高级社会化工会工作者处理复杂工作的骨干作用。一级工会联合会要逐步配备 1—2 名一级或二级社会化工会工作者，二级工会联合会要逐步配备 1 名二级社会化工会工作者。总结应急分队组建经验，围绕工会主责主业，根据社会化工会工作者能力特长，组建基层工会组建、集体协商等业务分队，形成横向到边、条块作战的使用体系。

（2）**建立薪酬待遇增长机制**。市总工会视社会平均工资增长水平适时调整社会化工会工作者薪酬待遇，各区总工会积极争取同级财政支持，加大对社会化工会工作者经费预算投入，不断完善社会化工会工作者薪酬增长机制。建立社会化工会工作者津贴发放机制，结合各区编外人员薪酬实际，制定与社会化工会工作者岗位级别和工资级别双挂钩的津贴制度。加大保障支持力度，优化员额增补计划，及时调整社会化工会工作者费用补贴。建立推动社会化工会工作者岗位级别和工资级别挂钩制度，争取一级社会化工会工作者薪酬与所在地的社区党委书记相当。

（3）**优化综合考核评价机制**。建立社会化工会工作者评价机制，坚持德才兼备、客观公正、注重实绩的原则，克服唯资历、唯学历等倾向，注重凭能力、实绩和贡献进行考核评价。强化政治考核，严把政治关。以岗位职责和所承担的工作任务为基本依据，建立符合岗位特点的评价机制，采用平时与定期相结合，定量与定性相结合的方法组织开展。各区总工会为社会化工会工作者的考核主体，市总工会、区总工会共同对一级社会化工会工作者考核，其他层级考核由各区总工会自主开展，结果向市总工会报备。充分发挥社会化工会工作者所在基层工会组织、所服务职工会员等多元评价主体作用。强化考核结果运用，将考核工作作为社会化工会工作者队伍建设的重要抓手，提高精细化管理水平。

（四）改革成效

通过近两年的努力和改革攻坚，深圳工会在强化社会化工会工作者队伍政治引领、加强队伍建设、建立薪酬激励、建立职级晋升机制、优化考核评价及管理、探索职业发展机制、加强教育培训等方面取得了扎实成效。目前，深圳市社会化工会工作者队伍规模已近1000人，大部分年龄段为25~35岁，50%以上人员考取了社会工作、劳动关系协调、心理咨询等与工会工作相关的职业资格证书，主要配备在社区、园区、楼宇工联会及区、街道级工会机关、职工服务中心等，工作职责包括工会组建、权益维护、争议调处、困难帮扶、就业援助、教育引导、人文关怀、职业发展等，实现基层工联会有组织联结、有阵地服务、有专人干事。通过改革，基本建立起一支扎根于基层、会做群众工作的社会化工会工作者队伍，有效改变了基层工会过去无人干、不会干、不愿干的局面，为推进深圳工会综合改革、建设先行示范工会提供了坚实的人才支撑。

（1）建立了社会化工会工作者统一管理标准。按照"统一标准、权责对等、属地管理、员额管理"的原则，对社会化工会工作者的招、管、用和福利待遇等方面做出原则性规定，明确市、区总工会的管理职责，市总工会负责核定员额和经费补助，统一招聘"门槛"和准入标准，各区总工会根据实际情况选择用人方式，负责招录、管理、使用及考核。目前，各区总工会已逐步实施职级管理制度，实行由高至低一级到五级的分级管理方式，并同步建立了科学有效的考核评价机制，确定日常考核评定与等级晋升相结合，打破"你好、我好、大家好"的现状，明确能者上、优者奖、庸者下、劣者汰的正确导向；确定年度考核结果与薪酬待遇相结合，按照社会化工会工作者年度考核结果、岗位级别和工资级别发放津贴，体现差异化，给能干事、会干事、干成事的社会化工会工作者加油鼓劲。

（2）社会化工会工作者工作有劲头、发展有奔头。2022年开始，市总工会大幅提升社会化工会工作者人员经费补助，并要求各区按照1：1标准配套，薪酬待遇明显提高，职级挂钩的津贴制度有效落实，各级社会化工会工作者整体收入已达到同类别人员平均水平，部分优秀人员已超过同类别人员；一批社会化工会工作者被推荐评为"全国五一劳动奖章""全国优秀工会工作者标兵"等先模人物，部分优秀社会化工会工作者担任省总工会和市总工会常委、委员以及区总工会副主席（兼职）；一批职工认可、能力突出、经验丰富的社会化工会工作者担任工联会副主席职务，一批优秀社会化工会工作者进入深圳市工会教育培训讲师团，部分优秀社会化工会工作者通过遴选进入各级总工会工作，充分调动了社会化工会工作者的积极性，有效激发队伍的干事创业热情，为深圳工会综合改革注入活力。

（3）社会化工会工作者队伍整体素质和工作成效得到全面提升。2022年以来，市总工会印发《深圳市总工会干部教育培训改革实施方案》，专门将社会化工会工作者培训纳入年度培训计划和网络培训任务，强化社会化工会工作者理论学习和案例教学，并安排一批社会化工会工作者轮流到市总工会各业务部门跟班学习，全面提升社会化工会工作者在基层工会建设、权益保障、集体协商、职工服务等方面业务能力。同时，根据社会化工会工作者能力特长，专门组建了基层工会组建、集体协商等应急分队，培养了市总工会牵头统筹、各区配合调度使用的专项工作人才队伍，高质量完成一批急难险重的工作任务，有效将社会化工会工作者队伍建设与工会综合改革深度融合，社会化工会工作者参与建设先行示范工会作用更加凸显。

案 例

坪山区总工会全面加强社会化工会工作者队伍建设

在市总工会和坪山区委的坚强领导下，坪山区总工会坚持把社会化工会工作者队伍建设作为工作重中之重，坚持业务工作和队伍管理"两手抓、两促进"的工作思路，通过增加员额数量、完善薪酬制度、加强队伍管理等系列举措，不断增强社会化工会工作者的获得感、成就感、责任感和归属感。

1. 完善体系、规范管理，社会化工会工作者获得感增强

一是高标准公开招录人员。始终坚持"公平公正、优中选优"的原则，通过笔试、面试及面谈相结合的方式面向社会公开招录社会化工会工作者，目前实际在岗 62 人，其中 18 名社会化工会工作者因业务素质过硬、工作表现突出，被推选为社区工联会副专职主席。二是健全完善管理制度。及时修订《坪山区社会化工会工作者管理办法》，进一步规范和完善社会化工会工作者的工作职责、人事管理和绩效考核等事项，有效提升社会化工会工作者主动性和积极性。制定《深圳市坪山区社会化工会工作者季度考核办法（试行）》，将考核结果应用于奖惩、培训、轮岗、定级、晋升等方面，管理的科学化和民主化、制度化明显提升，"比学赶超"工作氛围更加浓厚。三是提升薪酬福利待遇。区总工会积极争取区委支持，全区社会化工会工作者统一纳入区委组织部管理，工资福利待遇在参照坪山区公共辅助员综合管理岗工资标准的基础上，人员经费除上级工会补助外，其余均由区财政兜底，同时，畅通薪酬晋级通道和意见反馈渠道，有效缓解"招得进，留不住"问题，坪山区目前社会化工会工作者年流失率控制在 5% 以内。

2. 强化培训、培养能力，社会化工会工作者成就感增强

一是强化思想政治建设。以全面学习贯彻习近平新时代中国特色社会主义思想为重点，邀请党校教授、国安干警、工会业务专家和优秀工会主席等授课，通过集中学习、专题讲座、参观红色教育基地和先进企业工会等多种形式，坚定工会干部对党的忠诚和践行初心使命的自觉性。二是加强素质建设。常态化开展每周"一篇信息、一次例会、一个课堂"活动，不定期举办公文写作、舆情应对、政务礼仪等基础课程，工会组建、法律、财务及会员卡办理等业务课程和意识形态安全教育课程，持续提升社会化工会工作者能说、会写、善协调的能力。三是开展大轮训。采取"以带促训"跟班学习的形式，派驻社会化工会工作者到坪山区公惠社会工作服务中心，围绕工会理论、组织建设、沟通协商、活动策划、和矛盾化解等，全面学习企业工会工作方法，提升实操能力。四是搭建交流学习平台。定期开展社会化工会工作者经验分享交流会、素质拓展等团建活动，促进工会各级干部之间的交流互动，增强队伍的向心力和凝聚力。参与打造坪工大讲堂项目，社会化工会工作者从基层工作经验、典型案例入手"现身说法"，深入浅出的讲理论、讲业务，用基层经验回应基层、服务基层，坪工大讲堂项目全面提升企业工会干部综合能力成果获《工人日报》报道。组建由坪山区社会化工会工作者为班底的深圳代表队，参与第二届全国集体协商竞赛并荣获一等奖。

3. 服务大局、压实担子，社会化工会工作者责任感增强

一是打造应急处置力量。制定应急分队建设方案，从社会化工会工作者队伍中考核选拔一批队员，除处理重大纠纷、应对突发事件外，日常深入社区、企业和职工中开展建会、普法、集体协商等工会有关业务的宣讲教育和培训工作。二是积极参与基层治理。将应急分队建设与"平安建设"有机结合，抽调人员参与区委关注的急难险重任务，参与文明城市创建、劳资纠纷排查等重点工作，主动融入党领导下的社会治理格局。近三年来，坪山区社会化工会工作者有效解决近 4000 宗劳资纠纷。三是

全面参与疫情防控工作。疫情发生以来，全体社会化工会工作者在做好日常工作之余，认真落实疫情防控有关工作部署，积极投身疫情防控工作一线，奋战在流调专班、社区卡口、核酸检测点、三人小组等抗疫岗位，参与人数达 1500 人次，得到了区委、街道党工委和专班领导的一致肯定和表扬。

4. 注重关怀、凝聚人心，社会化工会工作者归属感增强

一是制度化做好工作汇报。区、街道总工会每周召开工作例会，每月召开区、街工会主席例会，及时了解社会化工会工作者思想动态、工作进展、现实表现，现场协调、研究解决就工作和生活中存在的困难，实现区、街纵向沟通合作，明显提高社会化工会工作者工作执行效率。二是常态化做好建议反馈。区总工会领导定期带队走访街道总工会，与社会化工会工作者座谈，及时掌握社会化工会工作者工作生活情况，常态化听取意见建议；同时，发挥区总工会作为坪山区"社会化工会工作者培训学校"的作用，常态化将有区总工会工作经历的社会化工会工作者下派街道总工会，加强内部人员岗位轮换。三是长效化做好关怀慰问。建立社会化工会工作者关心关爱机制，特别是区、街两级工会领导通过电话联系、节日慰问等多种方式送温暖，持续提振社会化工会工作者的精气神，营造出开心工作、快乐生活的氛围。

第九章

继往开来：先行示范工会探索实践步入新阶段

2021 年以来，工会综合改革从顶层设计到全面落地不断深化，工会各项工作亮点纷呈，工会工作生态体系逐步确立。

（一）逐渐形成从点到面，协同有序推进改革的工作格局

深圳工会综合改革经过前期顶层设计、立柱架梁，到中期品牌化、平台化全面推进，再到构建生态、系统集成，已经由工会联合会综合改革一个点上的改革，转为六项改革共同推进的六条线上的综合改革，实现改革从点到线协同推进，基本涵盖了职工思想政治引领、基层组织建设、维权服务、建功立业等工会重点工作，实现工会工作的全面改革创新。

就工会综合改革的具体推进过程来看，深圳工会积极发掘各区总工会、各有关部室在推进改革中的亮点工作，及时梳理总结经验，召开全市各级工会的改革经验现场交流推广会，推广复制优秀的改革经验。2021 年以来，先后召开了多形式多层级劳资沟通协商机制暨企业民主管理工作现场经验推广会、先行示范工联会创建暨工匠体系建设现场经验交流会等 18 场现场交流推广会，创建南山区高新园区工联会、特区建工学院等 41 个改革示范点，实现改革优秀经验的全面铺开和积极落地。

（二）各项工作总体上呈现"提质扩面增效"的发展态势

在"提质"方面，深圳工会一方面着力强化制度建设，不断健全制度框架、创新工作制度，规范工作流程，在基层组织建设、维权服务、社会化干部管理等方面建立34个制度文件，形成了更加完善的制度体系，推动各项工作规范化开展。另一方面牢固树立精品意识、创新意识，推动各项重点改革举措项目化、品牌化，打造了"深 i 工"平台、"深圳工匠"选育、《工夫》纪录片等28个凸显深圳工会特色、适应时代和职工需求的工会工作品牌，形成了深圳工会工作的品牌矩阵，实现各项改革抓铁有痕、踏石留印。

在"扩面"方面，一是扩大服务职工的覆盖面。通过完善智慧工会线上服务体系和各级工会组成的线下服务体系，不断延伸工会工作触角，推动工会工作触达更多职工群众。二是扩展服务内涵。根据职工实际需求不断丰富维权服务工作的内涵，有机融合工会服务项目，延长工作链条，推动职工维权服务从物质向精神延伸，从单一对象向多元主体的扩展。如在工会参与基层社会治理改革中，创新开展工伤探视"一键服务"，拓展探视服务内容，在传统帮扶方式的基础上，增加法律咨询和援助、心理健康帮扶等服务，同时关注职工法律服务需求和心理状况；延长探视服务链条，将工伤探视与职工维权、困难帮扶、安全生产等工作有机结合，加大工伤事故多发企业安全生产排查督查力度；建立线上一键申请和线下社工排查的工伤探视需求感知双渠道，将工会服务精准送到最有需要的职工身边。

在"增效"方面，改革广泛应用"分类分层分级"的工作方法，实现基层工会组织的精细化管理、工会资源的精准配置、职工维权服务的有效供给。全面推进多元主体参与工会维权服务工作，通过凝聚共识、搭建平台，充分调动各区各产业工会、行业主管部门、企事业单位、社会组织等力量，为职工提供更加充分的维权服务。如，在产业工人思想政治引领与技能提升工作中，创新举办深圳市职工"五小"创新与质量技术成果竞赛，将职工"五小"（小发明、小创新、小革新、小设计、小建议）竞赛与质量技术成果竞赛整合推进，联合市工信局、市科创委、市质量协会等单位，搭建职工技术创新和质量提升综合交流平台，共吸引来自各行业的408个项目参与竞赛，行业涉及战略性新兴产业、制造业、服务业、建筑业等各行各业，有效满足职工多样化技能提升需求。

（三）工会工作日益呈现体系化、生态化特征

工会综合改革在系统性、集成性上下功夫，将改革过程中建立的项目、品牌和平台，按照职工的需求种类、服务职工渠道方式等原则，进行有机整合，形成体系，为充分发挥党联系职工桥梁纽带作用提供了有力保障。

1. 构建职工思想引领生态系统

围绕构筑共同思想基础，建立"打造品牌—组建团队—搭建平台—深入职工开展服务"的工作闭环。通过实施"强工铸魂"计划、创新举办深圳职工"音乐节""文化节"和"体育节"等文化活动、创建深圳工会媒体融合中心等打造系列职工宣传文化品牌；积极组建深工合唱团、深工摄影团、职工唱作团、职工诗文创作诵读团等职工文化团体；实施项目、开展文艺演出下基层活动、推动等活动，搭建了"职工文化大讲堂""欢乐在鹏城"、劳模讲师团下基层等依靠职工服务基层职工的平台载体。全面扩大思想引领覆盖面，充分激发和调动职工群众的积极性和创造性，实现思想引领从职工中来、到职工中去，形成引领示范带动效应。

2. 构建职工成长成才生态系统

围绕引导职工建功立业，打造"培训—竞赛—荣誉—传承"的工作闭环，

建立了开放多元的职工教育培训体系；层级丰富、纵向贯通的竞赛体系；整体性更强、辐射范围更广的先模荣誉体系以及劳模工匠人才教育传承体系，搭建职工培养和发展的通道，推动建立技能型职工和工匠人才反哺回馈社会、示范影响带动更多职工的良性循环。

3. 构建职工维权服务生态系统

围绕工会基本职责，建立"预防—疏通—调解—保障"的职工维权服务工作闭环。通过创建劳动领域风险隐患预警处置"211"工作体系、联系重点企业专项工作机制，建立矛盾排查预警机制；通过"深圳职工诉求响应系统"、多形式多层级劳资沟通机制，进一步完善职工利益诉求表达机制；通过打造"3+N"工会法律服务体系，健全依法调处劳资矛盾机制。通过打造工会"一体两翼"五重帮扶保障工作体系、加大重点职工群体权益保障力度、构建职工心理健康服务体系，建立工会特色的帮扶救助机制。推动矛盾化解在基层、解决在萌芽，最大限度地解决职工合法诉求，织牢职工群众权益保障网，切实增强职工群众获得感、幸福感、安全感，维护社会公平正义。

4. 完善线下工会组织服务网络

按照全总"县级工会加强年"中"五强"和省总"七个全覆盖"的要求，建设以工联会为重点的基层工会组织，切实让基层工会建起来、转起来、活起来、强起来；完善社会化工会工作者队伍建设，打造一支沉得下、留得住、能管用的社会化工会工作者队伍；建立"1+11+N"职工服务阵地网络，建成智慧阵地系统"一张地图"，构建了遍布全市、智慧便捷的职工服务阵地体系。实现工会组织、队伍和阵地建设的全面加强，形成横向到边、纵向到底的工会组织服务网络。

5. 建成线上智慧工会服务体系

按照问题导向、系统思维，坚持顶层设计和建设探索"两手抓"，坚持基础建设与迭代升级同步推进，创建了安全、高效、可持续的适合工会信息化建设的长效专业化运营模式，推动智慧工会融入智慧城市建设大局；强化智慧工会顶层设计，形成智慧工会立体化、协同化发展格局。推行智慧服务新模式，为职工群众提供点到点、端到端、线上线下融合的"O2O"服务。已基本实现工会主业"一网通办"、工会服务"一键获取"、工会数据"一屏总览"，搭建起了线上线下融合发展的智慧工会服务体系，推动智慧工会建设成为工会综合改革成效的集大成者，成为先行示范工会的"重要窗口"。

（四）探索形成了引导职工群众感党恩、听党话、跟党走的实践路径

工会综合改革以扎实有效举措，提高职工维权服务工作的质量和效率，加大重点职工群体的服务力度。坚持眼睛向下，面向基层、面向相对弱势群体，打造星级工会，创新推出"E路守护""建工守护""家政守护""环卫守护"等"守护系列"综合保障服务项目，将工会的维权服务送到基层一线职工身边，解决好职工急难愁盼的劳动经济权益保障等问题。通过做好维护职工群众切身利益的工作，促进社会公平正义，赢得职工群众的信赖和支持，让职工切实感受到党委政府和工会的温暖与关怀，引导职工感党恩，继而引导职工听党话、跟党走，将广大职工紧密团结在党的周围。

2022 年 7 月，全总召开专题视频调研座谈会，全面听取深圳推进工会综合改革、建设先行示范工会有关情况汇报。时任中华全国总工会党组书记、副主席、书记处第一书记陈刚在听取汇报后，对深圳工会改革所取得的成绩给予充分肯定，并在有关调研报告上，批示肯定深圳市总工会在推进工会综合改革方面取得的可喜成绩，要求进一步总结、交流、推广。全国总工会在全国工会系统对深圳工会综合改革经验进行了通报推广。深圳工会

综合改革项目被深圳市委评为 2022 年度深圳市优秀改革案例。

2023 年 5 月，中华全国总工会党组书记、副主席、书记处第一书记徐留平来深调研，专题听取了深圳工会综合改革和智慧工会建设情况汇报，充分肯定深圳工会改革创新成绩，并要求深圳工会继续努力、再接再厉，进一步全面深化工会综合改革，既要走在前列，更要为全国工会系统闯出一条新路，着力打造工会工作的"深圳模板"。这对先行示范工会建设提出了新的更高要求。

第三篇

笃行不殆再奋进：构建
"四力"能力体系

篇首语：

在纵深推进工会综合改革的新阶段，深圳工会坚持以习近平新时代中国特色社会主义思想为指导，全面总结工会改革发展的实践探索，回应新时代新征程新要求，遵循党的群团工作规律，以保持和增强政治性、先进性、群众性作为根本标尺和长期任务，探索建设以感知力、响应力、影响力、凝聚力为核心的中国式现代化工会组织能力体系。按照体系化、标准化、数字化、通用化的"四力"能力体系发展路径，推动形成金字塔式线下组织体系和扁平化线上服务体系互为补充、协同配合、全面覆盖的职工维权服务网络，不断提高服务职工群众本领、防范化解风险本领、助力高质量发展本领，切实发挥党联系职工群众的桥梁纽带作用。

第十章

遵循规律：建设中国式现代化工会组织能力体系的思考

认识的产生主要来自两个方面：一是对时代和历史发展的思考，提出适应时代主题，顺应历史发展态势的认识。二是来自创新实践的思考，既是对实践的高度抽象概括，又是对实践的超越提升。深圳工会提出建设中国式现代化工会组织能力体系，这一认识，既是对时代发展趋势的思考，也是对先行示范工会建设的思考；是基于对习近平新时代中国特色社会主义思想深入学习、深刻领悟的结果，是对新时代提出的新要求、新任务做出的积极回应；是基于工会综合改革取得了显著成绩，改革还需百尺竿头更进一步的思考认识和必然行动。

（一）建设中国式现代化工会组织能力体系是贯彻落实党的二十大精神的具体体现

党的二十大科学谋划了未来一个时期党和国家事业发展的目标任务和大政方针，擘画了以中国式现代化全面推进中华民族伟大复兴的宏伟蓝图，明确提出："从现在起，中国共产党的中心任务就是团结带领全国各族人民全面建成社会主义现代化强国、实现第二个百年奋斗目标，以中国式现代化全面推进中华民族伟大复兴。"党的二十大报告指出，"中国式现代化，是中国共产党领导的社会主义现代化"，并将"坚持中国共产党领导""坚持中国特色社会主义"作为中国式现代化本质要求的两个重要方面，将"坚持和加强党的全面领导""坚持中国特色社会主义道路"作为前进道路上必须牢牢把握的两项重大原则。

工人阶级是我国的领导阶级，是我国先进生产力和生产关系的代表，从来都具有走在前列、勇挑重担的光荣传统，必须在中国式现代化建设中发扬主人翁精神。工会作为工人阶级最基本和最直接的组织形式，必须全面提升能力水平，建立与中国式现代化相匹配的能力体系，更好凝聚起推进中国式现代化的强大力量。

深圳工会以建设中国特色社会主义先行示范工会为目标，承担着为中国特色社会主义工会发展道路先行探路的使命和责任，必须紧跟时代的发展，率先建设中国式现代化工会组织能力体系，推动中国特色社会主义工会发展道路朝着中国式现代化的方向不断拓展。

（二）习近平新时代中国特色社会主义思想的世界观和方法论为建设中国式现代化工会组织能力体系提供了思想武器和行动指南

科学的世界观和方法论是研究问题、解决问题的"总钥匙"。党的二十大报告把习近平新时代中国特色社会主义思想的世界观和方法论精辟概括为"六个坚持"，即必须坚持人民至上，坚持自信自立，坚持守正创新，坚持问题导向，坚持系统观念，坚持胸怀天下。"六个必须坚持"深刻揭示了习近平新时代中国特色社会主义思想的理论品格和鲜明特质，是深刻理解习近平新时代中国特色社会主义思想必须牢牢把握的基本点，是继续推进理论创新必须始终坚持的基本点，也是全面推进中国式现代化、实现中华民族伟大复兴所必须坚持的立场观点方法，为深圳工会建设中国式现代化工会组织能力体系提供了重大理论引领和实践指导。

必须坚持人民至上。习近平总书记指出，人民性是马克思主义的本质属性，党的理论是来自人民、为了人民、造福人民的理论，人民的创造性实践是理论创新的不竭源泉。一切脱离人民的理论都是苍白无力的，一切不为人民造福的理论都是没有生命力的。我们要站稳人民立场、把握人民愿望、尊重人民创造、集中人民智慧，形成为人民所喜爱、所认同、所拥有的理论，使之成为指导人民认识世界和改造世界的强大思想武器。**坚持人民至上，**要求中国式现代化工会组织能力体系建设，必须坚持以职工为中心，围绕职工需求开展工会工作，深入到职工群众之中，真实反映职工群众愿望，真情关心职工群众疾苦，切实解决职工群众的急难愁盼，当好职工群众的"娘家人"；要求建立依靠职工群众的工作机制，充分调动职工群众参与中国式现代化建设的积极性、主动性和创造性。

必须坚持自信自立。习近平总书记指出，中国人民和中华民族从近代以后的深重苦难走向伟大复兴的光明前景，从来就没有教科书，更没有现成答案。党的百年奋斗成功道路是党领导人民独立自主探索开辟出来的，马克思主义的中国篇章是中国共产党人依靠自身力量实践出来的，贯穿其中的一个基本点就是中国的问题必须从中国基本国情出发，由中国人自己来解答。我们要坚持对马克思主义的坚定信仰、对中国特色社会主义的坚定信念，坚定道路自信、理论自信、制度自信、文化自信，以更加积极的历史担当和创造精神为发展马克思主义作出新的贡献，既不能刻舟求剑、封闭僵化，也不能照抄照搬、食洋不化。**坚持自信自立，**要求深圳工会自信、自立、自强，在中国式现代化工会组织能力体系建设过程中，坚定走中国特色社会主义工会发展道路的信心和决心，坚定"四个自信"、强化工会组织自身能力，继续推进实践基础上的理论创新，不断谱写中国特色社会主义工会发展道路新篇章。

必须坚持守正创新。习近平总书记指出，我们从事的是前无古人的伟大事业，守正才能不迷失方向、不犯颠覆性错误，创新才能把握时代、引领时代。我们要以科学的态度对待科学、以真理的精神追求真理，坚持马克思主义基本原理不动摇，坚持党的全面领导不动摇，坚持中国特色社会主义不动摇，紧跟时代步伐，顺应实践发展，以满腔热忱对待一切新生事物，不断拓展认识的广度和深度，敢于说前人没有说过的新话，敢于干前人没有干过的事情，以新的理论指导新的实践。**坚持守正创新**，要求深圳工会在中国式现代化工会组织能力体系建设探索创新中，坚持党的领导不动摇，坚持中国特色社会主义工会发展道路不动摇，顺应深圳工会综合改革实践发展，敢于探索、敢于创新，努力探求符合深圳工会发展实践的新方法、新路径。

必须坚持问题导向。习近平总书记指出，问题是时代的声音，回答并指导解决问题是理论的根本任务。今天我们所面临问题的复杂程度、解决问题的艰巨程度明显加大，给理论创新提出了全新要求。我们要增强问题意识，聚焦实践遇到的新问题、改革发展稳定存在的深层次问题、人民群众急难愁盼问题、国际变局中的重大问题、党的建设面临的突出问题，不断提出真正解决问题的新理念新思路新办法。**坚持问题导向**，要求中国式现代化工会组织能力体系着眼于解决先行示范工会建设的实际问题，从工会综合改革的实践中来、到纵深推进工会综合改革的实践中去，不断求索可用、管用的解决问题的方法路径。

必须坚持系统观念。习近平总书记指出，万事万物是相互联系、相互依存的。只有用普遍联系的、全面系统的、发展变化的观点观察事物，才能把握事物发展规律。我国是一个发展中大国，仍处于社会主义初级阶段，正在经历广泛而深刻的社会变革，推进改革发展、调整利益关系往往牵一发而动全身。我们要善于通过历史看现实、透过现象看本质，把握好全局和局部、当前和长远、宏观和微观、主要矛盾和次要矛盾、特殊和一般的关系，不断提高战略思维、历史思维、辩证思维、系统思维、创新思维、法治思维、底线思维能力，为前瞻性思考、全局性谋划、整体性推进党和国家各项事业提供科学思想方法。**坚持系统观念**，要求中国式现代化工会组织能力体系，必须是一个有机整体，必须是反映工会工作规律、推动工会工作质量全面提升的能力体系，能够推动工会工作前瞻性思考、全局性谋划、整体性推进。

必须坚持胸怀天下。习近平总书记指出，中国共产党是为中国人民谋幸福、为中华民族谋复兴的党，也是为人类谋进步、为世界谋大同的党。我们要拓展世界眼光，深刻洞察人类发展进步潮流，积极回应各国人民普遍关切，为解决人类面临的共同问题作出贡献，以海纳百川的宽阔胸襟借鉴吸收人类一切优秀文明成果，推动建设更加美好的世界。**坚持胸怀天下**，要求深圳工会建设中国式现代化工会组织能力体系过程中，要胸怀"国之大者"，面向世界、面向未来，立足于时代发展需要，把握时代发展脉搏，汇聚职工群众的力量，引导广大职工群众积极投身到以中国式现代化全面推进中华民族伟大复兴的时代洪流。

（三）习近平总书记关于工人阶级和工会工作的重要论述为建设中国式现代化工会组织能力体系指明了方向

党的十八大以来，习近平总书记站在党和国家事业发展全局的高度，围绕工人阶级和工会工作多次发表重要讲话、作出重要指示，深刻阐明了工人阶级和工会工作的地位作用、目标任务、实践要求，科学回答了工人阶级和工会工作的一系列方向性、根本性、战略性重大问题，形成了习近平总书记关于工人阶级和工会工作的重要论述。

习近平总书记关于工人阶级和工会工作的重要论述，是习近平新时代中国特色社会主义思想的重要组成部分，主要包括 8 个方面：一是坚持党对工会工作的领导，强调工会必须坚决维护党中央权威和集中统一领导，始终在政治立场、政治方向、政治原则、政治道路上同党中央保持高度一致。

二是坚持全心全意依靠工人阶级，强调全心全意依靠工人阶级要贯彻到党和国家政策制定、工作推进全过程，落实到企业生产经营各方面。三是坚持为实现中华民族伟大复兴的中国梦而奋斗的时代主题，强调工会要牢牢把握这个主题，把推动科学发展、实现稳中求进作为发挥作用的主战场，把做好新形势下职工群众工作、调动职工群众积极性和创造性作为中心任务，把巩固党执政的阶级基础和群众基础作为政治责任。四是坚持中国特色社会主义工会发展道路，强调要保持战略定力，增强坚持和拓展这条道路的责任心和使命感，努力使这条道路越走越宽广。五是坚持弘扬劳模精神、劳动精神、工匠精神，强调劳模精神、劳动精神、工匠精神是以爱国主义为核心的民族精神和以改革创新为核心的时代精神的生动体现，是鼓舞全党全国各族人民风雨无阻、勇敢前进的强大精神动力。六是坚持高举维护职工合法权益旗帜，强调工会要认真履行维护职工合法权益、竭诚服务职工群众的基本职责，把服务职工、维护职工合法权益的大旗牢牢掌握在手中。七是坚持增强政治性、先进性、群众性的工会改革方向，政治性是工会组织的灵魂，先进性是工会工作的重要着力点，群众性是工会组织的根本特点，强调加强和改进新形势下工会工作，最重要的是要保持和增强政治性、先进性、群众性。八是坚持加强基层工会建设，强调必须眼睛向下、面向基层，把力量和资源向基层倾斜投放，让职工群众真正感受到工会是职工之家。[1]这为做好新时代工会工作提供了根本遵循。

习近平总书记强调，坚持增强政治性、先进性、群众性的工会改革方向；强调加强和改进新形势下工会工作，最重要的是要保持和增强政治性、先进性、群众性。深圳工会建设中国式现代化工会组织能力体系，主要目的就是通过深化改革，加强和改进新形势下工会工作，全面建设先行示范工会。因此，我们将保持和增强政治性、先进性、群众性，作为建设中国式现代

---

[1] 徐留平：开创新时代工运事业和工会工作新局面 [N]. 学习时报，2023-8-4（1974）

化工会组织能力体系的根本标尺和长期任务。

（四）建设中国式现代化工会组织能力体系是深圳工会作为全国工会改革试验场的必然要求

做好工会工作需要从繁杂问题中把握工作的规律性、从苗头问题中发现工作的趋势性、从偶发问题中认识事件发展的必然性。一直以来，深圳工会紧跟时代发展潮流，不断改革创新，探索出了"蛇口模式""宝安模式""理光经验""3+N"法律服务体系等在一系列全国工会系统推广的经验。这些经验一方面为深圳进一步改革创新提供了借鉴、奠定了基础，另一方面也为全国工会创新发展提供了一系列深圳方案。但这些分散在思想政治引领、组织建设、维权服务、建功立业等方方面面的"深圳方案"，如果不加以总结提升，形成规律性的认识，那么只会成为解决一时问题、一处问题的经验，无法系统解决工会组织存在的共性不足，无法从根源彻底解决问题，深圳工会就没有充分发挥全国工会改革试验田、排头兵的作用。

因此，深圳工会全面总结改革经验，致力于找到工会工作的规律性、趋势性、必然性，以能力体系建设为"法宝"，探索提供一整套方法，系统性、根本性解决工会工作问题，努力为全国工会改革创新贡献更多深圳力量。

（五）深圳工会综合改革从重点突破到整体推进为建设中国式现代化工会组织能力体系提供了实践基础

能力建设是一个组织保持持续竞争优势的源泉，决定了组织的兴衰。近年来，深圳全力推进工会综合改革，形成了从"点"到"线"到"面"，从"孤立封闭"到"系统协同"的体系化改革路径。工会各项工作呈现提质、扩面、增效的发展态势，改革取得阶段性成效，积累了大量实践经验，也为下一步的发展奠定了坚实基础。同时，在改革实践中也发现，无论是点、线还是面的改革，都离不开组织能力的提升，组织能力越强，所能推动的改革覆盖面越大、纵深度越强。过去通过点、线的改革来解决工会工作局部问题、提升工会组织某项能力。但随着改革的全面深入，面临新形势新任务新挑战，需要全面系统加强组织能力体系建设，才能不断增强深圳工会全面改革创新与破解系统性问题的本领，才能确保先行示范工会建设行稳致远。

因此，深圳工会将能力体系建设摆在工会综合改革工作突出地位，坚持用系统思维指导、引领、推动能力体系建设，统筹兼顾、整体施策、多措并举，不断增强深圳工会能力本领，纵深推进工会综合改革，奋力在建设中国特色社会主义工会发展道路上走在前列、勇当尖兵。

基于上述时代要求、理论指引、实践基础，深圳工会勇担先行示范工会的责任使命，主动服务中国式现代化大局，提出将中国式现代化工会组织能力体系建设作为一项根本建设，全面提高服务职工群众本领、防范化解风险本领、助力高质量发展本领，系统推进工会综合改革纵深发展，不断保持和增强政治性、先进性、群众性，切实发挥党联系职工群众的桥梁纽带作用，不断丰富中国特色社会主义工会发展道路的理论特色和实践特色。

第十一章
认知升华："四力"概念与发展路径

实践是理论之源。建设中国式现代化工会组织能力体系，需要从工会改革发展的实践中寻求答案。深圳工会在全面总结分析这几年综合改革创新做法的基础上，通过归纳典型经验的共性特点，探求工会工作的规律。从中认识到，作为党的群团组织，着眼于全面深入感知职工冷暖，快速响应解决职工诉求，不断扩大工会组织在职工群众中的影响，将广大职工紧紧凝聚在工会组织周围，才能团结引导职工感党恩、听党话、跟党走。为此，深圳工会提出将感知力、响应力、影响力、凝聚力作为中国式现代化工会组织能力体系建设的核心要素，在更广范围、更深层次、更高水平上领悟和贯彻习近平总书记关于工人阶级和工会工作的重要论述，系统推动深圳工会高质量可持续发展。

（一）"四力"内涵

1. 感知力的内涵

（1）**感知力的提出**。工会综合改革创建了深圳职工诉求响应系统、工伤探视"一键服务"、工会大食堂等多个在职工群众中取得了良好的反响的维权服务品牌，切实解决了诸多职工群众关心关切的痛点、难点问题。这些工作是根据职工需求开展的，具有很强的针对性，所以服务措施更精准、成效更明显、职工认可度更高。其中，深圳职工诉求响应系统，用信息化手段更好感知职工需求、畅通职工诉求表达渠道、及时分析职工需求，为有效解决职工个性和共性需求提供了前提和基础。自2022年12月系统建成以来，共收集诉求近3万条，解决率超过90%，成为高效感知职工需求的重要平台。工伤探视"一键服务"，拓展工伤职工需求感知渠道，通过各级工会报告、工会在医院常驻社工主动发现以及工伤职工线上自主申报等多种方式，建立了及时、全面发现工伤职工的工作机制，实现工伤职工"应探尽探"。工会大食堂服务项目，根据市总工会调查走访和基层工会组织的反映的情况，聚焦部分产业园区内缺少餐饮区域和商家，缺少集中饭堂，导致职工群众"就餐难、就餐贵"问题，创新融合多项职工服务要素，全面推进工会大食堂标准化品牌化建设，实现对这部分职工群体的需求的有效满足。

上述改革实践为深圳工会进一步保持和增强群众性，作出了探索、提供了启示和借鉴，即充分感知职工需求对维权服务项目或品牌的生命力起着决定性作用；从职工需求出发谋划开展工作是工会工作有效性的前提和基础。因此，深圳工会提出将"感知力"作为中国式现代化工会组织能力体系的第一个核心要素。

（2）**感知力的目标**。群众性是群团组织的根本特点。习近平总书记指出，工会要把竭诚为职工群众服务作为工会一切工作的出发点和落脚点，全心全意为广大职工群众服务。并强调要克服以主观想象代替群众真实需求的倾向，把握群众所需所急所盼，少搞一些强加于群众的活动，多提供一些对路的服务。要克服以点带面，以服务和维权的个别成功案例来包装整个工作的倾向，全面了解所联系群众的共性需求和存在的普遍性问题。[1]

---

[1] 习近平 加强和改进党的群团工作 2015年7月6日《习近平著作选读》第一卷（360-371）

所以，对于工会感知力建设而言，一是要精准感知职工群众所需所盼，了解职工个性需求；二是要全面了解职工群众共性需求和存在普遍问题。因此，感知力建设的主要目标为，敏锐全面感知职工群众个性和共性需求，为提供对路服务奠定基础。

（3）**增强感知力的方法**。经过40年的改革探索，深圳工会已经初步建立感知职工需求的渠道，在维护职工合法权益方面，建立了劳资纠纷预警体系；在服务职工方面，建立了职工服务需求定期收集机制；在引导职工建功立业方面，建立了劳动竞赛项目与产业布局联动机制等等。特别是近年来通过工联会综合改革、智慧工会建设等工作，又进一步畅通了工会组织线上线下的神经末梢，具备了一定感知职工需求的能力。但仍需直面传统工作模式在感知职工需求方面存在的问题：**一是**与庞大的职工队伍相比，工会工作人员不足，人力资源捉襟见肘。**二是**金字塔式工会组织架构，层层传导，感知难免弱化或变异，感知效率低。三是无法精准感知互联网时代广大职工特别是新生代职工差异化需求，感知难以触达千万职工。深圳工会进一步总结提炼改革的经验和做法，从技术、组织和行为等多个层面，探索通过"线上线下＋主动被动"等方法，着力扩大感知畅通性、敏锐性、精准性，推动形成全渠道、多触角、快研判的工会组织感知力。

综上，感知力是指运用线上、线下等多种方式，畅通感知渠道、健全工作机制、加强分析研判，实现对职工个性和共性需求有效感知和察觉的能力。感知力明确了工会工作以职工需求为导向，敏锐全面的感知力是工会"娘家人"作用发挥的基础。

2. 响应力的内涵

（1）**响应力的提出**。感知职工群众需求，是开展工会工作的起点，切实回应职工群众的新期待、满足职工群众的新要求，是检验工会组织能力的"试金石"。感知与响应是工会维权服务工作的一体两面，密不可分，体现职工需求侧与工会供给侧的协同联动，体现了坚持以人民为中心的世界观，体现了工会以职工为本的工作理念。因此，深圳工会将"响应力"作为中国式现代化工会组织能力体系的第二个核心要素。

（2）**响应力的目标。** 习近平总书记指出，在前进道路上，我们要始终实现好、维护好、发展好最广大人民根本利益，让改革发展成果更多更公平惠及人民。人民对美好生活的向往，就是我们的奋斗目标。全心全意为工人阶级和广大劳动群众谋利益，是我国社会主义制度的根本要求，是党和国家的神圣职责，也是发挥我国工人阶级和广大劳动群众主力军作用最重要最基础的工作。[1]

因此，工会组织增强响应力的目标是在有限的资源和手段下，更好地满足不同类型职工需求，实现好、维护好、发展好最广大职工的根本利益。根据工会改革实践，具体可以从以下四个维度来理解响应力目标：从响应对象来看，要实现响应覆盖面广、重点更突出，即在现有资源条件下响应更多职工，同时重点关注新就业形态劳动者、困难职工群体、工伤职工的利益诉求；从响应手段来看，要实现更加智慧、精准，提高响应的效率；从响应内容来看，要实现更加系统、丰富，即在工会职责方位内，根据职工需求，建立以职工为中心的工作体系；从响应主体来看，要实现更加多元、联动更加紧密，调动更多资源充分响应职工多样化诉求。

（3）**增强响应力的方法。** 工会综合改革过程中，深圳工会全面推进"守护系列"保障服务项目、"一体两翼"帮扶保障工作体系、"1+20+100"产业工人培训阵地网络、"3+N"法律服务体系、智慧工会九大应用场景建设等工作，积极响应职工个性和共性维权服务需求，充分保障职工劳动经济权益、民主政治权利、精神文化权益。其中，"守护系列"保障服务项目，

---

[1] 习近平 2015 年 4 月 28 日庆祝"五一"国际劳动节暨表彰全国劳动模范和先进工作者大会上讲话

重点保障新就业形态劳动者、建筑工人、环卫工人等职工队伍中相对弱势群体的权益；"一体两翼"帮扶保障工作体系，强化工会互助保障和帮扶救助的功能，联动多方资源，统筹工会常态化帮扶、互助计划保障、专属保险保障、基金帮扶保障和专项医疗救助，分级分类分层满足不同领域、不同群体的职工多元需求，实现职工差异化、精准化帮扶。"1+20+100"产业工人培训阵地网络，充分调动全市各级工会、各行业龙头企业的积极性，将培训阵地建到职工身边。"3+N"法律服务体系，联动司法和工会资源，推动职工法律诉求发现在早，化解在小。智慧工会九大应用场景，通过数字化手段，推动实现组建、维权、服务等各项职工服务"一键获取"。

上述改革举措通过分级分类分层、多元参与等工作方法，实现了资源的高效利用、优化整合；按照供需匹配的工作思路，形成重点突出、覆盖全面的工作体系；利用数字化手段，全面推进工会各项维权服务直达千万职工，及时、有效、充分的响应了职工需求。根据改革实践，归纳出"分层分类＋多元参与＋智慧平台"等方法，增强职工需求响应的及时性、有效性、充分性。

综上，响应力是指采用分类分层分级、多元参与等工作方式以及数字化等工作手段，提升工会资源配置效率、建立与职工需求相匹配的工作体系的能力。精准高效的响应力，有利于实现好、维护好、发展好广大职工的根本利益，是工会作用发挥的根本保障。

3. 影响力的内涵

（1）**影响力的提出**。工会综合改革，探索出一条引导职工感党恩、听党话、跟党走的工作路径，即建立基于维权服务工作成效与意义的宣传机制，生动展现出中国共产党坚持以人民为中心的发展思想，引导职工感党恩，努力使党的理论和路线方针政策得到人民群众衷心拥护，进而引导职工群众听党话、跟党走。这一实践经验体现了延长工作链条的重要性。在竭诚服务职工的基础上，对工作成效的放大和工作意义进行深度挖掘、广泛宣传，能够推动工会价值理念不断向职工群体中辐射，引导职工关注、参与和认可工会工作，进而在更大范围团结和引导更多的职工听党话、跟党走。基于上述考虑，深圳工会将"影响力"作为中国式现代化工会组织能力体系的第三个核心要素。

（2）**影响力的目标**。习近平总书记指出，保持和增强群团组织的先进性，必须始终站在党和人民的立场上，坚持为党分忧、为民谋利，把思想政治工作贯穿所开展的各种活动，多做组织群众、宣传群众、教育群众、引导群众的工作，多做统一思想、凝聚人心、化解矛盾、增进感情、激发动力的工作。[1]

因此，影响力建设的主要目标是通过组织职工、宣传职工、教育职工、引导职工，把思想引领工作贯穿工会所开展的各种活动，不断扩大了解、认可、传播工会工作的职工群体范围，与职工群众建立更广泛的联系与更密切的互动，增进职工群众与工会感情、增进职工群众与党的感情。

根据工会综合改革实践，具体可以从以下三个维度来理解影响力的目标。一是扩大了解工会工作的职工群体范围；二是扩大认可工会工作的职工群体范围；三是扩大传播工会工作的职工群体范围。

（3）**扩大影响力的方法**。工会综合改革创建了深圳工会媒体融合中心，实施"深圳工会强工计划"宣传品牌项目，创新开展深圳职工文化建设"三大节"品牌活动，建立职工满意度评价机制，推动工会在职工中的传播度、认可度、好评度大为提升。从扩大了解工会工作范围的角度来看，深圳工会媒体融合中心，通过构建新媒体生态，全面拓展了深圳工会宣传渠道，将宣传平台深度融合，在重大工作、重要节点的宣传上实现了"市级工会统筹协调，各级工会联动推进"的协同效果，形成了强大的宣传工作合力和整体传播效应，为工会影响力的扩大提供了坚实基础。"深圳工会强工计划"宣传品牌项目，通过实施"强工铸魂""深工家园""圆梦赋能""暖工优服""深

---

[1] 习近平 加强和改进党的群团工作 2015年7月6日《习近平著作选读》第一卷（360–371）

工融媒"五大工程，发掘全市工会系统优质宣传品牌，打造了"强工计划"超级 IP，形成了鲜明的工会宣传标识。从扩大认可工会工作职工范围的角度来看，工会服务智能点评系统，让职工来当工会工作"阅卷人"，推动持续改进优化工会维权服务质量。从发生在职工身边的维权服务工作入手，从职工经常使用和接触的宣传方式入手，建立基于维权服务工作成效的常态化宣传机制，让更多职工认同工会工作，提高宣传的有效性。从扩大传播工会工作职工范围的角度来看，深圳职工文化建设"三大节"品牌活动，总结探索出了"六个一工程"的工作闭环，即：搭建一个全市性职工文化平台—开展一系列活动—发掘一批优秀人才—传播一批优秀作品——组建一批文化团体—深入职工群众开展一系列文体活动，以群众为中心开展工作和活动，为职工群众搭建舞台，让群众当主角，依靠职工服务职工。同时，通过充分调动职工群众中的活跃分子、意见领袖，参与到工会工作来，然后通过这些职工，将对工会工作的了解和认同传递给自己认识的人，如此下去，达到口碑效果。这种影响力扩大方式传播迅速、受众范围很广，在线社交网络更为这种影响力扩大方式提供了广阔的平台。

深圳工会根据工会综合改革的创新实践，总结出"工会搭平台、职工当主角 + 满意度评价 + 成效跟踪宣传 + 服务品牌打造"等方法，推动提升工会组织影响力的深度、强度和效度，形成工会组织持续正向的影响力，实现工会工作组织一批、引领一批、带动一批、影响一批职工群众的良性循环。

综上，影响力是指以平台化、品牌化方式常态开展工作成效宣传推广，通过建立职工满意度评价体系、赋予工作成效价值和意义、建立依靠职工群众影响带动更多职工群众的工作机制，引导职工关注、认可、传播工会工作的能力。持续正向的影响力推动工会价值理念不断向职工群体中辐射，将思想引领工作贯穿工会所开展的各种活动，有效增进职工群众对党组织和工会组织的认同感，将"人心是最大的政治"落到实处。

4. 凝聚力的内涵

（1）**凝聚力的提出**。工会是党联系职工群众的桥梁和纽带。工会竭诚服务、影响职工，引导职工关注认可工会工作，并不是工会各项工作的终点，我们的最终目的是凝聚广大职工的思想和力量，坚定走中国特色社会主义道路，自觉践行社会主义核心价值观，引导职工听党话、跟党走，使之真正成为党执政的坚实依靠力量、强大支持力量、深厚社会基础。基于上述考虑，深圳工会将"凝聚力"作为中国式现代化工会组织能力体系的第四个，也是最根本的核心要素。

（2）**凝聚力的目标**。政治性是群团组织的灵魂，是第一位的。习近平总书记指出，党的群团工作的政治性，主要体现在工会、共青团、妇联等群团组织要承担起引导群众听党话、跟党走的政治任务，为夯实党执政的阶级基础和群众基础作出贡献上。这是群团组织同一般社会组织的根本区别，也应该成为衡量群团组织工作做得好不好的政治标准。[1]

因此，凝聚力主要目标是引导群众听党话、跟党走，夯实党执政的阶级基础和群众基础。根据工会综合改革实践，具体可以从以下四个维度来理解凝聚力的目标。一是推动职工与工会组织政治上同向；二是推动职工与工会组织在思想上同心；三是推动职工与工会组织在组织上同行；三是推动职工与工会组织在行动上同步。

（3）**增强凝聚力的方法**。工会 40 年的改革发展，积累了很多增强凝聚力的经验。从增进政治认同方面来讲，深圳工会始终用习近平新时代中国特色社会主义思想凝心铸魂，始终在政治立场、政治方向、政治原则、政治道路上同党中央保持高度一致。通过铸魂赋能工程，加强职工思想教育，引领职工自觉拥护党的领导，坚定拥护"两个确立"、坚决做到"两个维护"。从增进思想认同方面来讲，深圳工会始终以党的创新理论武装头脑，

---

[1] 习近平 加强和改进党的群团工作 2015 年 7 月 6 日《习近平著作选读》第一卷（360-371）

以习近平新时代中国特色社会主义思想统一思想、统一意志。通过劳模工匠讲师团的宣传宣讲，让劳模精神、劳动精神、工匠精神深入人心；通过职工思想政治引领示范点的建立，把思想政治工作做到工厂车间、生产一线，做到广大职工群众心坎上，教育引导广大职工形成思想共识，帮助职工建立身份认同感和组织归属感，不断增强职工群众对党的思想认同、情感认同。从增进组织认同方面来讲，通过一体化推进"入会 + 服务"、创新建会入会方式，吸引职工主动加入工会；通过坚持"党建带工建、工建服务党建"，加强工会组织覆盖、推进工会规范化运作，强化工会组织吸引力，让基层工会建起来、转起来、活起来、强起来，强化工会组织吸引力，将广大职工紧密团结在党和工会组织周围。从增进行为认同方面来讲，通过对重点群体的有效服务，不断强化职工群众对工会的认同感和信任感。建立工会队伍培育发展机制，通过不断扩大服务覆盖面、强化服务对象的跟踪、培育、发展，构建"职工—会员—积极分子—工会骨干"的发展路径，让享受过工会法律援助、工伤探视、E 路守护、圆梦计划、技能竞赛、帮扶保障等服务的职工会员，不断增强对工会组织的获得感、认同感、归属感，不断突破圈层，形成从"旁观者—参与者—服务者—组织者"的转变，最终成为工会组织最可靠、最核心的队伍。比如，在困难职工群体方面，我们通过生活救助、就业帮扶、圆梦计划帮助过的困难职工，最终提升了学历、改善了生活，基本上都成了工会积极分子，有的甚至成为工会委员、社会化工会工作者，由"受助者"变成"助人者"；再比如，我们 E 路守护项目救助过的外卖员，都成为了工会的忠实粉丝和义务宣传员，这些人都将是工会最可靠的队伍。通过这些举措，始终引导职工群众自觉做中国特色社会主义共同理想的坚定信仰者、忠诚实践者，始终与党同心同德、同向同行。

深圳工会根据上述改革创新实践，提炼出"设立思想引领示范点 + 一体化推进入会和服务 + 培育工会积极分子"等方法，增强工会组织凝聚力，将工会服务、影响的职工凝聚到工会组织周围，实现职工与工会组织政治同向、思想同心、组织同行、行动同步。

综上，凝聚力是指基于职工群众对工会价值理念、工作成效、外部形象等认同，形成的心理认同和听党话、跟党走的行为追随。工会组织通过与职工群众在政治、思想、组织、行动四个层面的同频共振，将习近平总书记关于"政治性是群团组织的灵魂，是第一位"的指示精神落到实处，有力巩固党执政的阶级基础和群众基础。

（二）"四力"之间的关系

感知力、响应性、影响力、凝聚力四个要素，构成了中国式现代化工会组织能力的体系，贯穿于工会组织能力建设的全过程、各方面。它们是一个整体，紧密相连，缺少任何一个方面，工会能力建设就是不完整的。因为四个方面不可或缺的联系，注定了它们相互之间的影响、作用、互动。四个方面建设有各自的作用，任何一个方面优劣进退都会影响全局的实践，如果只注重一个方面单打一的实践，不会取得好的工作成效，甚至会影响到工会组织整体的能力提升。

感知力是基础，它明确了工会坚持以职工为中心的工作导向，突出工会工作的服务属性，是为职工提供对路服务的前提。响应力是保障，它充分体现了工会组织群众性特征，为实现好、维护好、发展好广大职工根本权益提供保障。影响力是关键，它充分体现了工会组织先进性特征，将思想引领贯穿各项工作中，是赢得人心的重要举措。凝聚力是目标，它充分体现了工会组织的政治性，是工会政治责任履行到位的体现。

感知力、响应力、影响力、凝聚力是一套逻辑清晰、圈层递进、循环增强的能力体系（详见图一）。感知力、响应力、影响力层层递进关系，从感知需求，到响应需求，再到放大成效影响，共同形成凝聚力，同时凝聚力的增强又推动感知力、响应力、影响力进入一个新的发展阶段，最终推动"四力"建设形成能力不断优化增强、圈层不断延伸扩展的螺旋式上升的闭环体系，形成工会高质量发展的良性循环。

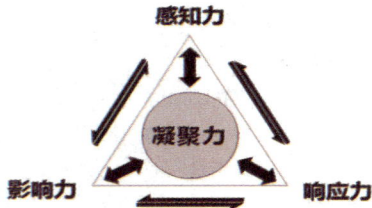

图一　"四力"关系图

（三）"四力"作用原理

习近平总书记指出，群团组织开展工作和活动要以群众为中心，让群众当主角，而不能让群众当配角、当观众。群众心里没有群团组织，不积极参与群团组织活动，或者群团组织覆盖面越来越窄，那就等于削弱了做党的群团工作的基础。习近平总书记同时指出，群团组织作为群众自己的组织，群众的广泛性和代表性是两个最为重要的要素。缺乏群众的广泛性，不同层次、不同领域的群众代表性太窄，不利于群团组织吸引群众、号召群众、开展工作。[1]

工会工作的对象是广大职工，如果工会工作没有广泛覆盖职工群众，或者职工群众不积极参加工会组织的活动，工会工作的基础就不牢固，工会就难以履行好使命责任。"四力"正是通过为具体工作提供目标方向、方法路径和评价标准，推动工会联系服务职工范围更加广泛、与职工联系程度更加紧密。

---

[1] 习近平 加强和改进党的群团工作 2015年7月6日《习近平著作选读》第一卷（360-371）

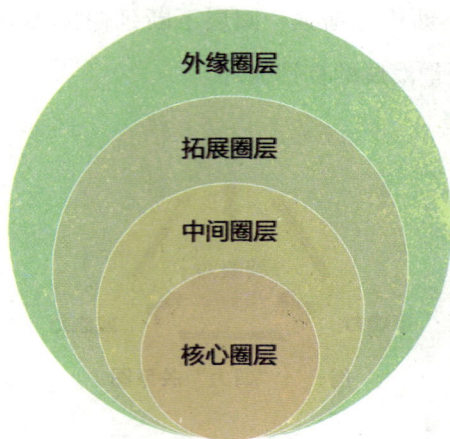

图二　职工群体圈层分布图

为更好联系服务职工，结合工会综合改革实践，根据职工了解和参与工会工作程度的不同，发挥作用的不同，可以将职工群体分为四个圈层：核心圈层、中间圈层、拓展圈层、外缘圈层。（详见图二）

核心圈层处于最核心部位，主要为参与工会服务的职工群体，包括了参与维权服务工作的工会干部、社会化工会工作者、工会积极分子以及劳模志愿者等。这部分职工参与服务职工程度最深，最了解工会工作，也是与工会联系最紧密的职工群体。

中间圈层处于圈层的次核心部位，主要是接受过工会服务的职工群体，包括了被探视过的工伤职工、被帮扶过的困难职工、接受过工会法律援助的职工，以及参加过工会举办的劳动技能竞赛和各类文体活动的职工等。这部分职工，接受过工会服务，对工会组织有一定的了解和感情，是最有可能成为工会"铁杆"粉丝的群体。

拓展圈层处于第三圈层的部位，主要为通过其他职工间接了解工会的职工群体，包括了中间圈层职工的亲属、同事、朋友等。这部分职工，听说过身边人对工会工作的评价，对工会工作有模糊的认识，是潜在的工会工作支持者。

　　外缘圈层处于最外层的部位，主要是职工群众中的旁观者，他们或者通过各种媒体宣传了解到一些工会工作情况，或者对工会工作一无所知，大部分不属于工会会员，尚未与工会建立连接，是工会工作急需影响与凝聚的对象。

　　从工会与职工的关系上来看，"四力"实际是推动工会联系服务职工圈层的"扩围、升圈"的过程（详见图三）：一是通过增强感知力、响应力、影响力，扩大每个圈层的范围，实现更大范围的服务和影响职工。通过强化与职工群众联系、提升服务职工质量、扩大服务职工范围、加强工会成效的宣传，推动更多职工参与、认可工会，实现四个圈层范围的扩展，推动工会工作团结引领更多职工。二是通过增强凝聚力，推动外围圈层逐步向核心圈层转化，不断拉近职工与工会的距离。通过强化思想政治引领、大力培育工会积极分子等举措，推动职工从旁观者，向参与者、服务者的转变，推动职工在政治、思想、行为和组织上与工会同行，最终成为工会组织最可靠、最核心的队伍，让工会与职工联系更紧密。

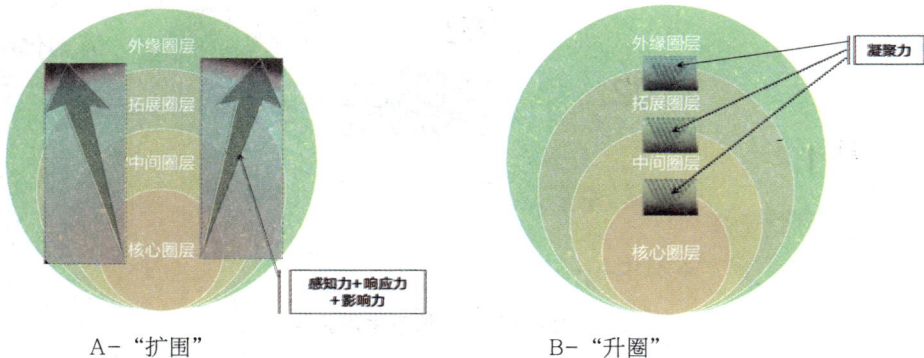

图三　"四力"推动职工群众圈层"扩围"与"升圈"过程示意图

　　也就是说"四力"能力体系建设水平越高，工会对职工的影响范围越大、职工向心性越强。职工圈层覆盖面越大，每个圈层的职工越多；外缘圈层向核心圈层方向移动越快，核心圈层和中间圈层的职工数量就越多。以此推动工会更加广泛紧密的联系、服务和凝聚职工，更好发挥党联系职工群众的桥梁纽带作用。

（四）"四力"能力体系发展路径

"四力"能力体系既是"从群众中来、到群众中去"的群众工作路线的根本要义和生动实践，也是切实履行工会维权服务基本职责的本质要求，更是进一步推动工会组织"强三性"的行动路径。"四力"能力体系从深圳工会综合改革的实践中探索总结而来，必须要到纵深推进工会综合改革的实践中去，用实践检验其是否可用、管用、好用。在改革新阶段，深圳工会通过"体系化—标准化—数字化—通用化"路径（详见图四），推进"四力"能力体系建设落地应用，系统提升深圳工会能力水平，推动深圳工会工作朝着中国特色社会主义先行示范工会方向不断探索前行。

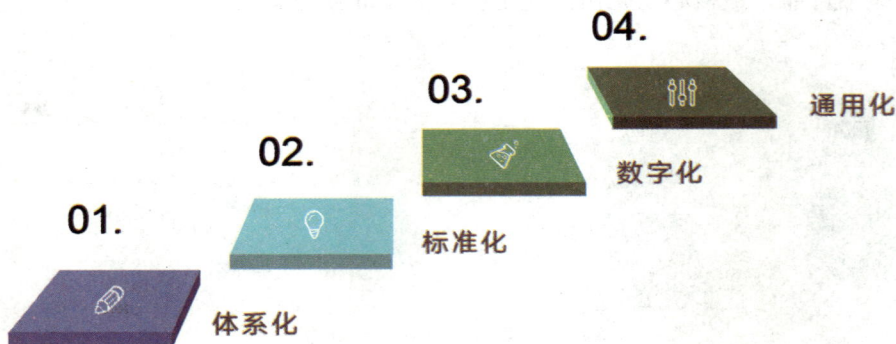

图四 "四力"能力体系发展路径

体系化以工作体系为"四力"能力体系建设的切入点，以"四力"为优化工作体系的动力，从源头上完善工会工作体系的结构和功能，这是工会组织能力提升的根本。

标准化通过推动以"四力"驱动的工作体系在工会系统甚至全社会达

成共识,实现工作体系的固化和规范化,是"四力"能力体系建设的重要措施。

数字化通过人工智能、区块链、大数据、云计算等新兴数字化技术的运用,为各类标准的落地实施,提供了技术支持和应用场景,为"四力"能力体系建设提供了数据支撑和技术支撑,有利于减少"四力"能力体系建设对传统工作模式的依赖,全面提升工作效率,是"四力"能力体系建设的关键举措。

通用化是工会数字化服务转化为通用产品的过程,是数字化服务推广、应用的必经之路,是"四力"能力体系建设接受市场和实践检验的载体。

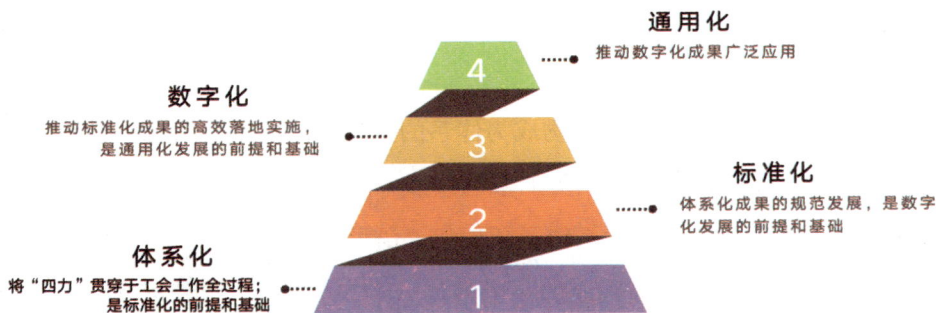

通用化
推动数字化成果广泛应用

数字化
推动标准化成果的高效落地实施,
是通用化发展的前提和基础

标准化
体系化成果的规范发展,是数字化发展的前提和基础

体系化
将"四力"贯穿于工会工作全过程;
是标准化的前提和基础

图五 体系化、标准化、数字化、通用化四个阶段关系

体系化、标准化、数字化、通用化四个阶段,是"四力"能力体系建设逐步升级的过程(详见图五):体系化阶段将"四力"贯穿于工会工作全过程,它是标准化发展的前提和基础;标准化阶段是体系化成果的规范发展,是数字化发展的前提和基础;数字化阶段推动标准化成果的高效落地实施,是通用化发展的前提和基础,通用化阶段推动数字化成果广泛应用。

第十二章

体系化实践：构建以"四力"驱动的工会工作体系

所谓的体系化，就是使事物成为体系的过程。"体系"（有时也称"系统"），泛指一定范围内或同类的事物按照一定的秩序和内部联系组合成的整体，是不同系统组成的大系统。《现代汉语词典》解释为："若干有关事物或某些意识互相联系而构成的一个整体。"[1]《辞海》则解释为："若干有关事物互相联系、互相制约而构成的一个整体。"[2]体系有如下特征：一是由若干事物构成；二是事物之间互相联系、互相制约；三是体系是一个有机的整体，而不是各个事物的简单相加。[3]工会工作体系，也具有体系的一般特征，遵循体系的一般规律，是指承担相似任务的工作组合成的有机整体。体系建设事关工作全局，是做好工会工作的关键。将任务目标相似的工作组成工作体系进行整体推动，远比杂乱无章零敲碎打地开展，更能保证工会工作的确定性和可预测性，提高各项工作的稳定性、连续性、协同性。

---

[1] 中国社会科学院语言研究所词典编辑室. 现代汉语词典：第七版 [M]. 北京：商务印书馆，2016:1288

[2] 夏征农，陈至立. 辞海：第 6 版 [M]. 上海：上海辞书出版社，2009:2237.

[3] 钟开斌，国家应急管理体系：框架构建、演进历程 与完善策略 [J]. 改革.2020(06)：5-18.

（一）以体系化为切入点，加强"四力"能力体系建设的必要性

1. 构建全面覆盖的工作体系，是"四力"能力体系建设和纵深推进工会综合改革的共同要求

坚持系统思维，体系化推进各项工作，是工会综合改革的重要经验。前期，通过工会综合改革，深圳工会构建了若干工作体系，如"3+N"法律服务体系、"守护系列"综合保障体系、"1+11+N"职工服务阵地体系等等，这些工作体系对于整体协同推进工作、强化重点工作等具有积极意义，需要在纵深推进工会综合改革阶段继承与利用，进一步扩大工作体系的覆盖面。同时，构建工作体系对于工作能力提升起到提纲挈领、纲举目张的作用。"四力"能力体系建设是一项覆盖深圳工会全部工作领域、工会工作全过程的任务，必须依托更为健全完善的工作体系。因此，以体系化为切入点，推动构建全面覆盖的工作体系，既是"四力"能力体系建设的基础，也是纵深推进工会综合改革的必然要求。

2. 构建以"四力"驱动的工作体系，有利于打破制度变迁中的"路径依赖"

体系化建设，不可能毕其功于一役，不可能一旦"形成"就不再发展、不再完善。特别是，当新阶段的改革发展已经出现通过既有工作体系无法解决的新问题时，就需要寻找新的解决方案。当前工作体系主要依据分类方法构建，缺少核心理念的引领，存在工作目标分散且不清晰、工作成效评价标准不明确，工作无法形成闭环等诸多不足。原有的工作理念和方法，难以打破一直以来的工作惯性，难以对已构建的体系进行迭代升级。"四力"正是打破工会制度变迁中的"路径依赖"的驱动引擎。"四力"能够推动工作体系从职工多变多元的需求出发，实现工作体系与职工需求的有效衔接；推动完善工作链条，实现从谋划、执行到评价的工作前瞻性谋划和系统性开展，实现工作体系优化升级。

3. 构建以"四力"驱动的工作体系，有利于同步提升中国式现代化工会组织能力的"软件"和"硬件"

以"四力"驱动的工作体系有"四力"和"体系化"两方面的含义。"四力"是工会综合改革经验的高度浓缩与提炼，是工会能力提升的目标、方法和评价标准，主要体现中国式现代化工会组织的"功能"，是能力体系建设的"软件"，它能推动工作构建闭环，朝着更广泛、更紧密的团结引领职工群众听党话、跟党走的目标前行。"体系化"是将割裂的、离散的工作"粘合"起来，形成强大组织力量的系统建立过程，主要体现中国式现代化工会组织的"结构"，是能力体系建设的"硬件"，它推动工会工作沿着科学的架构，稳定可持续发展。以"四力"为驱动的工作体系，本质就是通过"四力"实现工会工作体系的优化升级，将中国式现代化工会组织能力体系"结构"与"功能"有机融合在一起，实现以"四力"优化深圳工会工作体系的功能，以"体系化"支撑"四力"能力体系建设的全面落地落实；实现"四力"能力体系对工会工作的全覆盖，实现对工会工作谋划、执行、反馈的全周期管理，形成纵向到底、横向到边"四力"能力体系网。

（二）以"四力"驱动的工作体系的特点

以"四力"为驱动的工作体系是"四力"作用于工会工作的具体体现，它在服务职工主体、工作链条、服务成效应用与推广等方面与传统的工作体系，有着显著的不同（详见表一），它更加强调工会工作体系平台化、品牌化、生态化。

1. 平台化特征

平台化是指形成平台的这一过程。从资源配置的视角，平台是指，通过连接经济活动参与主体，利用集聚效应在更大的范围内充分实现资源配置，以释放网络外部性的载体。[1] 根据工会综合改革实践，工会工作平台是指通过连接服务职工主体，利用集聚效应在更大范围内实现资源配置，以实现广泛有效服务职工的载体。

表一　以"四力"为驱动的工作体系的特征

特征维度	以"四力"为驱动的工作体系	传统工作体系
服务主体	建立开放的大平台，吸引多元主体参与，更大范围内配置资源	多数为工会单一主体，主要配置工会内部资源
工作链条	建立谋划—执行—评价的闭环	多数只有谋划、执行环节
服务成效的应用推广	总结提升，建立品牌，形成持续影响力	未建立常态化工作机制

相对于传统工作体系而言，以"四力"为驱动的工作体系更加强调服务职工平台的搭建，通过平台广泛连接行业协会、企业、社会组织等多元服务主体，进一步发挥全市工会"一盘棋"的优势，利用集聚效应在全市范围内配置资源，形成服务职工的合力，既提升工会服务职工水平，又扩大工会在社会各界和职工中的影响。在改革实践中，我们通过搭建摄影、读书、运动等平台，连接一批服务职工的主体，吸引一批有共同需求的职工群众，进而更好地实现感知、响应、影响和凝聚职工，让团结引领职工更有手段和抓手。

2. 品牌化特征

品牌化的过程，即是通过符号化、意义化等，为产品或服务进行价值赋予或者价值再造的过程。[2]

---

[1] 蒋鑫.制造业平台化转型研究——经济效应、机制与逻辑 [D] 中国社会科学院大学（研究生院），2020.

[2] 胡晓云."品牌"定义新论 [J]. 品牌研究 2016（2）：26-32

相对于传统工作体系而言，以"四力"为驱动的工作体系更加注重树立品牌意识，通过对工作成效显著、服务效果广受职工好评的项目、平台、体系等进行总结推广，突出工会元素、深圳特色，打造职工认同、标识明显的系列工会工作品牌，一方面有利于提高工会工作知名度，提升工会工作影响力；另一方面，也有利于促进工会服务项目质量的提升，增强职工对工会服务的认同。

3. 生态化特征

从系统论的观点出发，生态化是指子系统内部诸要素以及各子系统之间的协调。要求事物发展的不同领域、不同方面的相互适应、有机配合与彼此促进。

相对于传统工作体系而言，以"四力"为驱动的工作体系体现生态化特征。首先，以"四力"为驱动的工作体系通过建立谋划、执行、评价的工作闭环，对工作体系进行全生命周期的管理。因此，这一体系具备了根据评价体系以及职工需求，动态调整工作举措的能力。其次，以"四力"为驱动的工作体系兼顾多个主体的目标，通过开放的工作平台，推动工会资源与外部资源的融合互动，形成多方共同服务职工工作的格局，使这个体系始终保持旺盛的活力，实现可持续发展。第三，以"四力"为驱动的工作体系坚持以职工为本，工作体系之间可以根据职工需求进行有机组合，形成服务职工的生态系统。

（三）以"四力"推动工作体系化的"三步走"

基于系统推进工会综合改革的经验和以"四力"驱动的工作体系的认识理解，深圳工会以工作体系化为推进"四力"能力体系建设的主要着力点，分三步实现工作体系的固化、再造和升级，提高工作的稳定性、连续性，实现深圳工会工作前瞻性、系统性、科学性的有机统一。

1. 健全完善工作体系，夯实"四力"发挥作用基础

采用演绎和归纳两个方法，对工作体系进行梳理和丰富。按照《深圳市总工会践行中国特色社会主义工会发展道路建设先行示范工会工作规划》明确的工作体系，自上而下建立了巩固党委重视政府支持各方参与工作体系、职工宣传教育和建功立业工作体系等 6 个一级子体系。根据工会工作特点，

一级子体系	二级子体系
一、巩固党委重视政府支持各方参与工作体系	1.职工思想政治引领工作体系 2.职工劳动和技能竞赛工作体系 3.先模群体工作体系
二、职工宣传教育和建功立业工作体系	4.工会宣传工作体系 5.职工教育工作体系 6.职工文化建设体系
三、基层工会组织建设工作体系	7.基层工会组织建设工作体系 8.民主管理工作体系
四、职工权益维护工作体系	9.维护劳动领域政治安全工作体系 10.工会法律服务工作体系 11.多形式多层级沟通协商工作体系 12.工伤探视工作体系 13.职工心理健康服务工作体系 14.生育支持服务工作体系
五、"互联网+"职工服务工作体系	15.互联网+普惠服务工作体系 16."1+11+N"服务阵地工作体系 17."一体两翼"帮扶保障工作体系 18.帮扶援建和乡村振兴工作体
六、工会支撑保障工作体系	19.工会干部教育培训工作体系 20.工会本级预算支出绩效管理工作体系 21.工会经费审计监督工作体系 22.审计发现问题整改工作体系 23.审计结果运用工作体系 24.工会经费审查监督工作体系 25.经审工作规范化考核工作体系

深圳市总工会工作体系

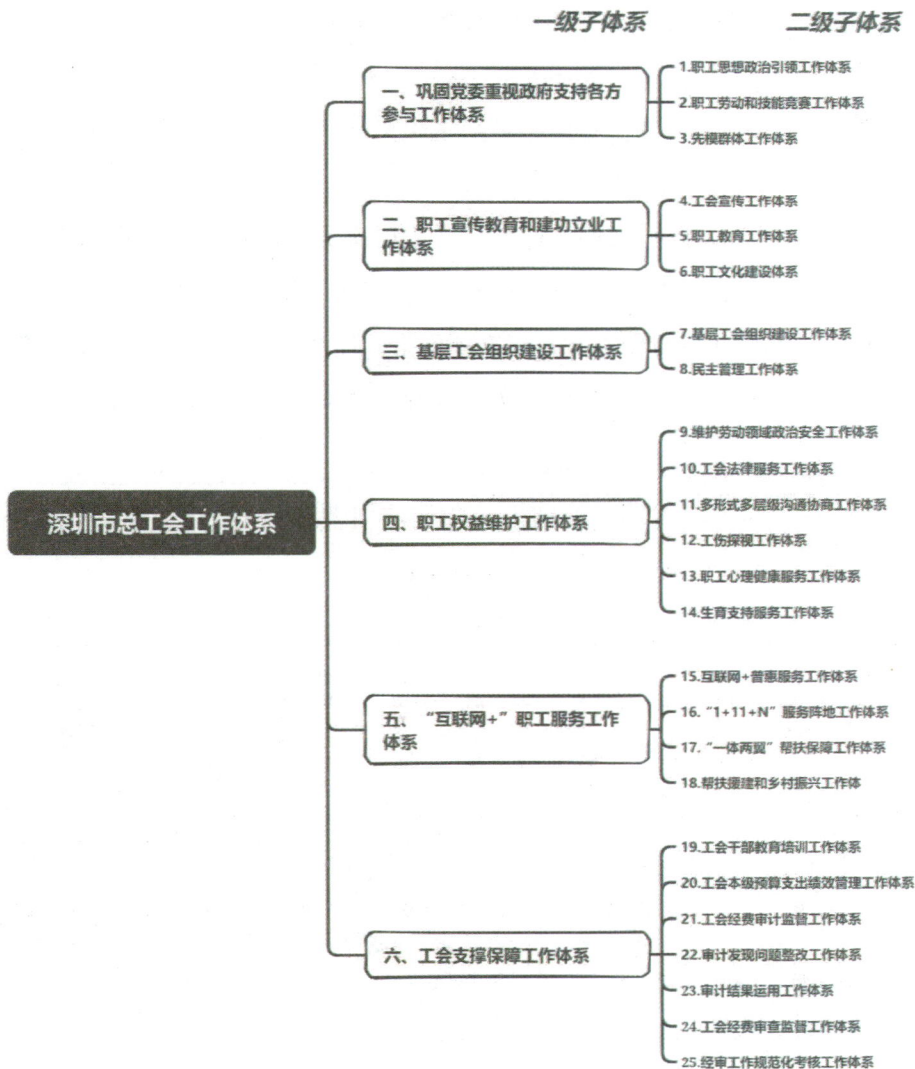

图一　深圳工会工作体系框架图

将一级工作体系分为两类：业务工作体系及支撑保障工作体系。其中业务工作体系主要包括工会组建、维权服务、思想政治引领、职工技能提升等直接服务职工的工会工作体系；支撑保障工作体系主要包括财务、审计等工会日常运行工作体系。结合工会综合改革的实践，归纳总结出工会宣传工作体系、职工教育工作体系、职工文化建设体系等25个二级子体系的深圳工会工作体系框架图（详见图一），实现工会工作体系的全覆盖。

2. 打造"目标—行动—评价"的工作闭环，建立以"四力"驱动的工作体系

以"四力"为目标和评价标准，采用层次分析法对业务工作体系对应的二级子体系进行逐个梳理（详见图二），细化工作体系的目标、举措、评价指标等，制定相应行动方案，建立评价指标体系，构建以"四力"为核心的"目标（做什么）—行动（怎么做）—评价（做成怎样）"的工作闭环体系。

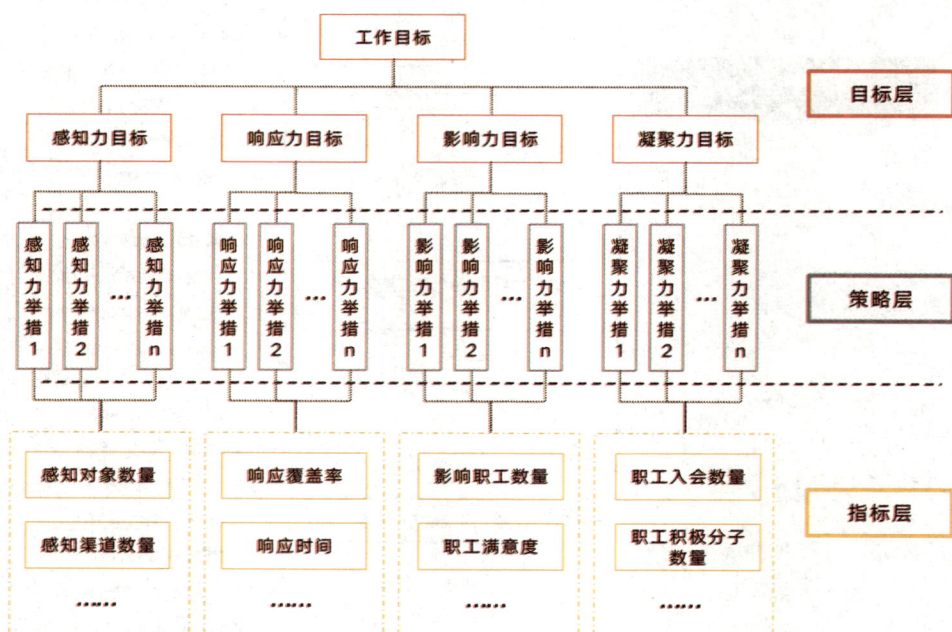

图二　采用层次分析法优化工作体系模型图

通过"四力"优化二级工作体系，实现工会工作在谋划阶段的前瞻布局和操作执行阶段的可操作、可考核，推动工作体系的优化升级。

3. 凸显闭环工作体系"平台化、品牌化、生态化"特征

对以"四力"驱动的工作体系进行梳理，将现有的平台进行整合，并着力构建新的平台；将现有工作品牌进行标记，并着力塑造新的品牌；围绕职工需求，有机整合二级工作体系，推动建立服务职工的生态系统，打造"平台化、品牌化、生态化"特征明显的工作体系。目前，已梳理出劳模工匠讲师团、职工"音乐节""文化节""体育节"三大节等23个平台，培育出"圆梦计划""强工计划""工会大食堂"等42个优秀品牌，构建了职工成长成才、职工维权服务、职工思想引领等多个生态体系（详见表二）。

表二　深圳工会工作平台化、品牌化、生态化情况梳理

序号	一级子体系	二级子体系（25个）	平台化：工作平台（23个）	品牌化：优秀品牌（42个）	生态化：生态体系（4个）
1	一、巩固党委重视政府支持各方参与工作体系	1. 职工思想政治引领工作体系 2. 职工劳动和技能竞赛工作体系 3. 先模群体工作体系	1. 职工思想政治引领工作平台 2. 深圳市职工技术创新运动会工作平台 3. 深圳市重点工程劳动竞赛工作平台 4. 深圳市职工"五小"创新与质量技术成果竞赛平台 5. 劳模和工匠人才创新工作室平台 6. 五一劳动奖和工人先锋号评选工作平台 7. 先模圳领航工作平台	1. 深圳工会职工思想政治工作示范点品牌 2. 深圳劳模工匠讲师团品牌 3. "红五月"主题宣传教育活动品牌 4. 重要赛事品牌 5. 深圳市重点工程劳动竞赛工作品牌 6. 深圳市职工"五小"创新与质量技术成果竞赛品牌 7. 深圳市劳模和工匠人才创新工作室工作品牌 8. 先模圳领航劳模工匠志愿服务品牌	1. 职工成长成才生态体系 2. 职工维权服务生态体系 3. 职工思想引领生态体系 4. 智慧工会生态体系
2	二、职工宣传教育和建功立业工作体系	4. 工会宣传工作体系 5. 职工教育工作体系 6. 职工文化建设体系	8. 深圳工会融媒体平台 9. 深圳工会职工教育工作平台 10. 职工文化建设工作平台	9. "强工计划"品牌 10. "工夫"纪录片品牌 11. "深工出品"视频品牌 12. 圆梦计划品牌 13. 暖工学堂品牌 14. 职工文化建设"三大节"品牌 15. 职工文化大讲堂品牌 16. 职工书屋文化服务建设品牌	

续表

序号	一级子体系	二级子体系（25个）	平台化：工作平台（23个）	品牌化：优秀品牌（42个）	生态化：生态体系（4个）
3	三、基层工会组织建设工作体系	7.基层工会组织建设工作体系 8.民主管理工作体系	11.工联会综合管理工作平台 12.组织建设管理平台 13.星级工会平台 14.民主管理工作平台	17.星级工会品牌 18.民主管理工作品牌	1.职工成长成才生态体系 2.职工维权服务生态体系 3.职工思想引领生态体系 4.智慧工会生态体系
4	四、职工权益维护工作体系	9.维护劳动领域政治安全工作体系 10.工会法律服务工作体系 11.多形式多层级沟通协商工作体系 12.工伤探视工作体系 13.职工心理健康服务工作体系 14.生育支持服务工作体系	15.劳资纠纷预警信息平台 16."3+N"工会法律服务平台 17.多形式多层级劳资沟通协商平台 18.职工心理健康服务工作平台	19.工会法律援助品牌 20.工会法律顾问品牌 21.集体协商法律服务品牌 22."月月有主题"普法品牌 23."小明务工记""静静有问题"普法专栏品牌 24.劳动争议三方联合调解中心品牌 25.劳动争议诉调对接工作室品牌 26."集体协商·圳在等你"春季要约行动品牌 27.深圳市集体协商竞赛品牌 28.工伤探视品牌 29.工会爱心妈妈小屋品牌 30.工会爱心托管班品牌 31.爱心托育用人单位品牌	
5	五、"互联网+"职工服务工作体系	15.互联网＋普惠服务工作体系 16."1+11+N"服务阵地工作体系 17."一体两翼"帮扶保障工作体系 18.帮扶援建和乡村振兴工作体系	19.困难职工帮扶平台 20.基金会公益慈善平台 21.职工互助保障参保给付平台 22.技术工人疗休养平台	32.普惠优惠服务品牌 33.会员主题活动品牌 34.职工服务中心品牌 35."暖蜂驿站"品牌 36.工会大食堂品牌 37."暖心"帮扶品牌 38."深工有爱"项目品牌 39."暖工基金"品牌 40."互助保障"帮扶品牌 41.消费帮扶品牌	
6	六、工会支撑保障工作体系	19.工会干部教育培训工作体系 20.工会本级预算支出绩效管理工作体系 21.工会经费审计监督工作体系 22.审计发现问题整改工作体系 23.审计结果运用工作体系 24.工会经费审查监督工作体系 25.经审工作规范化考核工作体系	23.工会干部教育培训网络平台	42.工会干部教育培训"第一课程"	

第十三章
标准化实践：建立先行示范工会标准体系

标准化是指在既定范围内获得最佳秩序，促进共同利益，对现实问题或潜在问题确立共同使用和重复使用的条款以及编制、发布和应用文件的活动。如标准的起草、发布和实施就是标准化活动。标准化作为一种加强和创新社会管理、提升公共服务水平的普适工具，是集先进的管理理念、有效的控制方法为一体的先进管理手段，是照章办事、规范程序、提高质量、增强效能的有效途径，已经过实践验证并得到社会各界的广泛认同。深圳工会把开展工作标准化作为"四力"能力体系建设的重要一环，在构建以"四力"驱动的工作体系基础上，将行之有效的工作举措固化升级为标准和规范，着力推动"四力"能力体系规范落地、复制推广，打造更具竞争力的先行示范工会标准体系。

（一）标准的内涵与分类

1. 标准的内涵

国际标准化组织（ISO）的标准化原理委员会（STACO）一直致力于标准化概念的研究，先后以"指南"的形式给"标准"的定义作出统一规定：标准是由一个公认的机构制定和批准的文件。它对活动或活动的结果规定了规则、导则或特殊值，供共同和反复使用，以实现在预定领域内最佳秩序的效果。

因此，制定标准的出发点是："获得最佳秩序、取得最佳效益"。当然，要实现"最佳"是不易做到的，但蕴含两层含义：一是指努力方向、奋斗目标，如果标准所设定的目标很低，那就不会有什么积极意义了；二是要有全局观，即局部服从整体，这也是标准化活动的一条基本原则。这要求制定标准必须基于较先进的实践经验，且经过消化提炼、融会贯通、综合概括和系统优化。

2. 标准的分类

根据《标准化法》的规定，我国标准分为国家标准、行业标准、地方标准、团体标准和企业标准五个层级。其中国家标准、行业标准和地方标准属于政府主导制定的标准，团体标准和企业标准属于市场自主制定的标准。

国家标准由国务院标准化行政主管部门统一制定发布。需要在全国范围内统一的技术要求，应制定为国家标准。按照标准效力，国家标准分为强制性和推荐性两种。强制性国家标准由政府主导制定，主要为保障人身健康和生命财产安全、国家安全、生态环境安全等。强制性国家标准一经发布，必须执行。推荐性国家标准由政府组织制定，主要定位在基础通用，与强制性国家标准配套的标准，以及对行业发展起引领作用的标准。推荐性国家标准鼓励社会各方采用。

行业标准由国务院各部委制定发布，发布后需到国务院标准化行政主管部门备案。在对没有国家标准、需要在全国某个行业范围内统一的技术要求，可以制定行业标准。行业标准属于推荐性标准。

地方标准由省级和设区的市级标准化行政主管部门制定发布，发布后需到国务院标准化行政主管部门备案。地方标准只在本行政区域内实施，也属于推荐性标准。

团体标准由学会、协会、商会、联合会、产业技术联盟等合法注册的社会团体制定发布。凡是满足市场和创新需要的技术要求，都可以制定团体标准。团体标准由本团体成员约定采用，或者按照本团体的规定供社会各方自愿采用。

企业标准由企业根据需要自行制定，或者与其他企业联合制定。国家鼓励企业制定高于推荐性标准相关技术要求的企业标准。企业标准在企业内部使用，但对外提供的产品或服务涉及的标准，则作为企业对市场和消费者的质量承诺。

在"四力"能力体系标准化发展中，深圳工会根据实践需要，在上述标准类型的基础上，将法律法规等规范性文件的制定、内部规范、业务说明书等制定纳入标准化工作的范畴，形成了八个层级的标准体系（详见图一）。

图一 标准化工作范畴

（二）在以"四力"驱动的工作体系的基础上推进标准化的意义

1. 全面推动工会工作规范有序开展

标准化是规范开展工作的前提。通过标准化进一步固化以"四力"驱动的工作体系的先进经验，进一步规范以"四力"驱动的工作体系中的工作流程，固化"平台化、品牌化、生态化"的工作模式，建立工会工作参照系，一方面能够减少工作开展的随意性，缓解快速变化的环境和职工需求给工会工作带来的不确定性；另一方面通过标准化建立全程可控的工作程序，对每个工作环节构建具体、清晰的工作质量评价标准，树立开展工作的"规矩"，对工会工作体系落地实施过程进行有效监控和服务质量把控，实现工会工作有章可循、有据可依。

2. 形成全市工会建设"四力"能力体系的合力

其一，通过标准化工作，推动全市各级工会服务质量、服务水平的统一、高质量输出，实现全市工会工作"一盘棋"，能够切实提升全市工会工作的系统性、整体性、协同性。其二，通过推动相关标准的应用实施，进一步梳理各项服务提供所需资源的配置现状，推动深圳工会各类资源的综合利用和有效配置。其三，有利于进一步凝练深圳工会先行示范实践经验，形成可复制、可推广的职工服务"深圳标准"，为全国各地工会高质量发展提供参考借鉴。

3. 为推动"四力"能力体系数字化奠定基础

大数据、互联网、云计算等技术在工会服务中的应用，离不开对工会工作内在逻辑的系统梳理，离不开对各项工作流程、工作要求的标准化。通过标准化建设，可从整体上梳理工会各领域业务链条；通过制定标准、规范流程，明确各项工作的运转模式和操作要求，可为科学设计和搭建工会线上服务等信息化平台、构建"互联网＋工会工作"发展机制提供具体的实施依据和指引。反过来，依托信息化平台及线上线下相结合的工会服务，又可推动各项标准的贯彻实施，两者相辅相成，共同提升智慧工会建设成效。

（三）建设先行示范工会标准体系实施路径

深圳工会的标准化工作是在《中华人民共和国工会法》《中国工会章程》的大框架下进行的，工会综合改革推动出台了 34 个制度文件，正推动深圳经济特区工会条例的制定。2023 年 5 月，深圳工会承担的"广东深圳工会综合服务标准化试点"成功入选国家标准委下达的第九批社会管理和公共服务综合标准化试点项目，成为工会系统首个国家级试点项目。截至 2023 年 8 月，已研制出台了《星级示范工会管理规范》《职工服务中心建设指引》《示范性劳模和工匠人才创新工作室建设规范》等三个深圳地方标准以及一批工会工作内部规范；正以"广东深圳工会综合服务标准化试点"为抓手，通过建立"计划—实施—评估—改进"的工会服务标准化工作闭环，积极构建先行示范工会标准体系。

1. 完善工作机制

组建标准化工作领导小组，领导小组对标准化工作进行统一领导、统一组织、统一协调。明确小组成员工作职责，组建试点工作机构，配备标准化专兼职工作团队，完善工作制度、技术审查制度，制定试点总体实施方案、进度计划及相关管理制度等。

2. 研制先行示范工会标准体系

在体系化阶段全面梳理工会工作体系的基础上，推动建立由国家／行业标准、地方标准、团体标准、工会标准等标准规范构成的先行示范工会标准体系，主要包括：

（1）**研制深圳市工会标准(内部规范)50项**。围绕标准体系的建设方向，结合当前工会服务规范化的迫切需要和GB/T1.1《标准化工作导则 第1部分：标准化文件的结构和起草规则》要求，分阶段开展工会标准（内部规范）的研制工作。对于符合制定标准的工作规范，尽量形成标准；对于暂时不符合标准制定条件的工作规范，我们参照标准制定的形式，形成内部规范、业务说明书、工作流程图等多种形式的规范。工会标准（内部规范）、业务说明书、工作流程图等将为各部门办理业务和开展服务提供技术要求和工作指导，推动工会工作有标可依、有规可循、有据可查。

（2）**研制团体标准10项**。依据国家团体标准管理的要求，积极探索和建立工会团体标准工作机制，理顺相关工会组织发布团体标准的实施路径，并提出团体标准研制的重心和范围，重点围绕先行示范工会打造和智慧工会平台建设两大板块进行谋划，突出亮点和优势。创新性地利用"团体标准"提升工会标准化建设成效和影响力，在标准化领域先行先试。

（3）**研制地方标准4~5项**。在上述工会标准、团体标准的基础上，进一步梳理、提炼、总结先进经验和优秀做法，打造出一批可复制、可推广的深圳标准。主要是选择基础较为扎实、应用情况较好、成效较为突出且对工会整体工作具有指导意义和规范性需求的标准项目进行精心打磨，向深圳市标准化行政主管部门申报深圳市地方标准立项，立项通过后按省、市地方标准有关管理规定，开展地方标准的预研、起草、征求意见、技术审查、报批发布等工作，在全市范围内建立统一、规范的工会建设、管理和服务要求，打造工会服务"深圳样板"。

（4）**研制国家 / 行业标准1~2项**。按照全总的部署和要求，结合试点工作任务，适时选取代表工会未来发展方向，对全国各地工会建设具有指导意义的标准项目向行业主管部门和国家标准化行政主管部门提出国家 / 行业标准立项申请，推动深圳先行先试经验和工作成效向全国复制和推广。

（5）**参与研制国际标准**。梳理和提炼深圳工会工作经验，加强与工会领域国际标准有关技术对口单位的沟通，积极参与国际标准研制及相关国际标准化工作，尝试将深圳工会工作中的优秀做法总结推荐形成国际标准，进一步提升深圳先行示范的影响力。

3. 建立标准信息资源和工作平台

以工会综合服务标准体系为基础，设计和搭建工会标准信息资源及工作平台，提供相关标准资源的收集与共享，标准化成果的展示与宣传、应用，并配套集成标准管理、项目管理、资源维护与应用、知识宣贯与培训等功能的工会标准化管理应用环境，为全市各级工会组织提供及时、准确、完备的标准化信息应用和服务，推动工会工作不断走向标准化、精细化和科学化。

4. 推动标准的贯彻实施

标准实施是标准化工作的核心，是检验标准化成效的关键环节，也是评估和持续改进标准化整体成效的重要组成部分。需要通过客观、公立的监督检查，评价标准化对工会服务效能提升的影响，以切实发挥标准化对工会工作的基础性和引领性作用。

（1）**开展标准宣贯培训**。开展标准化知识和标准化成果的宣贯培训，营造标准化工作氛围，推动标准化成果落地。主要是通过开展标准化基础知识的普及、标准体系的宣贯、重点标准的培训等多种形式，确保各级工会干部以及标准的各相关方了解标准化知识，掌握相关标准并能正确应用。

（2）**推进示范点建设**。选取若干示范点，对其进行标准化技术指导与支撑工作，指导梳理、固化和应用示范成果，带动各级工会标准化实施水平的整体提升，促进各级工会组织的建设与发展。

（3）**开展标准实施监督检查**。在相关标准体系、标准文件发布实施后，按照全员、全过程、全方位、全天候的标准实施监督管理原则，对各级工会组织标准化成果的实施应用进行监督检查，包括检查各项工作对标达标的情况、工作人员对所在岗位相关标准的掌握程度、提出标准实施应用存在问题及改进建议等。同时，收集标准实施人员对标准的反馈意见和建议，完善标准体系的动态调整和标准的修订机制，保证标准化成果的科学性、适用性。

（4）**开展满意度调查。**为进一步掌握工会服务标准化成效和深圳市职工的满意度，同时挖掘服务工作仍需改进提升的地方，由第三方机构适时开展工会标准化工作服务满意度调查。调查包括标准化组织管理与机制建设、标准及标准体系质量、标准实施与改进等方面的内容，通过调查对标准化建设工作进行动态调整。

第十四章

数字化实践：建设高质量高效率数字化系统

　　数字化是利用数字技术对工会业务进行升级，进而提升工会服务的质量和效率的过程。"四力"能力体系的建设，需要数字化的支撑；同时，数字化又推动"四力"能力体系建设高效落地应用。因此，在纵深推进工会综合改革、建设更高水平先行示范工会新阶段，深圳工会把数字化转型作为"四力"能力体系建设的关键一环，在以"四力"驱动的工作体系标准化发展基础上，对工会业务利用数字技术全面升级，着力推动"四力"能力体系在全市工会系统广泛应用，进一步提升工会服务职工群众的质量和效率。

（一）"四力"能力体系数字化的重要意义

1. 数字化是"四力"能力体系建设的内在要求

　　提升"四力"，需要通过线上感知、智慧响应以及线上传播等多种数字化手段实现；需要加大对职工数据采集分析应用，实现对职工需求、职工偏好、职工分布情况等更加全面、清晰的了解，需要工会推动数字技术的广泛应用。通过建立数据采集应用闭环，也将"四力"能力体系建设效果，通过数据的形式反馈回来，倒逼工作体系、业务流程的健全完善，推动以"四力"驱动的工作体系科学谋划、有力执行、精准评价，实现"四力"能力体系不断优化升级。

同时，在数字条件下，所有能力都是资源，所有资源也是能力。数字化将数字技术融入工会工作的服务与业务流程中，建立信息数字化、流程数字化和业务数字化，实现管理高效、服务精准、传播有力、赋能决策。这些工会业务数据的累积与分析、新兴技术的迭代应用、工作方法的优化创新，也将内化成为"四力"能力体系建设的重要组成部分。

2. 数字化有利于推动工会优质服务高效精准直达职工

高质量的数字化需要以优质服务内容为牵引，优质的服务内容需要通过数字化手段高效送达职工。"四力"能力体系建设以感知职工需求为导向，实现了工会提供服务与职工群众需求的高度匹配，确保工会服务内容的有效性。数字化有利于改革传统工作方式、突破传统体制机制束缚，构建以职工需求为导向的工作模式，实现工会组织扁平化、工会业务的协同化，将满足职工需求的工会服务更高效、更精准送达职工身边，做到时时、处处、事事满足职工群众个性需求。同时，智能客服、人脸认证、大数据营销等创新应用也持续优化职工体验，促进工会与职工的互动，进一步提升工会服务职工的质量和效率，提升职工对工会工作的满意度与认可度。

3. 数字化是深圳履行好全国工会数字化转型试点责任的应有之义

2023 年 7 月，全国总工会将深圳市总工会作为工会工作数字化转型的首个试点单位，这要求深圳积极探索工会数字化转型的解决方案，建设在全国具有先行示范意义的数字化系统。"四力"体系化、标准化建设为高质量推进数字化打下基础。因此，深圳在以"四力"纵深推进工会综合改革的进程中，必须有机结合"四力"能力体系建设与数字化转型试点工作，在"四力"标准化建设的基础上，加快数字化建设，通过先行先试，形成优秀数字化解决方案，率先打造工会数字化建设标杆工程，推进工会工作高质量发展，为全国工会数字化建设探路。

（二）工会工作数字化转型思路及蓝图

1. 对工会数字化的认识

数字化建设不仅仅是建立一个网上平台，更是一套工作体系。必须强化顶层设计，深刻理解以信息化、互联网技术为基础的工会网上工作新形态的内涵要求，统筹推进平台建设、工作机制、保障队伍、网上服务等工作，形成一套完整的智慧工会生态体系。

数字化思维不仅仅是数字思维，而是运用数字技术和工具推动工作数字化转型和智能化升级。智慧工会是线下工会的数字孪生和工作延伸，通过赋能和升级，与线下工会相辅相成、融合发展，共同推动工会工作质量全面提升。

数字化转型不能一蹴而就，需要按照"体系化—标准化—数字化—通用化"的发展路径有序推进。数字化转型涉及工会工作的各个方面，业务的体系化梳理和标准化制定，是以数字化方式统一完成业务输入、管理、呈现、分析、输出等任务的前提基础。同时，数字化是建立数字化产品的平台底座，为通用化发展提供资源基础。

2. 数字化转型思路

遵循体系化、标准化、数字化、通用化建设的发展规律，按照"一个引领、两化协同、三大体系"[1]总体思路，坚持政治引领、坚持服务千万职

---

[1] 一个引领、两化协同、三大体系，是指以数字驱动为核心引领，深入推进工会治理数字化、服务智能化协同发展，构建"大数据＋"工会治理能力提升体系、"互联网＋"工会服务应用创新体系、"云计算＋"工会网信基础支撑体系

工、坚持创新驱动、坚持共建共享。创新智慧工会建设体制机制、构建"三台一座"技术体系、打造"九位一体"应用体系、健全工会数据资源体系、建立长效运营体系、打造标准规范体系、完善安全保障体系，形成需求导向、应用牵引、数据共享、服务精准、决策智能、安全稳定的工会数字化转型新格局。实现工会工作"管理扁平化、工作数字化、服务智能化、决策科学化"，切实强化工会组织运用网络信息技术服务职工的能力。

3. 数字化目标蓝图

以率先完成数字化转型试点任务、打造全国地方工会智慧化建设"深圳模板"为发展目标，绘制深圳工会数字化转型总体目标蓝图：

（1）**建成全面提升工会工作效能的管理平台。**基本实现组建、宣传、服务、维权、协同办公、基础应用等工会主责主业在智慧工会平台建设落地，充分依托运用大数据、云计算、区块链、人工智能等前沿技术推动管理手段、管理模式、管理理念创新，为各级工会组织做好数字赋能，做好与全总数字化工会平台的高效协同，为全国工会系统建成"全国通行"服务终端贡献力量。

（2）**建成直达千万职工群众的服务平台。**全面升级平台服务效能，精准聚焦职工群众所需所盼，丰富工会服务新场景、新模式、新业态，形成常态化、普惠化、精准化的工会网上服务体系，实现群众诉求"一网通办"、工会服务"一键获取"。建成强连接、高协同的融媒体宣传矩阵，与全总和各地工会形成同屏共振宣传生态，推动工会优质服务影响更广泛的职工群众。

（3）**建成标准化产品化特征明显的高质量平台模板。**完善数字化技术架构、应用架构设计，形成接口标准、数据标准等标准体系，输出一系列符合全总数字化平台对接要求的数据与系统治理产品，实现服务系统具备模块化、界面化特点，达到商业化信息系统标准要求，做到兼顾"全国共性＋地区个性"需求，平台系统可复制可推广，业务模块可组合可分解，系统整体和产品个体安全稳定可靠。强化大数据、云计算、区块链、人工智能等新技术的运用，突出对服务对象、场景分析研究，做到优化资源配置，赋能工作决策。建成"四力"评价指数，实现科学评价工会维权服务工作成效。

（三）工会工作数字化转型的实施路径

1. 深化机制创新，为数字化转型提供有力保障

进一步深化与深圳智慧城市建设运营平台企业（深智城集团）的合作，加强对智慧工会建设运营公司（深智工公司）的联合管理，重点突出核心能力自主可控，进一步提升系统功能统筹设计与功能复用、项目集约化建设水平、项目交付质量、人才队伍共建共享、公司内部管理等方面的水平，形成长效的工作机制和规范。

2. 全面梳理业务清单，为数字化转型提供源头支撑

（1）**建立工会业务服务事项清单**。对照"四力"能力体系标准，从感知、响应、影响和凝聚四个维度对工会业务进行梳理，共形成 145 项服务事项清单，按照服务事项与系统支撑的需求进行分类，梳理出需要系统支撑的服务事项 135 项。按照服务对象类型，服务职工会员的服务型事项 64 项，服务基层工会的服务型事项 34 项，面向上级工会的管理型事项 60 项。

（2）**建立智慧工会系统功能清单**。对照各项业务服务事项清单，全面梳理智慧工会系统功能建设情况，共形成 25 个系统 201 项具体系统功能清单。按照系统当前建设情况，201 项系统功能中已建成 77 项、待升级 37 项、待建设 87 项。按照需求优先级排列功能需求顺序，其中待升级、待新建的124 项功能中，高优先级 71 项，中优先级 53 项。

（3）**建立大数据治理数据需求清单**。按照"体系化—标准化—数字化"

发展的工作思路，按照业务需求和系统功能建设情况，将数据需求和用途分为三种类型，第一类是系统功能实现时需要的外部系统支撑数据，共计84项，数据来源涉及政数、人社、民政、市监等部门；第二类是系统功能实现需要来自工会内部其他系统的数据，共计46项；第三类是数字化转型过程中可共享到智慧城市和数字政府建设的系统数据，共计26项。

3. 建立数字化标准体系，主动融入"标准统一、统建共享"的全国工会数字化体系

建立数字化转型总体标准、业务应用标准、服务支撑标准、数据资源标准、基础设施标准、管理标准、安全标准等7大组成部分。总体标准是数字化转型的总体性、通用性的标准，包括术语、标准化工作指南、参考模型等，实现对标准体系作出总体指导。业务应用标准对系统的设计、建设、管理和技术进行规范，实现业务流程的重组优化和规范化。服务支撑标准主要包含服务基础标准、服务应用标准，实现对身份认证以及通用支撑组件的规范。数据资源标准主要包含元数据、信息资源目录、数据管理等标准，实现对各类数据资源的收集、分类、管理、分析、共享等进行规范。基础设施标准主要包含软件、硬件和网络互联基础设施，实现对基础设施的整体规划与建设。管理标准主要包含运维运营和测试评估，实现对系统平台的整体运行维护、数据质量进行规范。安全标准包括安全管理、安全技术和安全产品服务，实现对系统平台的安全防护技术、日常防护制度、安全基础设施建设等的规范。

4. 完善"三台一座"支撑体系，为工会数字化转型做好有力支撑

聚焦服务、管理和安全等重点需求，在系统设计、技术架构、接口和业务标准、分析和运维标准、数字标准和基础代码方面进行持续优化升级。

（1）升级面向职工群众的服务前台。围绕职工会员"工作、生活、成长、建功"全职业周期，深化"一键入会、一站响应、一体两翼、一张地图、

一批清单、一批活动"六大功能，建立基于大数据标签的用户画像，完善用户分级分类精细化服务，提供千人千面的个性化服务。

（2）健全完善技术、数据、业务中台。建设集约化一站式的云端研发中心，构建工会大数据平台，提供数据集成、数据开发、数据交换、数据资产管理等通用服务，形成工会业务数据资源池，强化工会数据智能化处理能力，实现工会数据、应用快速集成、融合管理。

（3）优化高效的管理后台。按照统一标准规范分类分级汇聚接入各类应用系统，推动业务主体、工作流、服务对象实现管理线上化、数据可视化，打造统一入口、统一身份、统一办事、统一管理、统一数据的工会工作管理后台，实现工会工作"一网统管"。

（4）搭建安全稳健可靠的基础底座。利用政务公共资源，强化政务云、国资云混合云架构的信息化基础底座支撑能力，提高系统持续稳定运行能力。

5. 优化"九位一体"应用体系，探索"全国标准＋深圳特色"的集成式服务内容

建立智慧工会平台常态化升级优化的工作机制，随时感知业务需求，有效响应 To-B 端（服务各级工会）和 To-C 端（服务职工群众）服务，探索全国通用的标准应用服务和适应各地差异化需求的特色服务。

（1）完善高效便捷的智慧组建。运用大数据、区块链等技术，畅通网上建会入会服务渠道。依托工会组织库和会员数据库，推动工会组织和职工会员动态管理、底数清晰、实时可查。建立"星级工会"评价系统，为建立基层工会评星定级体系提供平台支撑。

（2）构建全时响应的智慧维权。依托劳资纠纷预警处置和职工诉求响应系统，打造"主动＋被动"感知渠道，推动受理、分拨、处置、评价等全过程线上流转，对接城市"一网统管"民生诉求平台，实现职工诉求"一

站式"受理。深化大数据预警分析能力和智能服务模式，探索推出实时分析预警和智能虚拟人工客服。

（3）优化全链精准的智慧服务。建立服务项目管理系统，实现服务项目从"需求调研—项目研发—项目入库—项目执行—项目评价—持续优化"全流程可视化管理。推出职工疗休养、消费帮扶、职工点评、交友联谊等系列服务，探索"千人千面"的精准化服务和社交平台功能，确保工会服务直达千万职工，充分发挥工会链接职工服务供需两端的关键作用。

（4）创新融合一体的智慧宣传。优化融媒体矩阵，构建"报、网、端、微、屏"多种载体的强连接、高协同的宣传矩阵体系。实现工会系统统一发声，增强工会舆论影响力。细分职工需求，优化宣传分发策略，提升信息触达率。建设一体化供稿系统，集成资讯采、编、审、发布和稿酬管理功能，实现内容采编分发线上化。建设文体赛事宣传管理平台，实现报名审核、活动签到、评价统计等功能，支撑各类大型活动开展。

（5）打造内容丰富的智慧教培。接入"技能强国""学习强会""电子职工书屋"等特色平台，实现海量教学资源的共享共用。建成工会教育培训综合系统，实现培训内容、线上培训、线下管理、学习评价和统计分析等全流程可视化、可分析，为优化调整培训方式、内容提供有力支撑。

（6）构建全景系统的智慧建功。将劳动模范、五一劳动奖章、深圳工匠等先进模范管理服务纳入统一管理，推动荣誉推荐评审工作全面线上开展。建设职工竞赛展演综合管理平台，实现活动参与、项目遴选、活动监管全流程线上化、公开化，形成荣誉"培育—评选—服务—引领"的工作闭环，为职工成长成才生态体系做提供平台基础。

（7）创设全域立体的智慧阵地。打造覆盖全市的工会阵地服务地图及服务项目清单，构建"1+11+N"线上服务阵地网络。探索构建基于BIM/CIM的"服务阵地分布图"，从访问人数、资源使用、服务满意度等多角度分析阵地地点、资源与服务分布情况，通过不断优化完善的阵地服务功能，吸引职工群众爱来、常来。

（8）强化"一体两翼"的智慧帮扶。搭建"工会帮"智慧帮扶平台，实现常态帮扶救助、职工互助保障、专属商业保险、暖工基金慈善救助、"工友筹"众筹募捐等帮扶保障服务线上化。创建暖工基金系统及"工友筹"系统，持续拓展职工解困济难基金会"互联网＋慈善"服务模式。构建职工疗休养工作线上服务平台，接入全国工会"职工疗休养"平台，发挥对口帮扶地区旅游资源优势，发展多元化职工疗休养产品。

（9）提升整体高效的智慧支撑。优化网上协同办公系统，探索跨层级、跨地域、跨产业、跨工作部门的系统功能，为全面对接全国互通的工会协同系统打下基础。推进工会审计工作信息化建设，建立健全审计整改的有效机制。健全工会干部管理体系，形成工会工作数据化考核评价机制，为工会干部考核、晋升提供依据。改造升级税务代收工会经费系统，优化现有预算和支付管理信息化系统，开发专项经费申请、核拨等功能，优化工会经费"收、管、用"。

6. 建立健全工会数据资源体系，高效激发数据应用价值

通过全面梳理现有业务系统数据，围绕数据赋能治理的工作理念，强化数据管理思维和数据应用，深化工会工作内部、外部数据收集和挖掘，做好数据安全管理，建立数据分析的标准模型，为工会数字化转型做好数据支撑。

（1）强化工会数据汇聚治理能力。推进会员、组织、业务、服务等工会基础数据汇聚整合，摸清工会数据资源底数，理清数据架构。建立涵盖主数据、物联感知数据、信息共享交换、业务系统数据等内容的数据标准体系。健全数据质量管理规范，构建从数据采集、汇聚、清洗、分析、应用的工会数据全生命周期治理框架，落实"一数一源"数据治理要求。编制工会数据资源目录，建立数据接口统一、输入输出衔接顺畅、数据共享快捷高

效的工会规范化数据资源管理体系，形成高质量工会数据资产。

（2）**推动数据资源高效应用**。建设智慧工会大数据应用平台，完善工会数据指标体系，开发多渠道、全场景的数字化、可视化服务，深化决策治理一体化大数据应用。打造工会数字"云脑"，建设工会工作驾驶舱，深化工会宣传舆论、就业服务、技能培训、维权帮扶、文体活动、普惠服务等重点业务场景的数据挖掘及分析应用，构建基于共性需求的智能化数据模型库和大数据通用算法库，实现工会工作研判精细化、决策科学化、执行可视化。

（3）**促进工会数据开放共享**。利用隐私计算、区块链等新一代信息技术，探索数据不出域、流向可追溯、安全有保障的共享范式，突破数据共享瓶颈，推动工会数据安全有序流动。依托城市政务信息资源共享平台，推动工会数据与人社、民政、市监、公安等部门数据的共享交换，定期对工会数据进行展示和发布，有序释放工会数据的社会价值和市场价值。

7. 强化安全合规运行保障，为数字化转型筑牢安全根基

工会工作服务亿万职工群众，在数字化转型过程中尤其需要确保平台安全底线。因此，在数字化转型的同步要做好安全保障体系建设，建立"立体防护"的信息基础设施安全、网络安全、系统安全、数据安全体系。

（1）**加强数据安全制度建设**。健全信息安全标准化管理机制及相关管理制度，制定信息安全应急处置预案，建立数据安全评估体系，做好平台安全评测、监控预警和风险评估，提高大数据环境下防攻击、防泄漏、防窃取等安全防控与处置能力。加强安全运维保障和管理培训，形成网络、数据、业务全面覆盖的安全运维保障体系，实现安全管理规范化、常态化。

（2）**强化系统安全保障力量**。组建专门安全技术团队，加强安全技术人才培养，使用最新最前沿的技术手段，构建"防入侵、防泄露、防特权"和"攻不进、看不见、看不懂、拿不走、毁不掉"的一体化信息安全管控体系。

（3）加强信息安全基础设施建设。优化政务云和国资云并行的智慧工会混合云架构，完成平台整体信创部署，增配技术成熟、安全可靠的国产软硬件占比，提高基础设施和系统平台自主可控水平。

8. 建立"四力"指数评价体系，有效发挥数字化转型工作效能

数字化转型的最终目的是推动工会业务效能的整体提升，以感知力、响应力、影响力和凝聚力构成的能力体系能够有效衡量工会业务的成效。深圳工会将数字化转型的成果与"四力"能力体系结合起来，建立"四力"指数评价体系，围绕工会组建、维权、服务、荣誉、宣传等主要业务，从服务事项管理、办事流程、服务规范、服务质量、监督管理等内容着手，以感知力、响应力、影响力和凝聚力的核心指标衡量各项工作成效，形成可考核、可评价的具体指标。通过数字化平台对其进行数据化呈现和量化评分，建立评价相对指标和绝对指标，体现数字化转型前后工作成效的相对值和绝对值，形成数字化绩效管理模型，打造检验工会工作成效的数字标尺，推动工会各项工作高质量发展。

工会名称	感知力评分	响应力评分	影响力评分	凝聚力评分	"四力"指数
XX 区总工会	82	85	79	80	81.5
XX 区总工会	86	80	78	78	80.5
XX 区总工会	77	81	75	74	76.8
……	……	……	……	……	

图一　各区总工会"四力"综合评价指数（模拟）

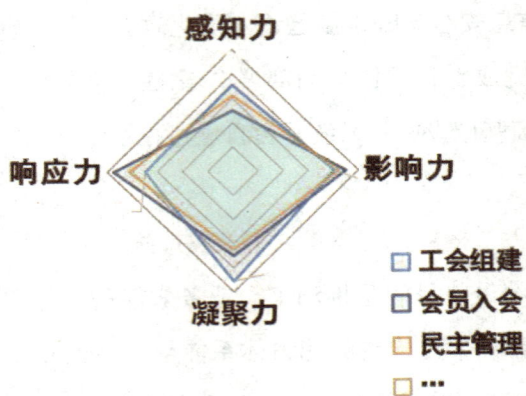

图二　各项业务"四力"指数评价图（模拟）

第十五章

通用化实践：搭建多维度多层次的数字化产品矩阵

通用化即最大限度地扩大同一单元的使用范围。通用化的目的是最大限度地扩大同一产品（包括元器件、部件、组件、最终产品）的使用范围，从而最大限度地减少产品（或零件）在设计和制造过程中的重复劳动。通用化既包括对物（如零部件）的通用化，也包括对事（如方法、程序）的通用化。

"四力"能力体系通用化发展，是在完善的智慧平台的基础上，对工会数字服务的质量、效率、评估等做出有效的控制，推动业务模块可组合可分解，形成便于大范围复制推广的数字化产品，更好地满足不同层级工会的需求，为全国工会数字化建设提供支撑。通用化发展，是"四力"能力体系建设在更大范围内应用、检验的必经之路，也是深圳工会作为全国工会数字化转型试点的责任义务。

（一）促进"四力"能力体系通用化发展的意义

1. 有利于推动实现全国工会数字化建设目标

根据全国总工会《加快工会数字化建设工作方案》，到 2025 年，要基本做到和全国地方工会数字化系统互联互通；到 2028 年，建成高质量、高效率、融为一体的全国工会数字化系统。深圳工会作为全国工会数字化转型的首个试点，工会数字化转型的先行者，有责任、有条件为全国各级工会数字化转型提供可供选择的深圳方案。通用化通过推动数字化的经验和成果转化为多维度、多层次的产品，并推进标准化的数字产品的广泛应用，有利于全国工会建立共同的工作标准和数字化系统，为建设全国数字工会"一张网"打下基础，是贯彻落实全国总工会关于加快工会数字化建设部署的重要举措，有助于全国工会数字化建设目标实现。

2. 有利于更好地推广复制深圳数字化成果与经验

通用化是将流程创新、机制创新、技术创新以及场景创新等深圳工会特色改革创新经验，形成可复制、可输出的工会建设产品，向全国工会推广复制。基于全国总工会建立的数字化基础工作体系，通用化推动将深圳智慧工会系统从定制软件改造为可快速、准确地复用，可灵活改造、配置的标准产品，对深圳工会数字化服务成果进行组合、改造，量身定做解决方案，形成应用性更强的系列产品，有利于各级工会因地制宜的、广泛应用深圳数字化建设成果。同时，通过建立产品使用案例库、标准库，助力全国工会优秀经验的交流推广，推动全国各级工会工作方法、工作手段的融合创新。

3. 有利于健全完善"四力"能力体系

"四力"能力体系数字化的发展水平，与智慧工会平台应用程度密切相关。推动深圳智慧工会成果转化为通用产品，建立成熟一个产品推广一个产品的机制，有利于扩大智慧工会平台应用范围，实现"四力"能力体系建设在更大范围实践。通过海量使用数据的分析和反馈，推动建立数字化产品动态纠偏机制，进而不断调整和完善"四力"能力体系建设工作，不断增强"四力"能力体系的科学性。

（二）通用化发展思路及蓝图

根据智慧工会平台系统建设实际，深圳工会着重从四个方面推动数字化经验与成果转化为产品，推动形成包括技术、应用、服务和系统接口等多个类型、覆盖智慧工会建设全过程、囊括所有工会工作体系的数字化产品矩阵。

1. 基于深圳市智慧工会"三台一座"技术架构形成智慧工会数字化底座产品

深圳市智慧工会的核心技术框架是由管理后台、服务前台、赋能中台、基础设施底座组成的"三台一座"。通用化发展中，深圳工会将封装"三台一座"作为首要目标。将业务中台、低代码平台等一系列技术平台作为产品推广至全国各省市工会，助力各地快速搭建智慧工会系统的架构，帮助其迈出工会工作数字化转型的第一步。

2. 基于全国通行的标准服务，从深圳市"九位一体"应用中抽取形成标准化应用产品

从搭建的"九位一体"特色服务应用体系中，抽取符合全国标准的应用服务，基于"三台一座"的强大技术支撑，丰富全国总工会数字化平台标准服务应用库，为全国各省市工会降低标准服务开发的时间与人力成本，为统一接口、业务与数据标准打下坚实基础。

3. 基于全国互通互联的建设要求，打造全国统一的数据和系统对接产品

同步开展智慧工会系统的建设和对接全总数字化工会平台的工作，探索全国"一张网"模式下全国总工会数字化平台与地方数字化平台的数据与系统融合对接的互联互通方案。通过与全国总工会数字化平台的对接，探索对接过程中全总与地方系统需要对齐统一的内容，形成数据治理规则、输出传输接口规格、系统基础代码规格等规范，最终输出一系列符合全总数字化平台对接要求的数据与系统治理产品，确保地方工会系统在充分展现地方特色的情况下也能顺利与全总数字化平台实现无缝对接。

4. 基于深圳智慧工会运营经验提供"建运一体化"服务

"建运一体化"是实现数字化长效运营的主流发展方向。通过从建设为主、建运分离向建运一体、长效运营的模式转变，数字化将不再是一次性的工程项目建设，而是通过产品运营方式持续为用户提供可用、好用的服务。为了提供更高质量的数字化服务，通用化阶段将深圳工会系统后续的运营经验、运营资源统一打造成一个"建运一体化"的平台产品，将积累的运营经验与支撑运营的社会资源以平台为载体推广至全国各地，共享深圳工会工作数字化转型建设成果，解决各地"建好了不会用"的担忧。

（三）推动数字化成果向通用产品转化的实施路径

基于工会数字化建设成果，将数字化底座系列平台进行封装形成数字化底座产品；抽取提炼各地工会共性业务，形成一套高度配置化、可复制、可推广的智慧工会标准化应用与服务产品；面向地方与全总数字化平台互联互通要求，形成全国统一数据和系统对接产品；整合建设运营标准与核心业务模块形成建设运营一体化产品，由此构建起多维度、多层次的数字化产品矩阵（详见图一）。

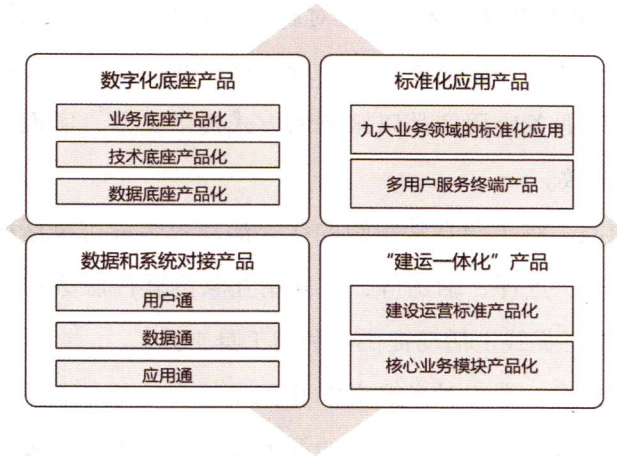

图一 工会数字化产品矩阵

1. 打造数字化底座产品体系

数字化底座产品为上层业务应用提供基础性、通用性的业务、技术、数据和云计算能力支撑。采用集约化方式建设智慧工会产品体系的数字基础底座，可以最大程度地避免重复开发，降低总体建设和运维成本，并实现基础支撑能力的有机协同，体系化的为上层业务应用产品提供支撑服务（详见图二）。

图二 数字化底座产品体系

（1）**设计业务底座产品。**通过对多样性的工会业务需求进行抽象，总结提炼通用性、基础性的业务需求，进一步打造成智慧工会产品体系的业务底座，向上层业务应用产品以服务的方式提供支撑，实现一次建设、重复利用的建设成效。

①活动中心。将工会日常组织的线上活动封装成可灵活配置的产品，例如问卷、抽奖、点评、晒图等，并采用互联网软件服务的方式共享给各级工会，为组织各类线上活动提供便利的工具支撑。

②低代码平台。通过抽象和总结相似度较高的业务表单、报表等业务需求，沉淀封装形成一套普遍适用的业务表单、报表的模板套件产品，使工会业务人员通过可视化拖拽方式和积木式搭建方式，在短时间内完成业务应用表单和报表的构建。

（2）**设计技术底座产品。**依据全国《工会数字化转型工作方案》（以下简称《工作方案》）的要求"建设一套'全国标准＋各地特色'的集成式服务内容，包括全国通行的标准服务和各地因地制宜的特色服务"，需要一套完善的技术底座产品支撑智慧工会产品落地后的可持续发展，尤其支撑各地特色服务的应用建设，并与标准产品相互融合，形成一体化的运维管理模式。从长期可持续发展的角度，保障智慧工会产品在各地工会落地后可管理、可演进、可运营，使得产品在各地工会能够真正"落地生根"。

①代码开发与管理产品：DevOps 一体化开发运维管理。支撑各地工会特色业务应用的敏捷开发、快速测试及部署，及时响应业务需求，满足当地工会业务发展的要求，并对应用源代码版本进行有序管理，保障智慧工会产品落地的可持续发展和运维。

②应用接口统一管理产品：智能网关。智慧工会产品包含的一系列业务应用相互之间通过应用接口实现有机协同，形成体系化的工会服务矩阵。智能网关对众多的应用接口进行统一化的管理，实现接口注册、发布、访问控制及动态运行监控等全生命周期管理的能力，保障智慧工会产品的有

序发展，通过主动监测预警 API 接口的响应速度和应用的稳定性。

③弹性伸缩的业务部署产品：容器化平台。智慧工会业务应用统一采用容器化部署方式，以实现快速部署、迁移以及对云资源的动态分配和回收，满足应用性能弹性伸缩的需求，保障高并发、高流量应用的资源需求。

（3）设计数据底座产品。 基于全国统一的工会数据标准，构建数据底座产品，满足工会业务数据的汇集、治理、分析、应用以及与上级组织的数据资源共享的需求。通过数据驱动工会数字化转型，建立职工群众反馈和工会业务提升之间的良性互动，通过持续不断的数据分析来推动工会业务流程重构，促进工会数字化产品和服务的优化改进。

2. 构建智慧工会应用产品体系

通过数字化发展，完成深圳市智慧工会主体功能建设，形成完善的线上线下融合循环驱动、可持续发展的智慧工会生态体系。在此基础上，抽取提炼各地工会共性业务，形成一套高度配置化、可复制、可推广的智慧工会应用产品体系，覆盖面向职工会员 "思想引领" "普惠服务" "帮扶救助" "权益保障" "阵地服务" "教育培训" "竞赛荣誉" 和面向各级工会的 "协同办公" "组织建设" 共九大业务领域的标准化应用及服务终端产品（详见图三）。

图三　标准化应用及服务终端产品

依托智慧工会数字化底座产品的支撑能力，构建的各应用产品之间既存在一定的业务协同关系，也能够解耦成独立的应用，以充分适配各地工会的实际业务需求，帮助各地工会快速打造标准化的智慧工会服务。

3. 研制全国统一数据和系统对接产品体系

研制智慧工会的接口产品，一方面助力各地工会快速对接全国工会服务标准终端（全国工会会员信息身份链）、数字化办公系统、"12351"职工维权热线平台、融媒体矩阵体系、数据资源共享交换平台，实现"用户通""数据通"和"应用通"的目标（详见图四）；另一方面，基于全总"应用遴选分发平台"的标准开发接口，将当地工会应用接入全总服务平台的应用接入中心，将特色优质应用上架到全总应用商城，向全国各级工会及职工会员推广，形成全国工会服务互学互鉴、互融互通的良好局面。

（1）**用户通**。推动各地工会的服务终端融入全国工会服务标准终端，为当地工会会员提供"一键通全国"的单点登录入口和身份认证服务体验，同时其他地市的工会会员也能够从全国工会服务标准终端直接访问当地工会的应用。

（2）**数据通**。推动各地工会数据与全总数据资源平台进行对接，并在

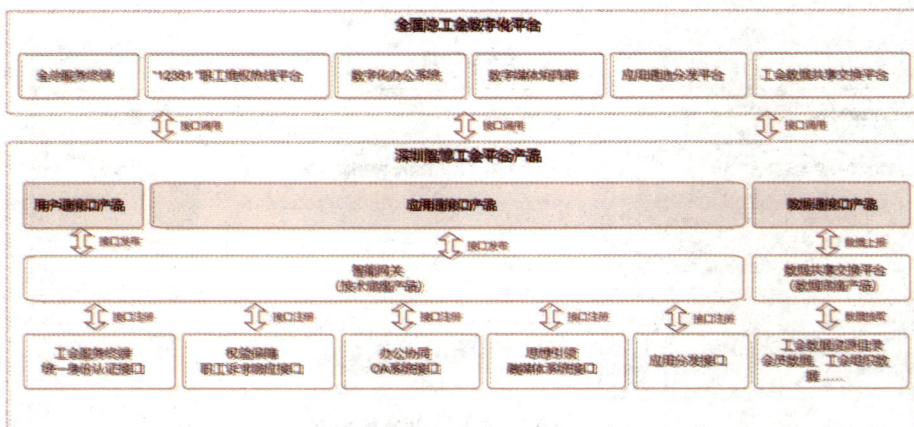

图四　全国统一数据和系统对接产品

数据安全可控的前提下，实现工会数据资源的共享与上报，具体技术功能通过数据底座的共享库以及交换平台实现。

（3）应用通。全总《工作方案》提出"和地方工会数字化系统互联互通"的主要目标，包括"全国连通、全总汇聚，各省集中、各级主办"的"12351"职工维权热线平台、"全国连通、各地运转"的数字化办公系统以及"全总与地方、媒体与服务终端"融为一体的数字化媒体矩阵群。通用化发展阶段，通过标准化应用产品接口对接，实现深圳本地应用与上述全总数字化平台互联互通，并依托技术底座的智能网关实现接口的统一管理。

4. 推出"建运一体化"服务

截至 2023 年 8 月，按照全总《工作方案》的时间目标，深圳智慧工会"深 i 工"已顺利完成主体功能建设，实现了深圳市总工会关于"十四五"规划内容第一阶段任务要求。在此背景下，根据第二阶段规划，深圳智慧工会将在 2024 年底完成全国统一的数据和系统对接产品交付，形成较成熟的建设运营一体化服务（详见图五）

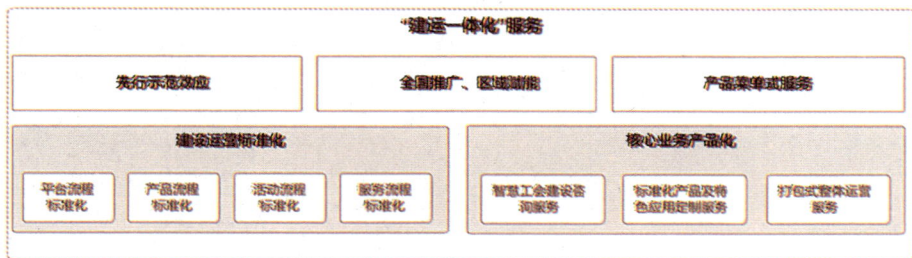

图五 "建运一体化"服务内容

（1）提供运营标准产品。建立健全需求文档规范、运营操作规范、测试验收规范、版本发布规范等全链条标准工作流程，具体包括平台流程标准化、产品流程标准化、活动流程标准化和服务流程标准化，覆盖各项业务流程主要关键节点，为构建数字化产品进程提供可靠可查的基础标准依托，打造产品转化的底座。

（2）**提供核心业务模块产品**。整合深圳智慧工会强劲的平台建设能力、庞大的后台数据库和成熟的运营实践经验，搭建智慧工会建设咨询服务、标准化产品及特色应用定制服务、打包式运营服务三大模块，打造智慧工会建设运营一体化核心体系，支撑各项业务稳健开展，真正做到业务内容凝聚、业务核心过硬。

在积极研制数字化产品的基础上，深圳工会将着力推动各类数字化产品可复制可适用，提高工会业务开展效率；积极为各地工会数字化转型提供专业可靠的咨询服务；持续丰富拓展数字化产品清单，提供地方特色专区、个性化线下活动等个性化、定制式、菜单式服务内容，满足各地智慧工会多元化的建设运营需求，努力提供一系列通用性强、可供选择的数字化产品，为全国工会加快数字化建设提供支撑。

第十六章

应用成效："四力"能力体系建设案例

　　"图难于其易，为大于其细"。深圳工会从大处着眼、小处着手，按照"体系化—标准化—数字化—通用化"路径，对各项工作业务进行全面梳理优化，将"四力"能力体系建设落细落实落具体，为更高水平建设先行示范工会奠定坚实基础。

　　在体系化方面，目前，围绕基层组织建设、职工权益维护、"互联网+"普惠服务等25个二级子体系，已经形成75个具体工作方案（详见表一）。已归纳形成感知、响应、影响和凝聚4种类别的36条参考评价指标库（详见表二）。**在标准化方面，**已研究制定包括《深圳市总工会职工文化建设"三大节"工作指引》《深圳市总工会诉求响应事项分层分类标准》等67个工作规范和工作标准文件（详见图一）。**在数字化方面，**已梳理形成145项工会业务服务事项清单、201项智慧工会系统功能清单、155项大数据治理数据需求清单。已基本实现深圳工会主要业务的"四力"能力体系建设全覆盖。**在通用化方面，**将数字化经验与成果转化为通用产品，推动形成包括技术、应用、接口和服务等多个类型、贯穿智慧工会建设全过程、覆盖所有工会工作体系的数字化产品矩阵。

表一 以"四力"驱动工作体系建设情况一览表

序号	一级子体系	二级子体系（25个）	工作方案（75个）
1	一、巩固党委重视政府支持各方参与工作体系	1.职工思想政治引领工作体系 2.职工劳动和技能竞赛工作体系 3.先模群体工作体系	1.深圳市总工会学习宣传贯彻党的二十大精神工作方案
2			2.构建新时代深圳产业工人思想政治与技能提升新体系工作方案
3			3.深圳市关于加强和改进新时代产业工人队伍思想政治工作责任分工方案
4			4.深圳工会职工思想政治工作示范点申报命名工作方案
5			5.深圳工会职工思想政治工作示范点管理制度（试行）
6			6.深圳市总工会劳模工匠讲师团管理办法（试行）
7			7.2023年深圳劳模工匠宣讲活动方案
8	二、职工宣传教育和建功立业工作体系	4.工会宣传工作体系 5.职工教育工作体系 6.职工文化建设体系	8.深圳市总工会关于进一步加强宣传舆论工作意见
9			9.深圳市总工会新闻宣传工作制度
10			10.构建新时代深圳产业工人思想政治与技能提升新体系工作方案
11			11."深圳工会媒体融合中心"建设工作方案
12			12.深圳工会融媒体管理办法

13	二、职工宣传教育和建功立业工作体系	4. 工会宣传工作体系 5. 职工教育工作体系 6. 职工文化建设体系	13. 关于进一步加强市总工会相关网站和新媒体管理工作的通知
14			14. "以奋斗之名 谱写劳动荣光" "五一"国际劳动节宣传工作方案
15			15. 深圳职工音乐节、文化节、体育节职工文化建设工作方案
16			16. 构建新时代深圳产业工人思想政治与技能提升新体系工作方案
17			17. 深圳市总工会第十六届"圆梦计划"职工教育工作实施方案
18			18. 深圳工会高质量产业人才培训工程实施方案
19			19. 深圳市总工会"深圳职工书屋"文化服务品牌建设工作方案
20			20. 深圳市总工会职工文化素养培训工作方案
21			21. 书香企业、读书成才职工评选工作制度
22			22. 深圳市职工技术创新运动会暨深圳技能大赛实施办法
23			23. 关于进一步提升深圳市职工技术创新运动会的工作方案
24			24. 2021—2025 年深圳市重点工程劳动竞赛方案
25			25. 关于进一步弘扬劳模精神助力深圳经济社会创新发展的实施意见
26			26. 深圳市总工会对患病及特殊困难劳模的慰问办法
27	三、基层工会组织建设工作体系	7. 基层工会组织建设工作体系 8. 民主管理工作体系	27. 深圳市工会联合会综合改革工作方案
28			28. 星级工会管理规范
29			29. 2023—2025 年深圳市企业民主管理工作规划

30			30. 深圳工会劳动领域风险隐患处置体系建设工作方案
31			31. 深圳市总工会关于进一步加强工会法律服务的工作方案
32	四、职工权益维护工作体系	9. 维护劳动领域政治安全工作体系 10. 工会"3+N"法律服务工作体系 11. 多形式多层级沟通协商工作体系 12. 工伤探视工作体系 13. 职工心理健康服务工作体系 14. 生育支持服务工作体系	32. 深圳市总工会关于在工会工作者和职工中开展法治宣传教育的第八个五年规划（2021—2025年）
33			33. 深圳市总工会"八五"普法工作实施方案
34			34. 2023年深圳工会"月月有主题"普法宣传活动方案
35			35. 深圳市劳动争议三方联合调解中心工作方案
36			36. 深圳市总工会关于劳动争议诉调对接工作室工作方案
37			37. 关于在企业中建立多形式多层级劳资沟通协商机制的工作方案
38			38. 深圳市总工会工伤探视工作方案
39			39. 深圳工会职工心理健康服务体系建设工作方案
40			40. 关于进一步推进深圳工会爱心妈妈小屋建设的工作方案
41			41. 关于进一步推进深圳工会爱心托管班建设的工作方案
42			42. 关于推动深圳用人单位提供爱心托育服务的工作方案

43			43. 关于加快构建工会"互联网 +"服务职工工作体系的实施方案
44			44. 普惠优惠服务项目年度工作方案
45			45. 会员活动年度工作方案
46			46. 市区联动（含产业工会）开展职工会员活动方案
47			47. "工会杯"普惠服务项目设计大赛方案
48			48. "1+11+N"服务阵地网络体系工作方案
49		15. 互联网+普惠服务工作体系	49. 暖蜂驿站建设工作方案
50			50. 工会大食堂建设工作方案
51		16. "1+11+N"服务阵地工作体系	51. 提升生活品质试点工作方案
52	五、"互联网+"职工服务工作体系		52. 进一步发挥好阵地服务作用的工作方案
53		17. "一体两翼"帮扶保障工作体系	53. "一体两翼"帮扶保障工作体系建设方案
54			54. 预防返贫致困动态监测预警机制
55		18. 帮扶援建和乡村振兴工作体系	55. 基金会三年工作规划、暖工基金运行指南
56			56. 互助会互助保障计划规划方案、运营及推广规划方案、内部风险管控规划方案
57			57. 深圳工会技术工人和先进职工疗休养工作方案
58			58. 深圳市技术工人疗休养基地认定方案
59			59. 工会消费帮扶政策文件
60			60. 深圳市总工会对口援疆援藏工作方案
61			61. 深圳工会技术工人和先进职工疗休养工作实施办法

62	六、工会支撑保障工作体系	19.工会干部教育培训工作体系	62.深圳市总工会干部教育培训改革实施方案
63			63.深圳市总工会2023年工会干部教育培训计划
64		20.工会本级预算支出绩效管理工作体系	64.预算支出绩效评价指标框架
65			65.年度审计项目计划
66		21.工会经费审计监督工作体系	66.深圳市总工会专项审计实施方案（市总本级）
67			67.深圳市总工会专项审计实施方案（直属企事业）
68			68.深圳市总工会专项审计实施方案（区总工会）
69		22.审计发现问题整改工作体系	69.深圳市总工会专项审计实施方案（基层工会）
70			70.深圳市总工会专项审计实施方案（专项资金审计）
71		23.审计结果运用工作体系	71.深圳市总工会专项审计实施方案（绩效审计）
72			72.深圳市总工会专项审计实施方案（其他审计）
73		24.工会经费审查监督工作体系	73.区总工会经审工作规范化建设考核方案
74			74.产业工会经审工作规范化建设考核方案
75		25.经审工作规范化考核工作体系	75.合作会计师事务所工会经审工作规范化考核方案

表二 "四力"评价指标库

分类	评价视角	序号	评价指标	备注
感知力	感知全面性	1	设立诉求收集渠道数量	
		2	诉求渠道职工使用率	相对值
		3	职工申请服务数量	
	感知敏锐性	4	开展专项调研数量	
		5	开展分析研判频率	相对值
		6	分析研判预警次数	

		7	服务职工数量	
响应力	响应有效性	8	服务重点职工群体数量	
		9	劳资纠纷发生数量	
		10	服务阵地数量	
		11	服务阵地使用率	相对值
		12	服务团队数量	
		13	服务团队平均服务时长	
		14	线上服务阵地业务量	
	响应及时性	15	需求反馈平均时间	
		16	业务办结率	相对值
	响应充分性	17	体系包含服务项目数量	
		18	项目涉及服务类别数量	
		19	与社会资源合作提供服务类型数量	
		20	合作服务职工数量	
影响力	知晓度	21	服务知晓率	相对值
		22	宣传矩阵传播量	
	认可度	23	职工满意度	相对值
		24	品牌打造数量	
		25	收集典型服务案例数量	
		26	典型服务案例宣传率	相对值
		27	品牌项目获奖的次数及等级	
	再传播度	28	接受过服务的职工，向其他职工传播工会服务工作比例	相对值

凝聚力	政治同向	29	开展跟踪服务率；	相对值
		30	接受过帮扶服务职工思想政治培训率	相对值
	思想同心	31	参与工会工作职工，参加工会宣讲团比例	相对值
		32	接受过服务的职工，参加工会宣讲团比例	相对值
	组织同行	33	通过服务推进新注册会员数量	
		34	通过服务推进实名认证数量	
	行动同步	35	接受过服务职工成为工会积极分子数量	
		36	接受过服务加入工会志愿队伍的人数	

现以 25 个二级子体系中的"一体两翼"帮扶保障工作、"3+N"法律服务工作两项工作为例，展示实践成果。这两项工作既是工会维权服务工作的重点，也是深圳工会综合改革的创新实践，其"四力"能力体系建设过程具有较好代表性。充分体现出，通过"四力"能力体系建设，优化了相关工作体系、规范了工作流程、提升了工作效率。

（一）案例一："一体两翼"帮扶保障工作体系的"四力"能力体系建设

"一体两翼"帮扶保障工作，主要包括工会常态化帮扶、职工互助保障、工友公益三部分内容，是深圳工会创建的服务职工的品牌项目。此项工作以工会常态化帮扶救助为基础，针对不同领域、不同群体、不同需求，统筹工会常态化帮扶、互助计划保障、专属保险保障、基金帮扶保障和专项医疗救助，通过强化工会互助保障和慈善救助的功能，实现职工差异化、精准化帮扶，其"四力"能力体系建设过程如下。

1. 体系化

将"四力"作为目标方向、行动方法和评价标准，明确"一体两翼"工作的12项"四力"工作目标要求，制定5项行动方案，推出15项工作举措，确定了15项"四力"评价指标，全面构建可操作、可评价的一体两翼工作体系，打造常态帮扶、互助保障、专属保障、基金救助、工友筹等五大帮扶平台，推出金秋助学、送温暖、互助保障计划、守护系列、暖工基金等6大品牌项目。

（1）**工作目标**。"一体两翼"帮扶保障工作感知力、影响力、响应力、凝聚力工作目标分解如下：

1）感知力目标。敏锐全面感知职工群众个性和共性帮扶需求。具体如下。

①精准定位不同行业的相对弱势群体，深度挖掘和精准感知需要帮扶的职工群体。

②多渠道感知相对弱势职工群体的致困关键因素和帮扶需求。

③建立有效的帮扶需求分析机制，为研发具有针对性的帮扶保障服务项目提供科学方案。

2）响应力目标。更好地满足职工不同层次帮扶需求。

①服务对象覆盖范围更广，满足新就业形态劳动者、困难职工等重点职工群体的帮扶需求。

②帮扶保障工作更加智慧、精准。

③帮扶保障体系更加系统、涵盖更多帮扶保障内容。

④帮扶保障主体更加多元、联动更加紧密。

3）影响力目标。扩大了解、认可、传播工会帮扶保障工作的职工群体范围，与职工群众建立更广泛的联系与更密切的互动，增进职工群众与工会感情、增进职工群众与党的感情。

4）凝聚力目标。推动接触、参与和接受过帮扶保障服务的职工与工会组织政治上同向、思想上同心、组织上同行、行动上同步。

（2）**具体举措及行动方案**。根据以上工作目标，按照"四力"提升方法，找到达成工作目标的具体举措，并形成行动方案，此项工作梳理出以下具体举措：

1）感知力提升举措。

①建立多渠道需求感知体系。利用职工诉求响应系统线上感知职工需求，利用互助保障理赔数据、困难职工档案数据线下精准排查需帮扶职工信息。

②开展需求和满意度调研。通过组织节日慰问、义诊、送清凉等活动，对服务对象开展需求及满意度调研，为制定和优化困难帮扶政策、互助保障产品和设立帮扶项目提供可行性方案。

③建立健全需求分析机制。依托互助保障给付业务数据，分析职工健康及行业安全形势，精准感应全市职工保障与服务需求。

④加强各方资源数据互通。推动与民政部门的低收入人口动态监测信息平台的数据互通，更精准掌握相对困难职工、意外致困职工等家庭数据，实现低收入职工动态监测预警，符合条件的及时纳入帮扶救助范围。

2）响应力提升举措。

①打造一批具有针对性、多元化的帮扶保障项目，为职工提供各类前置性、补充性帮扶服务。一是持续优化职工互助保障产品。优化升级职工互助保障计划，推出针对性强、覆盖面广、受惠性高的互助保障产品，提高参保职工的保障待遇，提供"护城河"式保险保障。二是打造职工专属商业保险。推出低门槛、低保费、高赔付的职工专属商业保险，为各行各业相对弱势职工群体量身打造"守护系列"，增强职工应对重大疾病和意外风险的保险保障力度。

②建立多方参与、资源协调共享的帮扶工作机制。一是加强各级工会帮扶工作人员的业务培训，制定帮扶工作指引手册，提高帮扶工作效率，增强帮扶服务的时效性，及时解决困难职工需求。二是建立职工帮扶保障工作协同机制。进一步加强与民政、医保等部门数据比对、信息共享、政策衔接、

机制协同工作。三是开展职工专项关爱行动。通过市职工解困济难基金会针对重点领域或行业开展职工专项关爱行动，探索引导捐赠动机，搭建捐赠荣誉体系，吸引爱心企业、爱心人士及社会组织设立各种"专项基金"和"冠名基金"，做大基金会的募资规模，吸引更多社会力量参与到职工服务工作中来。

③搭建帮扶服务"一站式"平台。一是依托智慧工会，强化系统互通，搭建"工会帮"一站式帮扶服务平台。全面整合工会常态化帮扶、职工互助保障、职工专属商业保险、民政救助、医保结算、基金救助等多个系统服务端口，实现职工帮扶救助信息互通、全网通办。二是依托各级工会服务中心服务窗口、互助保障代办处向下延伸实现帮扶工作网络全覆盖。

3）影响力提升举措。

①打造深圳工会帮扶服务品牌名片。制定特色项目内容，将"工会二次医保"活动、"守护系列"综合保障服务项目、暖工基金、"工友筹"等活动打造成工会暖心服务名片。

②加强帮扶保障服务的正面引导。做好帮扶案例收集与宣传，形成典型帮扶经验。收集典型帮扶案例、优秀合作案例，利用各类媒体平台开展案例宣传，让更多职工了解深圳工会帮扶保障工作，鼓励更多职工参与帮扶保障服务。

③加强经验交流，提升组织知名度。加强与公益慈善组织、龙头企业的交流合作，互助会定期参加兄弟单位工作交流，两会参加社会上有影响力的奖项申报评选并力争获奖，提升组织知名度。

4）凝聚力提升举措。

①同步推进帮扶保障服务与建会入会工作，让更多职工了解到工会，加入工会组织中。

②建立跟踪服务机制，定期向接受过帮扶保障的职工开展思想政治培

训，主动吸纳他们加入工会宣讲团。

③建立帮扶保障职工数据库，打造一批工会积极分子和职工志愿者队伍。

根据目标和行动举措，研究制定"一体两翼"帮扶保障工作体系建设方案、基金会三年工作规划、互助会互助保障计划规划方案、运营及推广规划方案、内部风险管控规划方案等行动方案。

（3）**评价指标**。根据"四力"内涵，梳理提炼各项工作"四力"评价指标。

1）感知力评价指标。

①感知渠道的畅通性（设立诉求系统、热线、服务中心窗口等线上线下诉求收集渠道数量，及职工使用率）。

②感知对象的覆盖面（困难帮扶申请量）。

③感知需求的敏锐性（开展专项调研数量、分析研判频率）。

2）响应力评价指标。

①帮扶对象覆盖情况（帮扶保障职工数量及金额；新就业形态劳动者、困难职工等重点帮扶对象帮扶保障数量及金额）。

②帮扶保障办理情况（帮扶业务办理平均时间、业务办结率）。

③帮扶保障体系情况（帮扶保障服务项目数量、项目类别数量）。

④帮扶保障主体情况（引入社会资源数、公益伙伴的交流次数等）。

3）影响力评价指标。

①职工了解工会帮扶保障工作情况（帮扶服务的知晓度、宣传矩阵传播量等）。

②职工认可工会帮扶保障工作情况（职工满意度、医保结算中含互助保障结算的比例等、帮扶保障工作品牌项目获奖的次数及等级）。

③职工传播工会帮扶保障工作情况（接受过帮扶保障服务的职工，向其他职工传播工会帮扶服务工作比例）。

4）凝聚力评价指标。

①政治同向情况(开展跟踪帮扶率;接受过帮扶服务职工思想政治培训率)。

②思想同心情况(接受过帮扶保障服务的职工,参加工会宣讲团比例)。

③组织同行情况(新注册会员数,实名认证数等)。

④行为同步情况(接受帮扶职工成为工会积极分子数、接受帮扶职工加入工会志愿队伍的人数)。

2. 标准化

在体系化的基础上,进一步将工作实践经验标准化,制定相关工作制度规范4项,梳理业务说明书和业务流程图4项。

(1)制度规范。

①深圳工会困难职工家庭认定、帮扶和档案管理实施办法。

②深圳工会送温暖资金使用管理实施细则。

③深圳工会困难职工家庭认定、帮扶和档案管理工作指引。

④深圳市职工解困济难基金会专项基金管理办法。

(2)业务说明书(含业务流程图)。

①深圳市总工会困难职工帮扶救助业务说明书。

②职工互助保障工作业务说明书。

③深圳市总工会慈善救助业务说明书。

④深圳市总工会暖工基金业务说明书。

3. 数字化

通过对"一体两翼"帮扶保障工作体系进行体系化、标准化梳理,进一步明确了该体系服务事项、系统建设需求以及数据需求,共涉及两大类共14个服务事项、5个系统功能模块、29个数据项,并规划建设智慧工会系统载体,推动实现数字化转型。

（1）困难职工常态化帮扶。

1）服务事项。生活救助；医疗救助；子女助学；送温暖；其他帮扶。

2）系统功能模块。困难帮扶管理：工会困难职工档案管理、工会常态化救助管理（送温暖、生活救助、助学救助、医疗救助等）、救助资金管理、脱困管理、帮扶资金管理、线上救助申请和审核、民政数据查询等。

3）数据项。职工会员信息、职工档案数据、个人经济情况信息、低保户名单、金融社保卡信息、救助资源信息。

4）搭建线上载体。"工会帮"困难帮扶申请专区（现有）。

（2）职工互助保障。

1）服务事项。

①深圳在职职工互助保障计划：意外伤害互助保障计划（2021版）；重大疾病互助保障计划（2021版）；住院医疗综合互助保障计划（2021版）A款；住院医疗综合互助保障计划（2021版）B款。

②职工专属保障："E路守护"综合保障服务；"家政守护"综合保障服务。

2）系统功能模块。

①保险商城：对接第三方商业保险系统，实现职工会员专属商业保障管理，包括保障产品列表管理，线上投保和理赔申请，保单及理赔进度查询。

②风控稽核：提取并监控业务数据，监测不合规行为与参保漏洞，高频申请行为预警等。

③自定义报表、可视化图表：通过可视化图表以及自定义报表，对业务数据进行多维度的分析。

④意外及重疾疾病资料库：针对不同的疾病关键字，初步判断意外伤残等级以及重疾情况。

⑤影像系统和档案对接：建立独立的影像系统，有助于影像的管理，有利影像浏览便捷更高效。

⑥专属保障管理：供新就业形态保障线上申请与给付场景。

3）数据项。单位及个人参保信息、金融社保卡信息、参保职工住院及医疗信息、职工理赔信息、重大疾病已给付信息、基层单位信息、职工困难救助信息、职工会员认证信息。

4）建线上载体。"工会帮"互助保障专区（现有）、"工会帮"专属保障专区。

（3）工友公益。

1）服务事项。暖工基金；劳模基金；企业冠名基金。

2）系统功能模块。

①暖工基金管理：面向市总基金会，实现职工帮扶保障基金项目的线上落地，对基金账目进行后台管理，推动基金管理形成标准化业务流程。

②工友筹管理：与具有互联网众筹资质平台达成合作以搭建职工线上众筹平台。

③救助资源库：包括慈善救助项目库、爱心企业资源库、职工爱心库。

④志愿者管理：实现活动发布，志愿者申请、审核和档案管理；志愿者团队组建和审核管理；志愿者星级考核管理。

⑤慈善银行：实现对单位（企业）、职工等社会资源参与慈善捐助等活动的记录管理，记录职工爱心轨迹。

⑥线上捐赠：基金会线上以二维码或其他形式通过互联网手段进行公开募捐。

⑦捐赠回馈管理：开通与捐赠人联系渠道，定期反馈项目进展、推送新项目、线上票据申领等。

3）数据项。基金项目备案信息、项目报名申请信息、用户捐赠信息、职工会员认证信息、志愿项目信息、志愿者信息

4）搭建线上载体。"工会帮"工友公益专区（现有）、"工会帮"工友筹专区（规划建设中）。

4. 通用化

"工会帮"平台产品。 充分发挥智慧工会数字化转型优势，通过数据分析等手段精准定位困难职工群体。完善互助保障工作体系，进一步优化线上参保给付流程，使互助保障做到参保无"门槛"，职工易给付。基于平台建立一个开放式慈善救助展示平台，平台汇聚内外部慈善救助信息，打造职工慈善救助信息窗口。

（二）案例二：工会"3+N"法律服务工作体系的"四力"能力体系建设

工会"3+N"法律服务工作体系是深圳工会综合改革的创新实践，是工会履行维权服务基本职责的重要载体。此项工作以工会法律援助、工会法律顾问和集体协商三项内容为核心，以源头参与、劳动争议调处、法治宣传教育等N项内容为抓手，面向全市职工和各级工会开展的综合性法律服务，其"四力"能力体系建设过程如下。

1. 体系化

将"四力"作为目标方向、行动方法和评价标准，明确了"3+N"工作体系的总体目标和14项"四力"具体目标，制定4项行动方案，推出12项工作举措，确定了16项"四力"评价指标，打造"3+N"工会法律服务平台，推出工会法律援助、"小明务工记""静静有问题"普法专栏、劳动争议诉调对接工作室等7大品牌项目。

（1）**工作目标。** 按照有标准、有载体、有阵地、有队伍、有重点、有创新、有成效、有保障的"八有"标准，为全市职工和各级工会提供系统化、精准化、智能化法律服务。加大基层的力量和服务资源配备，加快构建全域智慧工会法律服务生态圈，实现工会法律服务工作全面覆盖、精准服务和创新发展。

全面提升"四力"水平，深入感知职工法律服务需求，快速响应解决职工诉求，不断扩大工会法律服务在职工群众中的影响力，将广大职工紧紧凝聚在工会组织周围。工作目标按照"四力"标准分解如下：

1）感知力目标。敏锐全面感知职工群众法律服务需求。具体如下：

①多渠道感知职工群体的法律服务需求。

②建立科学有效的需求分析机制，明确不同职工群体的法律服务需求类型。

2）响应力目标。更好的满足职工不同类型法律服务需求。

①法律服务对象覆盖范围更广，满足新就业形态劳动者、农民工、工伤职工等重点职工群体的法律服务需求。

②法律服务工作更加智慧、精准。

③法律服务体系更加系统、涵盖更多帮扶保障内容。

④推动参与法律服务主体更加多元、联动更加紧密。

3）影响力目标。扩大了解、认可、传播工会法律服务工作的职工群体范围，与职工群众建立更广泛的联系与更密切的互动，增进职工群众与工会感情、增进职工群众与党的感情。

4）凝聚力目标。推动接触、参与和接受过法律服务的职工与工会组织政治上同向、思想上同心、组织上同行、行动上同步。

（2）具体举措及行动方案。

1）感知力提升举措。

①在基层工会、法律服务阵地等，通过问卷、访谈等方式常态化开展职工法律需求调研。

②优化诉求响应系统。将工会法律顾问、工会法律服务站点、工会法律宣传等各项法律服务工作与诉求相应系统有效衔接，实现工作流程实时在线、工作信息实时掌握、服务站点实时显现、工作资料实时上传，线上线下充分对接、数据互通，强化需求感知末梢。

③建立服务需求分析研判机制。发挥诉求响应系统数据化优势，以关键信息数据监测统计为基础，建立多维分析模型，对工作态势进行及时梳理、定期分析、长期研究，准确把握法律服务工作发展总体趋势和特点，挖掘数据热点和专题选材，推进专项工作分析研判，提高对智能预警、工作导向、决策支持的支撑能力。

2）响应力提升举措。

①建设"1+11+N"法律服务阵地网络，推动线下服务无死角。推动全市法律服务站点向劳动信访、社区、园区、企业一线延伸，加强和司法行政、劳动信访部门的协作联动，积极开展联合站点建设，搭建以1个市级法律服务中心为"中枢"，11个区级法律服务中心为"脉络"，200个基层站点为"神经末梢"的实体阵地网络。

②全力推行"互联网+"法律服务模式，实现线上服务不打烊。借助诉求响应平台，为职工群众提供"云咨询""云援助""云普法"等"云服务"，建立线上法律服务"直播平台"，律师线上5×8小时提供在线法律咨询服务。

③提升法律服务响应速度，做好线上诉求向导、线下服务跟进。建立200多个全市工会法律服务站点和200多个工会法律顾问的电子地图，职工可以获取就近法律援助站点的维权指导。对于职工群众提出的需要线下解决的问题，快速响应、及时处理，实现"线上提诉求、线下有回音"。

④建立分类响应重点职工群体法律服务需求机制。一是针对新就业形态劳动者工作时间灵活、咨询地点不定等特征，创新开展巡回式法律服务、站点式法律服务；在新就业形态劳动者会员人数多的工会，设置驻点法律顾问。二是开辟"工伤探视"法律服务绿色通道，提供"上门式"法律咨询、法律援助服务。延长服务链条，增加法律咨询和援助、心理健康帮扶等服务，帮助劳动者请求工伤事故人身损害赔偿。对于尚未认定工伤的劳动者，提供帮助其申请认定工伤的服务。三是建立农民工欠薪案件"零门槛"受理、"全链条"服务模式。

⑤加大工会法律服务人才的培养和使用。一是组建千人工会法律服务团，建设专业高效的法律服务人才队伍。充分吸纳社会力量，组建由专业律师、工会法律工作者、社会化工会工作者、工会法律服务志愿者、公职律师等人员组成的高素质工会法律服务队伍。在全市建立百名执业律师、千名工会法律工作者组成的法律服务团，分区开展工会法律服务。二是以训促学，举办工会法律服务专题业务培训班，提升工会干部劳动法律法规政策的掌握、协商技巧的运用及处理劳动关系矛盾的能力水平；以考验兵，建立工会律师团履职管理体系，细化律师团队考核标准，提升律师团服务职工的能力和防范化解风险的本领。

⑥构建工会法律服务工作联动体系，形成标准规范有效的社会资源参与机制。完善"工会＋法院"劳动争议化解机制。在市区法院全面建立劳动争议诉调对接工作室，由工会律师开展劳动争议案件调解。建设"工会＋仲裁＋企业"三方联合调解机制，推动市协调劳动关系三方共同成立深圳市劳动争议三方联合调解中心，选派工会律师参与联调工作，进行劳动争议案件案前调解，全面加强工会工作与仲裁调解工作的程序衔接、资源整合、信息共享。

3）影响力提升举措。

①建立法律服务评价机制。及时跟踪了解接受法律服务职工的意见建议，形成以评价反馈推动完善服务的工作闭环，不断提升职工群众对法律服务工作满意度。

②创新法律服务宣传模式。开展典型案例跟踪宣传，定期收集各区、各地、各平台优秀法律服务案例，通过视频短片、现身说法等多种形式开展工会法律服务工作以及以职工为中心的维权服务宗旨的常态化宣传，生动展现党对人民群众的关心关怀。

③加大法律服务宣传力度。开展"月月有主题"法律服务，将法律知识、咨询服务送到职工身边。全年推送100篇法律宣传文章，提高法律服务宣传效能，吸引更广泛的职工群众，形成积极、正面引导效果。

④打造一批深圳特色的法律服务品牌。支持各区因地制宜，打造可复制可推广法律服务品牌。打造工会法律服务示范站（点），全市创立10个以上精品法律服务品牌，开展100场"送法上门"直通车活动，开展100场"送法进企业"活动。

4）凝聚力提升举措。

①同步推进法律服务于建会入会工作，吸引更多职工加入工会。

②建立跟踪服务机制，定期向接受过工会法律服务的职工开展思想政治培训，主动吸纳他们加入工会宣讲团。

③建立工会法律服务队伍数据库、法律服务职工数据库，打造一批工会积极分子和职工志愿者队伍。

④将"3+N"法律服务纳入各区总工会、市各产业工会考核，建立全市各级工会协同推进法律服务机制。

（3）评价指标。根据"四力"内涵，梳理提炼各项工作"四力"评价指标。

1）感知力评价指标。

①感知全面性（设立诉求系统、热线、问卷等线上线下职工法律收集渠道数量；各类渠道职工使用率；工会法律服务申请量）。

②感知敏锐性（开展专项调研数量；法律服务需求分析研判频率；分析研判预警次数等）。

2）响应力评价指标。

①法律服务对象覆盖情况（法律援助职工数量及涉及金额；法律服务阵地建设数量；法律服务阵地使用率；法律服务队伍人数；法律服务队伍平均服务时长；新就业形态劳动者、困难职工等重点援助对象法律帮扶数量及涉及金额，劳资纠纷发生数量）。

②法律服务工作效率（法律服务需求反馈平均时间；业务办结率、线上服务平台业务处理量）。

③法律服务工作体系情况（法律服务项目数量、项目类别数量）。

④法律服务主体情况（与社会资源合作提供法律服务类型数量、合作服务职工数量等）。

3）影响力评价指标。

①职工了解工会法律服务工作情况（工会法律服务工作知晓率、法律知识知晓率、宣传矩阵传播量等）。

②职工认可工会法律服务工作情况（法律服务工作满意度；各级工会法律服务品牌打造数量；收集典型服务案例数量；典型服务案例宣传率）。

③职工传播工会法律服务工作情况（接受过工会法律服务的职工，向其他职工传播工会法律服务工作比例等）。

4）凝聚力评价指标。

①政治同向情况（开展跟踪服务率；接受过法律服务职工思想政治培训率）。

②思想同心情况（法律服务团队参加工会宣讲团比例；接受过法律服务的职工参加工会宣讲团比例）。

③行为同步情况（接受过法律服务职工成为工会积极分子、成为工会志愿队伍的人数等）。

④组织同行情况（新注册会员数，实名认证数等）。

根据目标和行动举措，研究制定加强工会法律服务工作方案、"月月有主题"普法宣传活动方案、劳动争议诉调对接工作是工作方案等行动方案。

2. 标准化

在体系化的基础上，进一步将"3+N"工作体系实践经验通过制度标准化方式固化升级，制定相关工作制度规范 5 项，梳理业务说明书 1 份和业务流程图 3 项。

（1）制度规范。

①《深圳市总工会关于进一步加强工会法律服务的工作方案》：建立

市区一体化工会法律服务机制，为各责任单位开展法律服务工作指明方向，形成工作合力，深入交流合作。

②《深圳市总工会法律服务工作管理制度》：明确工会法律服务内容与范围，为各级工会提供推广应用的规范化依据。

③《深圳工会法律援助办法》：为合法权益受到侵害的职工、工会工作者和工会组织申请工会法律援助提供清晰指引，规范深圳工会法律援助工作。

④《深圳市总工会法律服务计费标准》：列明各项服务的费用，明确市总工会向签约律所定期结算并支付相关费用的标准，规范法律服务费用计付工作，为各区总工会制定本区域工会法律服务计费标准提供重要参考。

⑤《深圳工会法律援助案件档案管理办法》：对法律援助案件的文书立卷和档案管理工作进行细化，适用于工会法律援助机构受理并指派给法律援助工作人员承办的法律援助事项，进一步规范工会法律援助案件档案管理工作。

（2）业务说明说（含业务流程图）。深圳工会法律服务项目业务说明书（附件：法律援助工作流程、工会法律顾问工作流程、集体协商法律服务工作流程）。

3. 数字化

通过对法律服务工作体系进行体系化、标准化梳理，进一步明确了该体系服务事项、系统建设需求以及数据需求，共涉及4个服务事项、6个系统功能模块、14个数据项，建设规划了线上载体法律援助、工会法律顾问、法律服务站点等系统模块，与全域覆盖的法律服务阵地网络、上下贯通的法律服务团队、多部门合作的劳动争议多元化解体系和协调劳动关系三方机制等线下工作载体，共同组成了线上线下融合的"3+N"工作体系数字化场景。

（1）服务事项。

①工会法律援助

②工会法律顾问

③集体协商法律服务

④线上线下工会法律服务站点

（2）数据项。

内部数据：1. 基层工会基本信息；2. 职工诉求信息；3. 律所律师信息；4. 律师工作打卡与记录；5. 律师阶段性工作报告；6. 用户评价信息；7. 计费报账凭证；8. 地图点位信息；9. 视频监控信息；10. 统计分析图表。

外部数据：1. 市场监督管理局企业信息；2. 人力资源保障局职工人员社保缴纳信息；3. 法院、仲裁院劳动争议案件量数据信息；4. 司法局律师信息。

（3）搭建线上载体。

线上载体（智慧工会）：诉求响应系统法律援助模块（现有）；诉求响应系统工会法律顾问模块（建设中）；诉求响应系统法律服务站点模块（规划中）；广东省总工会12351职工热线管理平台（现有）。

线下载体（组织体系）：全域覆盖的法律服务阵地网络；上下贯通的法律服务团队；与法院、仲裁院等部门合作的劳动争议多元化解体系；与人社、企联、工商联、外商投资协会等部门合作的协调劳动关系三方机制。

4. 通用化

工会线上法律课堂：通过开办工会法律课堂强化职工法律意识，普及法律常识，逐步构建以法律援助为前端服务、法律顾问/集体协商为中端服务、普法讲座为末端服务的职工法律服务全程服务链。增加线上视频客服功能，支持一键申请视频通话，与律师团队线上视频沟通以及线上维权咨询、反映诉求与申请法律援助等。开通线上法律服务直播间，基层工会可在统一平台申请工会法律课堂，并可在服务结束后提交相关评价。

后 记

　　时代是出卷人，我们是答卷人。习近平总书记强调，加强和改进新形势下党的群团工作，最重要的是要保持和增强群团工作和群团组织的政治性、先进性、群众性。这为工会组织与时俱进指明了前进方向，是新时代做好工会工作的行动指南，也是我们需要直面回答的时代命题。工会组织必须因应时代发展要求，不断创新工作思路和方法，探寻工会工作的规律，更好地履行维权服务的基本职责。加强"四力"能力体系建设，建设好中国特色社会主义先行示范工会，正是深圳工会落实"强三性"要求，交出的一份答卷。

　　深圳作为民营经济最发达、民营企业最集中的城市之一，拥有庞大的职工队伍，劳动关系复杂多元，工会工作任务重、难度大。在谋划推进建设中国特色社会主义先行示范工会的过程中，我们秉承深圳改革创新精神，系统推进工会综合改革，破解工会工作面临的诸多难题，锐意进取、不断创新，将改革施工图蝶变为先行示范实景图，先行示范工会建设取得了阶段性成效。在改革实践中，我们体会到：

　　工会工作归根到底做的是人心的工作。工会工作是一项政治工作，承担着为党巩固执政阶级基础和群众基础的政治责任。习近平总书记多次强调"人心是最大的政治"，做好工会工作关键要做好人心的工作。这**需要**我们坚定站稳职工立场，履行好维权服务的主责主业，在有限的资源和手段下，及时、有效、充分的响应职工诉求，以服务职工实效打动人心、温暖人心、影响人心、赢得人心。**需要**我们更加关注社会公平，以劳动关系中相对弱势群体作为维权服务的重点，为新就业形态劳动者、农民工、困难职工、工伤职工等群体投入更多资源、给予更多关爱，做好"雪中送炭"工作，切实解决职工群众的急难愁盼。**需要**我们延长工作链条，将思想引领贯穿各项维权服务工作中，让更多的职工群众从我们的工作中感受到党委政府和工会组织的温暖，认识到中国特色社会主义制度的优越性，发自内心的感党恩，形成心理认同，进而听党话、跟党走，形成行为追随，这样才能切实履行好党交给我们的政治责任。

做好工会工作离不开先进理念和方法的有效运用。工会工作事多面广，如果不能在纷繁复杂的工作中抓住关键和要点，不能找到工作之间的联系，纲举目张、提纲挈领地推进工会工作，就会很容易随着惯性陷入"传统""惯例"中。这**需要**我们坚持系统观念。全面地而不是片面地、系统地而不是零散地、普遍联系地而不是单一孤立地推进工作，有章有法地开展工作，既要有自上而下的谋划，也要有自下而上的探索总结；要从点上的问题看到面上的不足，也要从面上问题看到机制的障碍，从根子上解决同类问题，实现工会工作质量全面提升、可持续发展。**需要**我们运用好互联网思维。新一轮科技革命和产业变革有力推动了经济发展，也带来了新就业形态劳动者权益保障难等问题，需要积极探索适用于工会工作的数字化发展模式，推动人工智能、区块链、云计算等新兴技术广泛应用在建会入会、困难帮扶、维护职工权益等具体工作中，用互联网这个时代利器，去解决时代发展带来的挑战。**需要**我们广泛采用分类分层分级方法。工会是一个庞大的组织，全国工会是一家，仅深圳工会就服务数以千万的职工群众。这些职工可能在党政机关、国企、民企工作；可能在产业园区、生产车间、楼宇大厦和大街小巷中忙碌；可能常态化聚集，也可能呈分散的原子状态。需要根据不同行业、不同区域、不同类型职工的特点，区分他们的差异化需求，分类分层分级开展工作，实现资源科学配置、精准服务职工，避免"撒胡椒面""眉毛胡子一把抓"。**需要**我们以发展凝聚共识。发展是解决我国一切问题的基础和关键。只有坚持用发展的眼光看问题，聚焦维护职工发展权，促进职工技能素质提升，有效撬动社会各方资源共同助力职工成长成才，大力弘扬劳模精神、劳动精神、工匠精神，才能在构建和谐劳动关系中求得最大公约数，形成全社会共促高质量发展的合力。

遵循群众工作规律，才能做好群众工作。工会是党联系职工群众的桥梁和纽带，工会工作是党的群团工作、群众工作的重要组成部分。只有走好群众路线，一切为了群众，一切依靠群众，从群众中来，到群众中去，广泛紧密的联系服务好职工群众，才能做好工会工作。这**需要**我们工会干部心里始终装着职工群众，"迈开腿"走入职工群众中间，深入基层、深入一线；"张开嘴"问询职工群众冷暖，了解职工疾苦；"敞开心"倾听职工心声、解决好职工诉求、增进职工群众感情，当好职工群众信赖的"娘家人"。**需要**我们眼睛向下、面向基层，全面加强工会联合会等基层工会组织建设，推动服务重心下移、服务资源向基层倾斜，让基层工会组织建起来、转起来、活起来、强起来，畅通联系服务职工群众的毛细血管。**需要**我们坚持以职工为中心，从职工群众多样化需求出发开展工作，打通服务群众的新途径，使服务更直接、更深入、更贴近广大职工群众。**需要**我们搭建更多平台，让职工当主角，充分动员广大职工参与工会工作、紧紧依靠职工开展工会工作，让他们在工会的服务和活动中找到并实现自我价值，有更多的认同感、参与感、获得感，从而紧密凝聚在工会组织周围，工会才会是有源之水、有本之木，才会充满蓬勃的生机与活力。

这些认识是我们将学习贯彻习近平总书记关于工人阶级和工会工作重要论述，与建设先行示范工会实践相结合，探索出的增强政治性、先进性、群众性的工作理念与方法。我们希望通过系统思维，进一步提炼升华、串珠成链，将增强政治性、先进性、群众性的要求落实到每项工作中。由此，我们以能力建设这个关键因素为切入点，在全面总结分析改革创新做法的基础上，努力探求工会工作的规律。我们认为，工会作为党的群团组织，只有敏锐全面感知职工冷暖，快速响应解决职工诉求，不断扩大在职工群众中的影响，将广大职工紧紧凝聚在工会组织周围，才能团结引导职工感党恩、听党话、跟党走。因此，我们探索提出加强以感知力、响应力、影响力、凝聚力为核心的中国式现代化工会组织能力体系建设，纵深推进工会综合改革，建设更高水平的先行示范工会。

在全国总工会、广东省总工会的指导与支持下，在全市各级工会的共同努力下，我们不断丰富"四力"能力体系的内涵与实践，逐渐形成了"体系化、标准化、数字化、通用化"这一可操作、可评价、可复制、可迭代的工会组织能力体系建设路径。"四力"能力体系回应了新时代对工会工作的新要求，是深圳建设先行示范工会的积极探索，承载着全国总工会、广东省总工会的期待与厚望，镌刻着几代深圳工会人的改革奋斗足迹，希望能为读者带来一些启发。

本书是深圳工会集体智慧的结晶，凝聚着全市广大工会干部的心血和汗水。没有一代又一代深圳工会人的接续奋斗，就没有日益提升的工会组织能力，更没有今天的先行示范工会，在撰写此书的过程中，感受前人所思、所为，我们满怀感激向所有为深圳工会发展作出贡献的人们致敬。

全国人大常委会副委员长、中华全国总工会主席王东明，青海省委书记陈刚（中华全国总工会原党组书记、副主席、书记处第一书记），中华全国总工会党组书记、副主席、书记处第一书记徐留平，中华全国总工会原党组书记、副主席、书记处第一书记李玉赋，广东省人大常委会党组成员、广东省总工会主席吕业升，广东省总工会党组书记、常务副主席陈伟东等领导长期以来对深圳工会改革发展给予悉心指导和大力支持；新华社广东分社分党组副书记张广军十分关心深圳工会工作，在此书的撰写过程中提出许多宝贵的意见建议；全国各级工会的好经验、好做法，给我们提供了许多启示和借鉴。在此，谨向关心支持深圳工会发展的各级领导、各地工会同仁致以深深的敬意与谢意。

感谢徐留平同志欣然为本书作序，既给予我们高度肯定，又提出了殷切的希望，充分体现了全国总工会对深圳工会的关心、支持与厚爱，激励鞭策我们续写先行示范工会新篇章。

就在本书即将付梓之际，广东省委、深圳市委有关领导对深圳"四力"能力体系建设作出肯定批示，勉励我们以先行示范的标准持续走在前列；全国总工会将"四力"能力体系建设列入调研课题，这是对我们基层工会探索实践的莫大鼓舞。我们深知，"四力"能力体系建设探索之路还刚刚启程，需要在实践中不断丰富、完善和发展，是一个长期而艰辛的过程。我们坚信，策马扬鞭勇者胜，疾风劲草矢志成，以"四力"能力体系建设纵深推进深圳工会综合改革，未来的深圳工会必将以先行之志，探索完成示范之实。

谨以此书向中国工会十八大献礼。

彭海斌

2023 年 9 月于深圳